국민과
함께

새롭게
대한민국

국민과 함께
새롭게 대한민국

01 미래 성장엔진
인공지능(AI) | 미래산업 | 에너지 | 과학·기술 | 교육

02 활력 경제
활력경제 | 수출·통상 | 금융·밸류업 | 문화·체육·관광

03 잘 사는 국민
생활안정 | 주거안정 | 양질의 일자리 | 세제개편

04 모두함께 발전
균형발전 | 지역경제 활성화 | 농산어촌

05 대한민국 혁신
개헌·정치개혁 | 규제개혁 | 연금개혁 | 노동개혁
의료개혁 | 정부조직개혁 | 사법개혁 | 미디어개혁

06 든든 국가안보
국방 | 안보 | 보훈 | 외교 | 남북관계

07 국민안심 안전
재난 | 범죄 | 기후·환경 | 생활안전

08 빈틈없는 복지
복지 | 출산·육아 | 아동·청소년 | 어르신
장애인 | 다문화 | 반려동물

09 튼튼 뿌리경제
소상공인 | 중소기업

국민과 함께 새롭게 대한민국

**9대 비전
41개 실천과제**

세대·대상별 맞춤공약 ··· 018

01. 미래 성장엔진

인공지능(AI)·미래산업

대한민국 미래기술 3+1, 대통령이 직접 챙기겠습니다. ···················· 033
AI 대전환! 세계 최고의 인공지능 생태계 조성 ································· 034
AI 대전환! 세계에서 AI를 제일 잘 쓰는 국민! ································· 035
질병 정복의 꿈, 바이오 강국을 이루겠습니다. ································ 036
판도를 바꿀 양자 기술에 담대하게 도전하겠습니다. ························ 037
반도체·미래차 등 첨단전략산업 글로벌 1등 책임지겠습니다. ············ 038
전국을 빠르게 이동하고 탄소와 미세먼지도 감축하는 미래 모빌리티 시대를 열겠습니다. ····· 039
차세대 이동통신(6G) 세계시장을 선도하겠습니다. ·························· 040
디지털 헬스케어를 활성화하겠습니다. ··· 041
기후산업으로 60년 경제성장을 지속하겠습니다. ····························· 042
자원순환이 국가경쟁력! 자원순환·기술 선도하겠습니다. ·················· 044
국토 3D지도를 제작해 미래첨단산업, 도시설계, 재난 대응을 지원하겠습니다. ······ 045

에너지

정직하고 현실적인 에너지 믹스와 촘촘한 에너지도로맵으로 AI 시대
필수 인프라 전력을 확실히 확보하겠습니다. ·································· 047
에너지 전쟁으로부터 대한민국을 지키겠습니다. ····························· 048
지속가능한 원전 정책으로 AI 시대 전력 공급도 원활하게 하고 산업용 전기요금도 인하하겠습니다. · 049
원전 수출 프로젝트를 정비하여 K-원전 수출을 중단 없이 지속하겠습니다. ········· 050
SMR 파운드리(위탁생산) 산업을 육성하고, SMR 종주국 지위도 회복하겠습니다. ·········· 051
원전 수출 진흥 및 경쟁력 강화를 위해 핵 연료 농축·재처리 권리를 확보하겠습니다. ········ 052
철저한 안전 관리로 원자력에 대한 신뢰를 높이겠습니다. ·················· 053
탄소중립 신산업 육성 로드맵을 수립하겠습니다. ···························· 054
무탄소에너지 富國(부국)으로 도약하겠습니다. ······························· 055
에너지 정책결정과정을 합리화하겠습니다. ···································· 056

과학·기술

과학기술 퍼스트! 과학기술인과 함께 연구개발의 양과 질을 모두 높이겠습니다. ········ 059
이공계를 부러워할 만한 연구환경을 만들겠습니다. ································· 061
2032년 달 착륙, 2045년 화성 탐사 – 글로벌 우주강국으로 도약하겠습니다. ········ 062

교육

꿈과 미래 역량을 키우는 공교육을 실현하겠습니다. ····························· 065
건강하고 균형 있는 교육 환경을 만들겠습니다. ································· 067
유치원·어린이집 통합으로 양질의 교육·보육 서비스를 제공하겠습니다. ········ 068
아이가 좋아하고 부모가 선택하는 늘봄학교를 만들겠습니다. ···················· 069
직업계 고등학교의 경쟁력을 강화하겠습니다. ··································· 070
장학금은 늘리고 생활비는 줄이고! 대학생들의 경제적 부담을 덜겠습니다. ······ 071
지역 맞춤형 교육혁신으로 대학과 지역을 함께 살리겠습니다. ···················· 072
국민의 삶이 풍요롭도록 평생교육을 확대하겠습니다. ··························· 073
디지털 소외계층이 없는 국가를 만들겠습니다. ································· 074

02. 활력 경제

활력경제

투자하기 좋은 나라, 일하고 기업하기 좋은 환경을 구축하겠습니다. ············ 079
AI와 로봇을 접목하여 제조업 빅뱅을 이루겠습니다. ····························· 080
산업단지를 첨단혁신 단지로 탈바꿈하여 경쟁력을 강화하겠습니다. ············ 081
대한민국 경제발전의 토대 철강·화학 등 K-산업을 부활시키겠습니다. ·········· 082
침체된 K-유통을 다시 살리겠습니다. ··· 083
신속한 소비자 보호 및 피해구제 시스템을 대폭 강화하겠습니다. ················ 084
건설산업을 경제성장과 일자리 창출 효자산업으로 첨단산업화하겠습니다. ······ 085
연안 경제권에 활력을 불어넣겠습니다. ··· 087
해운·항만 공급망 확충으로 수출입 물류를 안정적으로 지원하겠습니다. ········ 088

수출·통상

경제안보교섭본부 설립으로 통상 방어체계를 강화하겠습니다. ···················· 091
핵심 품목의 공급망을 튼튼하게 지키겠습니다. ································· 092
K-수출, 세계 5대 강국으로 도약하겠습니다. ····································· 093
한미 조선업 동맹(코러스 : KOR-US)을 강화하여 한미 공동번영을 선도하겠습니다. ········ 094

'글로벌 K-방산, 세계 4대 방산 수출국'으로 진입하겠습니다. · 095
1조 달러 수출시대를 여는 경제외교를 추진하겠습니다. · 096
관세 파고를 중소수출기업과 함께 헤쳐가겠습니다. · 097
2030년 K-Food 수출 250억 달러를 달성하겠습니다. · 098
K-블루푸드 수출을 확 늘리겠습니다. · 099
K-의료의 해외진출을 적극 지원하겠습니다. · 100

금융·밸류업

디지털 자산시장 육성의 시대를 열겠습니다. · 103
국민 자산 형성을 위한 선진 자본시장으로 도약시키겠습니다. · 104
변화하는 금융환경 속 편리한 금융서비스를 제공하겠습니다. · 106
공정기금(Fair Fund)을 도입해 투자자를 보호하고 자본시장에 대한 신뢰를 제고하겠습니다. · 107

문화·체육·관광

생활 속에서 문화를 향유하는 여건을 조성하겠습니다. · 109
스포츠 복지로 건강한 삶을 책임지겠습니다. · 111
창작에서 수출까지, 콘텐츠 생태계를 건강하게 성장시키겠습니다. · 112
K-콘텐츠의 힘으로 세계를 연결하겠습니다. · 113
AI 시대에 대응한 문화 산업 인프라를 대혁신하겠습니다. · 114
관광을 국가전략산업으로 키우는 데 총력을 다하겠습니다. · 115
지역의 매력을 세계로! K-관광을 꽃 피우겠습니다. · 117
관광산업의 신뢰를 회복하고 서비스 품질을 제고하겠습니다. · 118
K-스포츠를 일자리로, 산업으로, 국격으로 키우겠습니다. · 119

03. 잘 사는 국민

생활안정

누구나, 어디서나, 한 장으로! 전국 통합 교통카드 'K-원패스'를 도입하겠습니다. · 123
경쟁 활성화 등을 통해 가계통신비 부담을 낮추겠습니다. · 124
8대 노지작물과 5대 과수농업 스마트화로 소비자 장바구니 물가를 안정시키겠습니다. · 125
이상기후가 초래할 물가 폭등에 맞서 민생을 지키겠습니다. · 127
선제적 수급 안정 대책으로 쌀값을 안정시키겠습니다. · 128
퇴직연금으로 노후 소득을 보장하겠습니다. · 129
사망보험금 유동화로 든든한 노후를 지키겠습니다. · 130

주거안정

도심주택공급 활성화로 '살고 싶은 곳에 살고 싶은 주택'을 실현하겠습니다. … 133
인구구조 변화에 발맞춰 다양한 세대를 위한 주택을 공급하겠습니다. … 134
청년의 삶이 지나는 골목마다 맞춤형으로 주거를 지원하겠습니다. … 135
부동산 통계생산 체제를 개선하여 부동산 시장의 투명성과 신뢰성을 제고하겠습니다. … 136
주거 바우처를 확대하여 주거 취약계층의 주거비 부담을 덜어드리겠습니다. … 137
재정부담을 최소화하면서 주택 공급을 늘리기 위해
(가칭)국민리츠를 통한 주택공급촉진법을 제정하겠습니다. … 138
아파트 관리비를 투명화하고 층간소음을 줄이겠습니다. … 139
오피스텔 깜깜이 관리비 투명화로 입주민의 권리를 보호하겠습니다. … 140
주택연금 실거주 제한 폐지 및 부동산 세제 혜택으로 든든한 노후를 보장하겠습니다. … 141
도심형 시니어돌봄주택 확대로 삶의 질을 높이겠습니다. … 142

양질의 일자리

유연근무제의 사용 요건을 완화해 삶의 질을 높이겠습니다. … 145
ESG 경영에서 EFG 경영으로 : 가족친화적 일터를 조성하겠습니다. … 146
경력단절 여성을 위한 와우! 프로젝트(WOW : Wonderful Opportunity for Woman) … 147
고령 근로자의 경력 전환을 돕고 차별 개선에 힘쓰겠습니다. … 148
중장년고용정책기본법으로 중장년이 계속 뛸 수 있는 일자리 환경을 조성하겠습니다. … 149
중소기업이 청년 재직자에게 매력 있는 일자리가 되도록 하겠습니다. … 150
청년들이 해외에서 다양한 경험을 쌓고 글로벌 무대에서 일할 수 있는 기회를 확대하겠습니다. … 151

세제개편

배우자 상속세는 폐지하고 유산취득세 방식으로 상속세를 합리화하겠습니다. … 153
세금 걱정 없는 든든한 자산형성을 돕겠습니다. … 154
중산층·서민·근로자의 세부담을 덜어드리겠습니다. … 155
퇴직연금과 개인연금의 세금부담을 줄이겠습니다. … 156

04. 모두함께 발전

균형발전

행정수도 이전으로 균형발전의 초석을 놓겠습니다. … 161
세종시와 충청권을 국가균형발전의 첫 번째 메가시티, '서울 밖 서울'로 만들겠습니다. … 162
지방자치 30년, 권한과 책임을 강화하겠습니다. … 163
5대 광역권을 성장 거점 메가시티로 만들겠습니다. … 164
안 되는 게 없는 '메가프리존'을 만들어 지방과 나라경제를 재점화하겠습니다. … 165

GTX와 도시철도 등을 통한 교통시설 확충으로 30분 '출·퇴근 혁명'을 일으키겠습니다. ········ 166
서울 도심과 수도권 전역을 촘촘하게 연결하는 6개 순환도로망을 구축하겠습니다. ········· 167
지역의료 격차를 해소하여, 전국 어디에 살든 양질의 의료서비스를 누릴 수 있도록 하겠습니다. ·· 168
의료사각지대를 비대면 진료로 해소하겠습니다. ·· 169

지역경제 활성화

다주택 중과 폐지로 '똘똘한 한 채' 집중을 해소하고
수도권-지방 주택시장의 양극화를 해소하겠습니다. ·· 171
규제에서 자유로운 '한국형 화이트존 (White Zone)'을 도입하여,
창의적이고 자율적인 도시를 만들겠습니다. ··· 172
공공기관 이전을 완수해 인구소멸에 대응하고 국가균형발전을 이루겠습니다. ··············· 173
지방 미분양을 해소해 주택시장에 활력을 불어넣겠습니다. ··································· 174
베이비부머여! 붐비는 도시를 떠나라! 잘 고친 빈집들이 기다립니다. ······················· 175
노후 신도시들을 대대적으로 정비하겠습니다. ··· 176
전국의 노후화된 기반 시설과 건물을 총체적으로 정비하겠습니다. ·························· 177
모든 지역을 문화 중심지로 만들겠습니다. ··· 178
민관군 협력으로 지역 경제에 활력을 불어넣겠습니다. ·· 179
공공지원 민간임대주택에 장기공실 발생 시 법인도 임차할 수 있게 해
주변 상권을 활성화하겠습니다. ·· 180

농산어촌

농지 규제를 대폭 완화하고 이용을 활성화하겠습니다. ·· 183
미래형 농촌모델로 농업의 새로운 미래를 열겠습니다. ·· 185
농촌 프리존 조성으로 농촌에 신규 일자리를 창출하겠습니다. ······························· 186
'농가소득 +100% 프로젝트'로 농가소득을 두 배로 올리겠습니다. ·························· 187
농어업용 전기료 인하로 농어가의 경영 부담을 가볍게 하겠습니다. ························ 188
농자재 지원으로 농가 경영 부담을 덜어드리겠습니다. ·· 189
계절근로자 제도 개선을 통해 안정적 일손 공급을 보장하겠습니다. ························ 190
고령 농업인 돌봄에 적극 나서겠습니다. ·· 191
농촌 주민의 삶의 질을 대폭 향상시키겠습니다. ·· 192
여성농업인 권익과 삶의 질을 개선하겠습니다. ·· 193
청년 농업인 육성에 앞장서겠습니다. ··· 194
2030년 밭농업 기계화율을 75%까지 상향시키겠습니다. ······································ 195
친환경직불금 단가 인상 등 친환경농업 육성에 노력하겠습니다. ···························· 196
임업인의 소득을 증진하고 온실가스 감축에 적극 노력하겠습니다. ························· 197
어업인의 생계안정과 소득증대를 실현하겠습니다. ·· 198
살고 싶은 어촌을 조성하겠습니다. ·· 199

지속가능한 어업경영환경을 구축하겠습니다. 200
어선 감척 규모를 확대하겠습니다. 202
섬주민의 생활복지를 획기적으로 개선하겠습니다. 203
섬관광을 활성화하겠습니다. 204

05. 대한민국 혁신

개헌·정치개혁
제왕적 대통령과 제왕적 국회, 권력 내려놓기 개헌을 하겠습니다. 209
K-플럼북으로 공공기관장 낙하산 근절하겠습니다. 210
고위공직자수사처를 폐지하고 권력형 비리 수사 시스템을 전면 개편하겠습니다. 211
외국인 투표권, 상호주의로 공정하게 제한하겠습니다. 212
교실을 정치판으로 만드는 교육감 직선제를 없애겠습니다. 213

규제개혁
규제혁신처를 신설하겠습니다. 215
규제패러다임을 과감하게 전환하겠습니다. 216
기업활동의 걸림돌, 규제의 벽을 넘어서겠습니다. 217
불합리한 기업규제를 과감히 개선하겠습니다. 218
인터넷의 개방성과 공정성을 높이겠습니다. 219

연금개혁
청년·미래세대를 위해 연금재정의 안정성을 제고하겠습니다. 221
국민연금 기금 수익률을 제고하겠습니다. 222

노동개혁
청년세대도 공감하는 고령자 고용연장을 추진하겠습니다. 225
주52시간 규제를 합리적으로 개선하겠습니다. 226
일한 만큼 보상 받는 임금체계로 개편하겠습니다. 227
노동약자가 기댈 수 있는 든든한 언덕을 만들겠습니다. 228
임금체불 ZERO화하고, 공짜노동 엄단하겠습니다. 229
직장 내 괴롭힘 특별법을 제정하겠습니다. 230
공정채용법·양성평등 채용 목표제로 투명하고 신뢰받는 채용문화를 확립하겠습니다. 231
비정규직과 여성도 목소리를 낼 수 있는 '부분 근로자 대표제'를 도입하겠습니다. 232
노동조합의 부당노동행위를 규제하겠습니다. 233
건설공사의 하도급 생태계를 투명한 계약문화로 개선하겠습니다. 234

건설현장의 불법행위를 강력히 근절하겠습니다. ·· 235
화물차주를 보호하기 위한 실질적인 대책을 마련하겠습니다. ······················ 236
중대재해처벌법을 예방 목적에 맞게 바꾸겠습니다. ·· 237

의료개혁

6개월 내에 의료시스템 튼튼하게 재건하겠습니다. ·· 239

정부조직개혁

인구청년가족부 신설해 인구위기에 대응하겠습니다. ·· 241
청년 공무원의 공직에 대한 자부심을 높이겠습니다. ·· 242
튼튼한 재정으로 지속가능한 나라를 만들겠습니다. ·· 243
국민이 신뢰하는 공직사회를 구현하겠습니다. ·· 244
부패 지자체장을 견제하고 예방하는 감사관 제도를 도입하겠습니다. ········ 245
국민이 편리한 AI 정부를 구현하겠습니다. ·· 246

사법개혁

대법관과 헌법재판관의 중립성과 독립성을 확보하겠습니다. ·························· 249
사법방해를 처벌해 정치권력의 법왜곡을 막겠습니다. ······································ 250
전문법원 신설을 확대하겠습니다. ·· 251

미디어개혁

공영방송은 공영방송답게, 콘텐츠는 다채롭게 ·· 253
방송미디어 법제 개선으로 방송과 OTT를 업그레이드합니다. ······················ 254

06. 든든 국가안보

국방

든든한 처우, 막강한 군대 획기적으로 개선하겠습니다. ·································· 259
AI 기반 유·무 복합전투체계 조기 구축을 통해 첨단과학기술군을 실현하겠습니다. ······ 260
국방 첨단기술 R&D 지원을 확대하겠습니다. ·· 261
군 가산점제를 남녀불문 도입하겠습니다. ·· 262
군 복무를 미래준비 시간으로 만들겠습니다. ·· 263
군 구조 개편을 통해 상비병력 부족시대를 대비하겠습니다. ·························· 264
국방 조직을 혁신해 군의 정치적 중립을 보장하겠습니다. ······························ 265
안전하고 건강한 군대로 혁신하겠습니다. ·· 266

안보

간첩법(형법 제98조) 개정으로 국가안보를 지키겠습니다. ·········· 269
화이트 해커 1만명 양성으로 사이버전 역량을 대폭 강화하겠습니다. ·········· 270
국가해양위원회를 설치해 해양영토를 굳건히 수호하겠습니다. ·········· 271

보훈

더 두텁게, 더 촘촘하게, 더 영예롭게 최상의 보훈으로 보답하겠습니다. ·········· 273

외교

정상 간 유대를 기반으로 한미 전략동맹을 업그레이드하겠습니다. ·········· 275
좋은 이웃 정책을 통해 주변국 관계를 개선하겠습니다. ·········· 276
2025 경주 APEC을 성공적으로 개최하여 K-다자 외교를 활성화하겠습니다. ·········· 278
우크라이나 평화구축 및 재건사업에 적극적으로 참여해 우리 경제에 활력을 불어넣겠습니다.
- 드네프르강의 기적을 이룰 팀코리아 ·········· 279
세일즈 외교 3.0시대를 맞아 AI·과학인재 100명을 선발·배치해 AI 3대 강국으로
발돋움하겠습니다. ·········· 280
개척자 외교를 통해 대한민국을 세계에 널리 알리겠습니다. ·········· 281

남북관계

북한 핵·미사일 위협에 대한 억제력을 강화하겠습니다. ·········· 283
원칙을 지키며 비핵 평화 통일 여건을 조성하겠습니다. ·········· 285
유연한 대화를 통해 실질적 평화를 가져오겠습니다. ·········· 286
미래지향적인 통일한국 로드맵을 마련하겠습니다. ·········· 287
분단에 따른 고통과 불편을 해소해 나가겠습니다. ·········· 288

07. 국민안심 안전

재난

대통령 직속 국민안전위원회 신설로 안전관리 컨트롤타워를 구축하겠습니다. ·········· 293
재난담당 공무원 및 민간인이 자긍심을 가지고 일할 수 있도록 하겠습니다. ·········· 294
대형산불로부터 국민의 생명과 재산을 보호하겠습니다. ·········· 295
산불 예방 등 기후위기에 대비할 첨단 인공강우 기술을 고도화하고 상용화하겠습니다. ·········· 296
노후 상하수관로를 집중 개선해 싱크홀 사고 불안을 해소하겠습니다. ·········· 297
지반탐사 등 싱크홀 대응체계를 정밀하게 구축하겠습니다. ·········· 298
12.29 여객기 참사와 같은 비극이 되풀이되지 않도록,
국가항공 건설 운영체제를 전면 개편하겠습니다. ·········· 299
해양사고 없는 안전한 바다를 위해 해양안전 투자를 대폭 확대하겠습니다. ·········· 300

하천지류 정비사업을 신속 추진하여, 기후변화로 인한 자연재난으로부터
국민안전을 지키겠습니다. ··· 301
폭우·폭염·산불·홍수 등 긴급재난 발생에 맞춰 위험 예보 및 경보를
신속 대응 매뉴얼로 강화하겠습니다. ··· 302
안심할 수 있는 사이버 공간과 인프라를 만들겠습니다. ··································· 303

범죄

흉악범죄 강력 대응으로 국민의 일상을 지키겠습니다. ····································· 305
마약과의 전쟁에서 기필코 승리하겠습니다. ··· 306
폭력 예방 및 피해자 보호를 위한 제도를 정비하여 안전한 나라를 만들겠습니다. ········ 307
전세사기로부터 청년을 보호하겠습니다. ··· 308
사이버 모욕죄를 신설해 실효성 있는 처벌로 국민을 보호하겠습니다. ··········· 309
해킹공화국 인증공화국 문제를 신속히 해결하겠습니다. ··································· 310

기후·환경

기후변화 시대, 새로운 재난대응과 보상체계를 만들겠습니다. ························ 313
기후재난으로부터 국민의 생명과 재산을 지키겠습니다. ··································· 315
기후위기 대동여지도를 그려 제대로 대응하겠습니다. ······································· 316
K-해양 기후 예측 시스템을 구축하겠습니다. ··· 317
현세대와 미래세대를 위해 깨끗한 바다를 조성하겠습니다. ····························· 318
미세먼지 30%를 감축해 편하게 숨 쉴 수 있는 대한민국을 만들겠습니다. ···· 319
공업용수·깨끗한 먹는 물 확보를 위한 취수원 다변화 사업을 막힘없이 추진하겠습니다. ··· 320
AI 컴퓨팅 인프라를 구축해 멸종위기종을 체계적으로 보호하겠습니다. ········ 321

생활안전

국가 식량안보를 책임지겠습니다. ·· 323
안심하고 드실 수 있는 수산물을 안정적으로 공급하겠습니다. ······················· 324
안전한 생활화학제품 관리로 국민건강을 지키겠습니다. ··································· 325
가축전염병 발생을 최소화하겠습니다. ··· 326

08. 빈틈없는 복지

복지

외로움·고립·단절을 다 함께 해결하겠습니다. ·· 331
전국민의 마음건강을 지키고 지원하겠습니다. ··· 332
마약·도박·알코올 등 중독을 예방하고 치료회복 서비스를 강화하겠습니다. ······· 333
AI·블록체인 기반의 복지통합 플랫폼을 구축하여 자기주도적 복지시스템을 구축하겠습니다. ····· 334

자궁경부암 백신 등 무료 국가예방접종을 확대하겠습니다. ········· 335
중증 희귀질환 환자의 혁신적 치료 환경을 조성하겠습니다. ········· 336
필수의약품을 안정적으로 공급하여 국민 불안을 해소하겠습니다. ········· 337
아파도 소득을 보장받는 상병수당을 전국적으로 확대하겠습니다. ········· 339
장기기증을 활성화하고 장기이식 필수비용 부담을 줄이겠습니다. ········· 340
사회복지사 처우를 대폭 개선하겠습니다. ········· 341
'사회이동성 밸류업 지수'를 만들어 계층 사다리를 복원하겠습니다. ········· 342
'다정한' 배려가 존경받고 보상받는 사회를 만들겠습니다. ········· 343
가족이 아니어도 법적 보호자가 될 수 있는 제도를 만들어 국민 누구나 위기상황에서
보호받을 수 있게 하겠습니다. ········· 344
노후 임대아파트와 복지관을 리모델링하여 주거복지 수준을 높이겠습니다. ········· 345
전국민 건강지갑(헬스세이브통장)을 도입해 국민 건강을 책임지겠습니다. ········· 346
취약계층의 식품 접근성을 향상시키겠습니다. ········· 347

출산·육아

공공예식장 확대 및 품질관리 지원으로 결혼 준비를 적극 돕겠습니다. ········· 349
'깜깜이 스드메' OUT! 예비부부의 억울함을 없애드리겠습니다. ········· 350
결혼 페널티를 결혼 메리트로! 신혼부부 대상 주택 대출 소득 기준을 대폭 상향하겠습니다. ··· 351
'우리아이 첫걸음 계좌'로 아이의 내일을 준비하겠습니다. ········· 352
아이돌봄서비스 지원을 전면 확대하겠습니다. ········· 353
임신부터 육아까지 엄마 곁을 든든히 지키겠습니다. ········· 354
아이를 기다리는 난임부부의 힘이 되겠습니다. ········· 355
난임치료를 위한 유급 휴직기간을 확대하겠습니다. ········· 356
다태아(쌍둥이 포함) 가구에 대한 지원을 확대하겠습니다. ········· 357
한부모가족의 자녀 양육 환경을 안정적으로 조성하겠습니다. ········· 358
기업 육아휴직 사용 현황을 공시 의무화하겠습니다. ········· 359
워킹맘·워킹대디의 부담을 덜어드리겠습니다. ········· 360

아동·청소년

미디어 선정성·폭력성으로부터 다음 세대를 지킵니다. ········· 363
맘껏 배우고 신나게 가르칠 수 있는 안전한 학교를 만들겠습니다. ········· 364
반사회적 아동학대 범죄를 근절하겠습니다. ········· 365
위기청소년, 방치가 아닌 동행으로 한 아이도 놓치지 않는 사회를 만들겠습니다. ········· 366
보호아동을 위해 아동복지시설의 질을 확 높이겠습니다. ········· 367
전국 어디서나 걸어서 10분, 장난감도서관·실내놀이터 전국 확대 ········· 368
우리 아파트 놀이터, 이제 새로워집니다. - 노후 놀이터 리모델링 사업 ········· 369

어르신

어르신이 일을 하셔도 연금 손해가 없도록 하겠습니다. ······················ 371
다양한 노인일자리 사업을 확대하겠습니다. ······················ 372
'삶의 품위있는 마무리'를 적극적이고 체계적으로 지원하겠습니다. ······················ 373
치매 노후 걱정 안하시도록 후견인제도와 신탁제도를 정착시키겠습니다. ······················ 374
간호간병통합서비스 등으로 간병비 부담 완화하겠습니다. ······················ 375
가족 간병의 어려움을 덜어드리겠습니다. ······················ 376
통합의료·복지 돌봄 체계를 구체화하겠습니다. ······················ 377
치매 어르신을 돌보는 가족의 어려움을 해소하겠습니다. ······················ 379
치매관리 주치의를 전국 확대하겠습니다. ······················ 380
치매 안심하우스를 확대 공급하겠습니다. ······················ 381
동네 어르신들이 함께 식사하실 수 있도록 경로당 부식비를 더 지원하겠습니다. ······················ 382
어르신 임플란트 지원을 확대해 건강한 노후를 보장하겠습니다. ······················ 383
신체보장구(안경)를 지원하여 국민건강과 복지를 증진하겠습니다. ······················ 384
어르신의 버스비 부담을 덜어드리겠습니다. ······················ 385

장애인

장애인이 직접 참여하고 중심이 되는 장애인 정책을 만들겠습니다. ······················ 387
장애인 복지 예산을 확대하고, 개인 맞춤형 복지로 자기 결정권이 존중받는 체계를 만들겠습니다. ·· 388
'사회보장' 중심에서 '좋은 일자리' 중심으로, 장애인의 사회참여를 지원하겠습니다. ······················ 389
장애인 등 모두가 함께 소통하며 이용할 수 있는 one-stop 생활지원센터를 설치하겠습니다. ······················ 390
장벽이 없는 의료환경과 일상의 연결을 통해, 장애인의 건강권을 보장하겠습니다. ······················ 391
발달장애아동이 겪는 어려움을 함께 해결하겠습니다. ······················ 392
고령 장애인에 대한 지원을 확대하겠습니다. ······················ 393
경계선 지능인의 교육·고용·일상 생활을 지원하겠습니다. ······················ 394

다문화

다문화가족의 안정적 정착과 문화다양성 이해 확대를 지원하겠습니다. ······················ 397

반려동물

더 이상 마음 졸이며 동물병원 청구서 받아보지 않도록 부담을 확 덜겠습니다. ······················ 399
펫 파크와 펫 위탁소를 확대하고 반려동물 연관 산업을 육성하겠습니다. ······················ 400

09. 튼튼 뿌리경제

소상공인

대통령 직속 (가칭) '소상공인 자영업자 지원단'을 설치하겠습니다.	405
캐시백 등 과감한 소비 촉진으로 소상공인 매출을 증대하겠습니다.	406
소상공인을 위해 전문은행을 만들겠습니다.	407
소상공인에게 힘이 되는 금융을 제공하겠습니다.	408
소상공인 사업자금을 안정적으로 공급하겠습니다.	409
소상공인의 비용 부담을 완화하는 바우처를 지원하겠습니다.	410
소상공인 상가 임차 애로를 해결하겠습니다.	411
플랫폼시장의 공정경쟁 촉진 및 이용자 권익보호를 강화하겠습니다.	412
소상공인만을 위한 특화된 서비스를 제공하겠습니다.	413
외국인근로자 활용을 확대해 소상공인 구인난을 해결하겠습니다.	414
재난 피해를 입은 관광업 소상공인을 돕겠습니다.	415
전통시장을 지역 유통의 중심지로 만들겠습니다.	416
소공인의 경쟁력을 강화하고 성장을 돕겠습니다.	417
5인 미만 사업장에 근로기준법 적용을 확대하겠습니다.	418
여성 소상공인이 안전하게 일할 수 있도록 하겠습니다.	419

중소기업

'1-10-10 성장사다리' 프로젝트를 추진하겠습니다.	421
스타트업 코리아를 넘어, 유니콘 코리아로 성장하겠습니다.	422
스마트공장, AI 도입으로 중소기업 생산성을 확 높이겠습니다.	423
중소·영세 사업장을 위한 맞춤형 스마트 안전지원을 확대하겠습니다.	424
건실한 기업이 장수기업으로 성장하도록 가업 승계를 돕겠습니다.	425
중소기업·소상공인 기(氣) 살리는 실효적 공정거래기반을 만들겠습니다.	426
중소기업 R&D 지원을 업그레이드하겠습니다.	427
중소기업의 금융 및 납품대금 애로를 완화하겠습니다.	428
'한국형 디스커버리' 제도를 도입해 함께 성장하는 대기업-중소기업 생태계를 만들겠습니다.	429
중소기업이 불리하지 않도록 공공구매제도를 개선하겠습니다.	430

모두의 행복을 더하는 세대·대상별 맞춤공약
정책으로 함께 웃는 대한민국

우리의 일상이 더 편해지고,
우리의 하루가 더 행복해집니다.

―

세대와 상황에 꼭 맞춘 정책으로
평범한 일상에 작은 기적을 만들어 가는
새로운 대한민국을 만들어갑니다.

소상공인

- 대통령 직속 '(가칭)소상공인 자영업자 지원단' 설치
- 소상공인 점포 사용 신용카드 지출에 캐시백 제공 등 통해 소상공인 매출 증대
- 소상공인 전문 국책은행 설립해 분산된 서민금융 기능 통합 조정
- 새출발기금 역할 대폭 확대 등으로 소상공인 금융부담 경감
- 미지급 우려 없는 판매대금 회수 시스템 구축 및 안정적 사업자금 공급
- 소상공인 부담경감크레딧 및 구매전용 신용카드 등 비용 부담 완화 바우처 지급
- 임차상가 관리비 투명화 시스템 구축 및 상가 임대차 보호 대상 확대
- 독과점 플랫폼 반경쟁행위 차단 위한 경쟁 촉진 입법 추진 및 공정 거래질서 구축
- 고질적 인력난 완화 및 체계적 인력공급 위한 소상공인 인력지원 특별법 제정
- 소상공인 판로 확대 및 마케팅 역량 강화 지원 확대 등 성장 지원

과학기술인

- 국가 예산지출의 5% 이상을 R&D에 투자
- 과학기술인의 지위·처우·권리보장 내용을 담은 과학기술기본법 개정
- 과학기술부총리 및 과학특임대사 신설
- 국가전략기술 연구개발 예산 5년 내 10조원 규모 확대 및 기초 연구 안정적 지원
- R&D 예비타당성 조사 폐지 관련 법안 처리로 연구 착수 기간 최대 3년 단축
- 성실실패 불이익 없는 도전적 연구 분위기 조성
- 기초연구 연차별 보고 면제 등 각종 절차 간소화로 연구개발 몰입 환경 조성
- 대학원생 연구생활 장려금 예산 및 박사 후 연구자 연수 확대 등 연구 지원 강화
- 고성과 연구자에 대한 인건비·연구수당 인상 등 인센티브 강화
- 국가 특임 연구원 제도 활성화 및 탄력적 대체인력 지원으로 우수한 고경력자 커리어 연장 및 연구 공백 해소

학생·학부모·교원

- 공교육 내 프로젝트 기반 학습으로 공감능력·비판적 사고능력 함양
- 교육단계별 AI·디지털 교육 기반 조성으로 창의적인 미래형 인재 양성
- 아이들의 학습권과 교권의 조화 및 학교 행정업무 부담 완화를 통한 행복한 교육 환경 조성
- 교육감 '주민직선제'를 폐지하고 '시·도지사 러닝메이트제' 또는 '광역단체장 임명제'로 변경
- 'K-Learn'으로 저소득층 학생에게 사교육비 부담 없는 맞춤형 양질의 교육 제공
- 교원·학생 마음건강 지원 시스템 강화
- 유치원·어린이집 통합 제도 개선으로 양질의 교육·보육 서비스 제공
- 학생·학부모 눈높이에 맞는 늘봄학교 프로그램 제공 및 단계적 무상 추진
- 지역 특색에 맞는 교육발전특구 기반 조성 및 지역 대학의 경쟁력 강화 지원 등 지역 맞춤형 교육 혁신

청년

- '사회이동성 밸류업 지수'를 만들어 계층 사다리 복원
- 공정채용법 제정으로 청년이 납득할 수 있는 투명하고 신뢰받는 채용문화 확립
- 군 가산점제 및 군 경력 민간 활용 프로그램 도입으로 청년 시간의 가치 증대
- 청년들이 해외에서 다양한 경험을 쌓고 글로벌 무대에서 일할 수 있는 기회 확대
- 학교와 직장에서 가까운 곳에 살 수 있도록 청년층 주거비 부담 완화
- 대학생이 학업에 충분히 집중할 수 있도록 경제적 부담 완화
- 심리·신체 건강과 사회적 연결을 적극 지원해 청년층의 재기 기회 마련
- 나이나 연차와 상관없이 일한 만큼 보상 받는 임금체계 개편 및 근무 여건 개선
- 청년세대가 공감할 수 있고 일자리를 더 만들어내는 고령자 고용연장 추진
- 공공예식장 확대 및 품질관리 지원, '깜깜이 스드메' 문제 해결, '청년 결혼 3·3·3 주택' 등을 통한 결혼 비용 부담 완화

여성

- 여성과 비정규직도 목소리를 낼 수 있는 '부분 근로자 대표제' 도입
- 가족과 함께 하는 시간을 보장하는 경영문화를 일구기 위한 EFG(환경·가족·투명한 지배구조) 경영 확산
- '양성평등 채용 목표제' 공공기관까지 확대 추진
- HPV(사람유두종바이러스/자궁경부암) 백신 건강보험 적용으로 비용 부담 경감
- 여성이 안심하고 거주할 수 있는 '여성안전주택인증제' 도입 등 안전망 강화
- 교제폭력·스토킹범죄·가정폭력 및 딥페이크 범죄 예방 및 폭력 피해 보호 위한 법체계 보완
- 아이돌봄서비스 지원 전면 확대로 워킹맘도 걱정 없는 업무 몰입 환경 조성
- 난임치료 6일 유급 전환 및 민간기업 육아휴직 현황 공시 의무화 등을 통한 난임치료 및 육아 휴직 활성화
- 소상공인·자영업자 및 1인사업자·특수고용직·프리랜서 등까지 육아휴직급여 확대
- 신뢰 기반 '지정돌봄인 등록제' 도입으로 1인 및 비혼가구의 긴급 상황 대응력 및 심리적 안전망 강화

반려동물 인구

- 동물병원 제공 모든 의료서비스 항목 표준화 및 비용 온라인 게시 의무화
- 펫보험 상품을 다양화하고 보장 범위와 지원 조건 개선 등 반려동물 진료비 경감 제도적 기반 마련
- 펫로스 증후군 극복 위한 심리치료 지원 등 반려동물과의 아름다운 작별 지원
- 펫 파크·펫 카페 조성 및 반려동물 펫 위탁소 운영·지원 확대
- 유기동물 입양 지원으로 자연사·안락사 최소화
- 국비 지원 비율 상향 등 길고양이 중성화사업지원 확대 및 지원 조건 개선
- 비문(鼻紋) 안면인식 등 생체 정보 활용 반려동물 등록 방식 개선
- 맹견 사육허가제(동물 등록, 책임보험 가입, 중성화 수술 요건 완화 등) 안착
- 반려동물 연관 산업 육성 및 지원 법률 제정
- 반려동물의 날 제정 추진

장애인

- 장애인지 정책 운영체계 구축해 장애인이 직접 참여하고 중심이 되는 장애인 정책 입안
- '장애인 개인예산제 확대'를 통해 개인맞춤형 복지로 자기결정권이 존중받는 체계 구축
- 장애인 재정지원일자리를 양질의 안정적 직무로 확대
- '장애물 없는 생활환경(BF)' 조성 및 소규모 민간 편의시설 시설 설치 비용 지원 추진
- 중증장애인 콜택시 차량 증차 및 배치 효율화 등 이동친화적 교통 편의시설 인프라 확대
- 장애인 등 모두가 함께 소통하며 이용할 수 있는 one-stop 생활지원센터 설치
- 장애인건강주치의제 활성화 등으로 장애인의 건강권 보장
- 장애아동과 발달장애인을 위한 생애주기별 지원 대책 마련
- 장애와 고령으로 이분화된 사각지대 해소 등 고령 장애인 지원 확대
- 경계선 지능인의 교육·고용·일상 맞춤형 지원

어르신

- '정년 후 계속고용' 제도 정비 및 중장년고용정책기본법 제정으로 '일하는 노년, 일할 수 있는 환경' 조성
- AI 시대 맞춤형 하이브리드 일자리 확대 및 디지털 신기술 직업훈련 지원
- 근로소득에 따른 노령연금 감액 폐지
- 다양한 형태의 의주근접형 노인 친화형 주택, 도심형 시니어돌봄주택 등 맞춤형 주택 공급
- 파크골프장 포함 생활체육시설 확보 등 활기찬 노년을 위한 취미·여가 생활 지원
- 사망보험금 유동화 등 노후지원 보험제도 패키지 추진 및 주택연금 실거주의무 폐지 통한 주택연금 활성화
- 65세 이상 고령층 대상 '버스 무임승차 제도' 등 생활 속 비용 절감
- 치매관리 주치의 제도 확대, '공공후견인' 제도 및 '공공신탁제도' 도입하는 등 치매 국가 돌봄 지원 강화
- 요양병원 간병비 단계적 급여화 및 간병하는 가족에게 최소 월 50만원 지급 등 간병 서비스 개선
- 과도한 연명의료, 자녀·배우자의 간병부담, 호스피스 접근성 제약 등을 체계적으로 개선, '삶의 마무리' 과정에 대한 두려움 해소

농어업인

- 농촌 프리존 조성으로 농촌 일자리·경제 활성화
- 농지 소유 요건을 대폭 완화하고 상속·이농 농지 소유 상한 폐지
- 농지 임대차 허용범위 확대로 농업 생산성 제고와 합리적 이용 유도
- 농촌지역 70대 이상 독거노인 대상 '똑똑안부확인서비스' 지원
- 숲 활용 지역 관광산업 육성하고 임업직불제 확대 등으로 임업인 소득 증진
- 영세 어업인 생계안정 위한 다양한 소득원 창출하고 저금리 정책자금 공급 및 신규 정책자금 지원
- 어촌 정주여건 개선을 위한 인프라 등 생활복지 개선
- 농어촌 일손 공급 안정화를 위한 제도적 기반 마련
- 농촌 및 소외 지역의 비대면 진료 시스템 강화
- 농어촌 지역 일반 개인 차량 활용한 '농촌형 우버' 합법화

투자자

- 대통령이 직접 해외투자자 IR(Inverstor Relation) 실시 및 금융자문위원회 신설
- 1년 이상 주식 장기보유 투자에 대한 세제 혜택
- 배당소득 분리과세
- 상장법인의 물적분할 또는 인수·합병(M&A)시 등 주주의 정당한 이익 보호 의무 부과
- MSCI 선진국 지수 임기 내 편입
- 주주총회 분산 유도 등 일반 주주 등의 충실한 의결권 행사 위한 제도 개선
- 가상자산 현물 ETF 도입
- '디지털자산기본법' 제정
- 토큰증권(STO) 법제화, 법인의 가상자산시장 거래 허용 등 신속한 제도화
- 1거래소 1은행 체제 폐기

군인

- 군 가산점제 도입
- 여성희망복무제(여성전문군인제) 도입으로 전문분야 군 인력 진출 기회를 여성에게도 확대
- 군 경력이 민간에서 활용될 수 있는 프로그램 도입하고 군 복무 기간 중 전문 분야 교육 강화
- 초급간부 처우를 중견기업 수준으로 개선하고 소령~중령급 중견간부 처우 개선 병행 추진
- 간부사관 제도 개선을 통한 부사관의 장교 진출기회 확대
- '군인복지기본법'을 군무원까지 포함하는 '국군복지기본법'으로 제정
- 병영생활관 개선, 급식 품질 개선 등 장병 복무 환경 개선
- 법무관 증원으로 병사와 초급장교에 대한 법률지원 확대
- 군 안전 전문인력 양성 및 체계적·효율적인 안전사고 관리체계 구축
- 국군 의무사 예하 국군의무후송항공대 창설 등 군 의료체계 혁신

미래 성장엔진

인공지능(AI)·미래산업
에너지 | 과학·기술 | 교육

국민과 함께
새롭게
대한민국

인공지능(AI)·미래산업

- 대한민국 미래기술 3+1, 대통령이 직접 챙기겠습니다.
- AI 대전환! 세계 최고의 인공지능 생태계 조성
- AI 대전환! 세계에서 AI를 제일 잘 쓰는 국민!
- 질병 정복의 꿈, 바이오 강국을 이루겠습니다.
- 판도를 바꿀 양자 기술에 담대하게 도전하겠습니다.
- 반도체·미래차 등 첨단전략산업 글로벌 1등 책임지겠습니다.
- 전국을 빠르게 이동하고 탄소와 미세먼지도 감축하는 미래 모빌리티 시대를 열겠습니다.
- 차세대 이동통신(6G) 세계시장을 선도하겠습니다.
- 디지털 헬스케어를 활성화하겠습니다.
- 기후산업으로 60년 경제성장을 지속하겠습니다.
- 자원순환이 국가경쟁력! 자원순환 기술 선도하겠습니다.
- 국토 3D지도를 제작해 미래첨단산업, 도시설계, 재난 대응을 지원하겠습니다.

인공지능(AI)·미래산업

실천 01

대한민국 미래기술 3+1, 대통령이 직접 챙기겠습니다.

▮ **3대 게임 체인저인 인공지능(AI), 바이오, 양자 + 대한민국의 꿈인 우주에 도전**
  - 글로벌 시장의 판을 바꿀 핵심 기술 글로벌 경쟁에 적극 대응
  - 대한민국이 직면한 성장 정체, 사회구조 한계(저출산 등) 돌파
    → 경제·사회 혁신과 새로운 성장 동력화

▮ **대통령 직속 위원회 등을 통해 국정의 최우선 과제로 추진**
  - 구성 : 국가AI위원회, 국가바이오위원회, 양자전략위원회, 국가우주위원회
  - 운영 : 대통령 직접 주재, 회의 정례화
  - 기능 : 기술·인재·산업육성·규제완화 전략, 부처 간 협업·조정 등

▮ **경쟁력 제고를 위한 핵심전략 수립 및 철저한 이행 관리**

AI	바이오	양자	우주
AI 인프라 구축, 초격차 기술, 인재, 데이터, 규제완화	바이오+AI·데이터, 바이오 파운드리 → 신약, 치료법 개발	글로벌 얼라이언스 → 양자컴퓨팅, SW, 암호통신, 센싱	27년 발사체 엔진, 32년 달 착륙, 45년 화성 탐사

(양자와 우주 사이 +)

인공지능(AI)·미래산업

실천 02

AI 대전환!
세계 최고의 인공지능 생태계 조성

▌세계적 수준의 AI 인프라 구축
- AI 컴퓨팅 센터 등 지역거점에 조성 : GPU(10만장)와 NPU 확보, 기업·대학·연구소에 제공(국내 수요 대비 공공 공급률 : 現 5.5% → 2030년 50% 이상)
- 민간투자 활성화를 위해 AI도 반도체 수준으로 세액공제 확대

▌AI 인재 양성 및 도전적 기술 개발
- AI 대학원 및 SW 중심대학 등의 정원 확대, 글로벌 대학 협력 등 AI 인재 20만명 양성 및 도전적 기술 개발
- 해외 우수인력 유치를 위한 인건비·연구비 지원(정부-민간 매칭)
- 차세대 AI, 데이터 생성, AI 반도체 칩 및 SW 등 연구개발

▌데이터 확보 및 활용
- 旣구축된 학습용 데이터의 품질 미흡, 분절적 운영, 중복 수혜 등 개선 → 체계적 관리 하에 데이터(텍스트, 음성 + 전문분야, 원천, 영상, 이미지) 구축, AI·데이터 허브 확충, 데이터 안심구역 통합·연계
- 중소기업, 소상공인, 대학, 연구소 등에 데이터 바우처 제공 확대

▌AI 경쟁국에는 없으나, 우리나라에만 있는 규제 폐지
- 개인정보 및 저작권 관련 규제 완화·현실화, 규제 샌드박스 확대
- 국가AI위원회 기능 강화 : 부처 간 조정, AI 규제 도입 시 영향평가

▌AI 민·관 혁신펀드 등 100조 이상 투자
- AI 분야의 유망 중소·벤처기업 등 발굴, 육성 및 생태계 조성
- AI 민간투자 활성화

실천 03

AI 대전환!
세계에서 AI를 제일 잘 쓰는 국민!!

▍**AI 일상화 프로젝트 확대** : 확산 및 초기수요 창출
   - '30년 AI 도입률 : 산업 70% 및 공공 95%

▍**누구나 AI를 다루고 정보를 읽을 수 있도록 디지털 리터러시 교육 확대**
   - 가짜뉴스 판별 훈련, 알고리즘 작동 원리, 정보 출처 검증법 등을 실습 중심으로 교육
   - 학생들이 실시간 사회 이슈를 분석하고 검증하는 능력을 기를 수 있도록 수업 설계
   - 개인정보 보호와 정보보안에 대한 체계적 교육 확대

▍**디지털 교육 바우처 제공을 통한 교육 접근성 제고**
   - AI 포함 디지털 교육 바우처 제공

인공지능(AI)·미래산업

실천 04

질병 정복의 꿈,
바이오 강국을 이루겠습니다.

▌'보스턴-코리아 프로젝트'를 통한 기술 개발 및 사업화 촉진
- 첨단바이오 분야 기초·원천 연구부터 임상 단계까지 한-미 우수 연구그룹 간 공동연구에 폭넓은 연구지원
- AI, 데이터를 기반으로 혁신 신약 및 의료솔루션(줄기세포 등) 개발
- 바이오 파운드리(제조공정을 자동화·고속화·디지털화) 구축
- 바이오 전용 펀드 조성

▌지역 바이오 클러스터 연계
- 분절적으로 운영 중인 20여개 지역 클러스터 협업
  → 장비, 전문가, 정보 및 데이터, 교육, 지원사업 등 공동 활용

▌법제도 마련 및 규제 개선
- 바이오·헬스 데이터 활용 등을 위한 규제 완화, 규제 샌드박스 운영

▌인재 양성 및 실무형 인재 교육
- (특성화) 대학 및 대학원 운영, 재직자 교육, 의사과학자 육성
- 바이오 의약품, 백신, 임상연구, 바이오데이터 활용 분야 등의 인력 양성

▌코스닥 법차손(법인세 비용 차감 전 계속사업손실) 규정을 글로벌 스탠더드에 맞게 개정
- 개발기간 동안 장기적 적자가 발생하는 산업 특성을 고려해 거래소 내 '연구개발비 적정성 평가위원회'를 신설, 연구개발비 비용항목 개정

인공지능(AI)·미래산업

실천 05

판도를 바꿀 양자 기술에 담대하게 도전하겠습니다.

▍양자 기술에 게임체인저 전략 연구·개발(R&D) 위상 부여해 적극 투자
- 양자컴퓨팅 개발 :
  '25년 50 큐비트급 → '30년 1000 큐비트급(낮은 오류)
- 차세대 퀀텀 암호통신·센싱·SW 등 연구

▍우수 인력 양성 및 확보
- '30년까지 최소 1천명 확보 : 양자대학원, ITRC, 해외연수 등
- 해외 우수 연구자 유치

▍글로벌 얼라이언스 구축
- 미국, EU 등과 기술동맹 수준의 정부간 협력
- 해외 대학·연구소와 공동 연구 및 인력 교류

▍개방형 퀀텀 연구칩 제조시설, 시제품 테스트베드 구축

인공지능(AI)·미래산업

실천 06

반도체·미래차 등 첨단전략산업 글로벌 1등 책임지겠습니다.

▎첨단산업 선두 분야 집중 육성
- 반도체·미래차 등 분야별 글로벌 1위 전략 달성 계획 수립
- 금융지원 확대(R&D, 핵심 기술 등)
- 연관 스타트업, 중소기업의 성장 촉진
- 글로벌 공급망 안정화 적극 대응

▎경쟁국 수준으로 지원 확대
- 보조금 지원 및 전력 등 인프라 조성 비용 증대
- 제조시설에 대한 설비투자 신속 지원
- 반도체클러스터 조성에 필요한 제반사항 지원 확대(전력망, 규제혁신 등)
- 산업별 맞춤형 근로시간 유연화(반도체특별법 주52시간제 예외 등)
- 소부장(소재·부품·장비) 클러스터 지원 확대 및 국산화 제고
- 배터리 순환 생태계 강화를 위한 사용후배터리법 제정 등 입법 지원

▎AI·로봇 등 미래형 분야 생태계 강화
- 산업 AI 확산 선도프로젝트 선정 및 투자 확대
- 휴머노이드(로봇) R&D 및 서비스 로봇 인프라 구축 지원 확대
- 국가전략기술 지원 확대

실천 07

전국을 빠르게 이동하고 탄소와 미세먼지도 감축하는 미래 모빌리티 시대를 열겠습니다.

- **(자율자동차)** 레벨 4의 자율주행차 상용화 실현 및 레벨 5에 대한 R&D 추진
  - 단계별 실증·시범운행 강화 추진
    (운전자 탑승 → 조수석 탑승 → 완전무인)
  - 완성차업체, IT·플랫폼 기업, 스타트업 간의 협력망 구축 지원
  - 법인에 한정된 자율주행차 구매대상에 개인 택시사업자를 포함
  - 「주행사업자법」 제정을 통해 제도적 기반 마련

- **(UAM)** UAM 수도권 도심실증을 본격화하고 교통·관광·응급의료 등 상용화 모델 다각화 및 사업준비 지원
  - 김포공항 복합환승허브 구축사업에 이어 '27년 완공되는 울릉공항 등 주요 공항에 UAM 버티포트를 구축하고 공항과 관광 및 비즈니스 수요가 있는 대상지를 연결하는 UAM 상용화 노선 구축

- **(하이퍼튜브)** 초전도 자기부상 추진체 등 핵심기술 개발('25년~'28년)

- **(수소철도)** 수소철도 개발을 위한 기술개발, 실증, 안전 및 유지관리, 규제완화, 재정지원, 충전인프라 구축 등을 담은 '수소철도 로드맵' 마련

- **(소형항공)** 3개 섬공항 완공을 계기로 김포~제주 등 특정노선에 편중되어 있는 국내 항공노선망을 80인승 소형항공기와 UAM을 활용하여 다양하고 촘촘하게 구축

인공지능(AI)·미래산업

실천 08

차세대 이동통신(6G) 세계시장을 선도하겠습니다.

▍ 2030년 상용화 목표
- AI와 센싱을 결합한 초공간 지능형 네트워크(ITU)

▍ 6G 연구개발 투자 및 인재 양성
- 원천기술부터 상용화, 핵심부품 개발
- 대학·연구소들과 공동 연구, 인재 양성

▍ 국제 표준화 선도
- 6G 표준 개발 및 국제기구 반영
- 표준특허 지분 확보 증대

▍ 저궤도 위성통신 경쟁력 제고
- 6G와 향후 이동통신에 대비한 기술 및 산업 역량 확보

인공지능(AI)·미래산업

실천 09

디지털 헬스케어를 활성화하겠습니다.

❚ 데이터, 네트워크, AI 등 디지털 기술을 활용하여 질병 예방, 진단, 치료 및 건강관리 등 국민건강증진에 기여하기 위한 법적 기반 마련

❚ 디지털 헬스케어 인프라 구축 및 지원
 - 원격의료, 모바일 헬스 등 디지털 헬스케어 서비스 활성화를 위한 제도 개선 및 보험 적용 확대
 - 디지털 헬스케어 기업 육성을 위한 R&D 지원 및 규제 완화

❚ AI 기반 의료기기 인허가 체계 정비 및 제도적 개선
 - AI 의료기기 관련 연구개발 지원 펀드 조성
 - 혁신 기술 개발 기업들에 인센티브 지원

인공지능(AI)·미래산업

실천 10

기후산업으로
60년 경제성장을 지속하겠습니다.

▌글로벌 기후테크 선도기업 육성으로 기후산업 3대 강국 진입
- 기후테크 육성을 통한 수출경쟁력 확보 및 일자리 창출
- K-기후기술 창업펀드 조성 및 청년 스타트업 특별 지원제도 개발
- 수소, 전력저장시스템(ESS), 탄소포집 및 저장 기술(CCUS), SMR 등 다양하고 포괄적인 기후테크 R&D 지원
- 친환경 저탄소 산업 밸류체인 국산화 및 수출 지원 강화

▌탄소금융 허브 구축으로 기후변화대응 중심 국가로 도약
- 기후테크 중심 국제 원조사업 재편으로 국제감축과 기후산업 육성 동시 달성
- 자발적 탄소시장 활성화 통한 국제 감축사업 선도적 역할

▌저탄소 경제 전환 및 기후산업 경쟁력 강화 정책패키지 한국형 녹색전환 로드맵 추진
- 성장과 탄소감축을 동시에 추구하면서 기후 신산업을 대한민국 성장동력으로 육성
- 탄소 고배출 제조업의 저탄소 전환을 위한 기술개발 및 설비투자 지원 확대

▌탄소무역장벽 극복을 위한 무탄소 산업단지 건설
- 탄소중립 위한 산업단지 차원의 에너지 효율화 설비 개선 및 저탄소에너지 도입
- 이산화탄소 포집 저장시설 확보, 공공 의무구매 및 차액보전 등 CCU 활성화를 위한 정부 지원

기업의 탄소배출 감축 지원 정책 확대
- 기업 스스로 감축하도록 유도하는 기후 인센티브 지원 확대
- 국제적으로 인정 받을 수 있는 국내 탄소저감 인증제도 구축
- 이해하기 쉽고 이행하기 편하도록 기후규제 간소화 추진
- 기업의 재생에너지 구매비용에 대한 세액공제 강화

무탄소 기술개발 국산화 지원 통한 탄소중립 기술강국 실현
- 탄소중립 실증 R&D 스피드업 및 실질적 감축 위한 스케일업
- 국내 재생에너지 산업 육성 위한 기술 검증 인프라 구축 지원
- 기후변화 대응 연구인력 및 기술인력 육성

인공지능(AI)·미래산업

실천 11

자원순환이 국가경쟁력!
자원순환 기술 선도하겠습니다.

▌플라스틱 재활용 기술과 생분해 플라스틱 산업을 적극 육성하는
'플랙시트 프로젝트'로 세계최고 순환경제 강국 도약
- 2030년까지 생분해 플라스틱 시장을 연 10조원 이상 규모로 확대
- 첨단 재활용 기술 및 폐플라스틱 연료화·수소화 기술에 대한 집중 투자
- 재활용률을 국제 수준으로 끌어올리고, 수출 가능한 순환형 플라스틱 소재 개발
- 국내 순환경제 산업 규모를 50조원 이상으로 성장
- 국제 무대에서의 규제 대응 및 글로벌 순환경제 협력 주도

인공지능(AI)·미래산업

실천 12

국토 3D지도를 제작해 미래첨단산업, 도시설계, 재난 대응을 지원하겠습니다.

- 디지털 트윈기술을 기반으로 LX와 민간기업이 협업하여 정확도와 활용성을 갖춘 전 국토 3D지도 제작·보급하는 방안 마련

- 자율차 등 미래 첨단산업 지원, 스마트시티·디지털 공항 등 도시공간 설계, 국가재난 대비 시뮬레이션 등 관련산업에 적용, 확산될 수 있도록 지원방안 마련

국민과 함께
새롭게
대한민국

에너지

- 정직하고 현실적인 에너지 믹스와 촘촘한 에너지도로망으로 AI 시대 필수 인프라 전력을 확실히 확보하겠습니다.
- 에너지 전쟁으로부터 대한민국을 지키겠습니다.
- 지속가능한 원전 정책으로 AI 시대 전력 공급도 원활하게 하고 산업용 전기요금도 인하하겠습니다.
- 원전 수출 프로젝트를 정비하여 K-원전 수출을 중단 없이 지속하겠습니다.
- SMR 파운드리(위탁생산) 산업을 육성하고, SMR 종주국 지위도 회복하겠습니다.
- 원전 수출 진흥 및 경쟁력 강화를 위해 핵 연료 농축·재처리 권리를 확보하겠습니다.
- 철저한 안전 관리로 원자력에 대한 신뢰를 높이겠습니다.
- 탄소중립 신산업 육성 로드맵을 수립하겠습니다.
- 무탄소에너지 富國(부국)으로 도약하겠습니다.
- 에너지 정책결정과정을 합리화하겠습니다.

실천 01

정직하고 현실적인 에너지 믹스와 촘촘한 에너지도로망으로 AI 시대 필수 인프라 전력을 확실히 확보하겠습니다.

- **촘촘한 에너지도로망으로 산업 필수인프라 전력을 안정적으로 확보**
  - 에너지 고속도로뿐 아니라 국도·지방도를 정교하게 연결해 재생에너지 활용도 제고

- **가스, 원전 중심의 현실적인 에너지 믹스 전략으로 AI 시대 에너지공급능력 대폭 확충**
  - 가스, 원전, 재생에너지의 효율적 개발과 활용에 대한 적극적 투자 병행

- **「국가기간전력망확충특별법」의 적기 시행 준비**

- **분산에너지 특구 지정 연계**

- **SMR 등 개발 지원 확대 및 상용화 촉진, 전력구매계약(PPA) 정비**

- **'에너지 기반 국토종합개발계획'을 마련해 통신망, 철도망, 도로망에 전력망까지 함께 포함**

에너지

실천 02

에너지 전쟁으로부터
대한민국을 지키겠습니다.

▌ 에너지안보 차원에서 재생에너지 확보 위한 전력망 적기 구축

▌ 재생에너지 사업이 중국 등 특정 해외자본으로 국부 유출되지 않도록 제도 개선
- 발전공기업 등 공공부문의 재생에너지 사업 역할 강화
- 해상풍력 등 국내 재생에너지 사업의 일정 비중에 대해 발전공기업 등 공공부문 참여 의무화

▌ 안보 및 국내산업 고려한 재생에너지 정책 추진
- 에너지 사업의 안보요인 평가지표 강화
- 에너지 분야 국산화 증대로 국내 산업 경쟁력 강화 및 에너지안보 확보
- 국산 재생에너지 설비 소재·부품에 낙찰가점, 구매가격 보상 등 실질적 혜택 부여

▌ 기업의 RE100, CF100 등 탄소중립 무역장벽 대응 지원
- 전력구매계약(PPA) 중개사업을 통해 RE100 등 이행용량 확보 지원
- 기업의 재생에너지 구매비용에 대한 세제지원 도입

▌ 석탄발전 폐지지역 청정에너지로 재도약
- 충남 등 석탄발전 폐지지역을 수소에너지, SMR 등 청정에너지 산업으로 전환
- 수소생산 및 수소발전 등 패키지 지원 프로젝트 추진

실천 03

지속가능한 원전 정책으로 AI 시대 전력 공급도 원활하게 하고 산업용 전기요금도 인하하겠습니다.

▎**원전 중심의 에너지믹스로 AI 분야에 원활한 전력공급**
- 현 26기에 2기 원전(제11차 전기본) + α 건설의 안정적 추진
- 24시간 가동 원전과 24시간 전력 필요 AI 분야의 상호조합 시스템 구축
- AI 기술과 접목된 원전의 신뢰성·안전성·친환경성 고도화
- SMR 상용화 위한 예산 및 제도 지원 확대

▎**원전산업 생태계 복원 및 활성화**
- 원전 중소기업 금융지원 확대(대출, 세액공제, 적기 지원 등)
- 수입 기자재의 국산화 촉진, 독자기술 및 품목 지원 확대
- 산업 분야별 인력 수급 대책 마련
- 컨설팅·보증·융자 등 지원 확대를 통한 수출사업화 촉진

▎**원전 운영의 안정적 관리**
- 원전의 안정성 강화로 이용률 향상, 계속운전 시스템 구축
- 계속운전 위한 제도개선으로 경제적 전력공급
- 원자력발전 안전규제의 합리화·효율화

▎**산업용 전기요금 및 전력산업기반기금 인하, 국민부담 완화**
- 발전 비중 35%대, 이용률 82% 안팎 유지, 발전 비용 절감
- 전기요금 결정구조 개선(연료비 연동제, 원가주의 등)
- 한전 등 에너지공기업 경영 개선에 지원
- 2020년 이후 급등한 산업용 전기요금 및 기반기금 인하 추진
  (글로벌 관세정책 등 위기의 극복을 위한 주요 산업에 한시적 인하 조치)
- 취약계층 위한 에너지바우처·에너지 효율 개선(환경) 등 에너지 복지 지속 확대

에너지

실천 04

원전 수출 프로젝트를 정비하여
K-원전 수출을 중단 없이 지속하겠습니다.

▎원전 수출 프로젝트 기반 정비
- 세계 원전 수출 상황 총점검 및 프로젝트 혁신
- 원전 발주 관련 협상 기반 강화(정부의 MOU 체결 등 통한 발주사 협상 지원)
- 원전 수요국에 적합한 홍보 프로그램 가동

▎원전 수출 외교 강화
- 한미 원전동맹 내실화(외교·안보 차원 측면 강화)
- 기업, 금융, 정부 등 'K-원전 수출 원팀' 시스템 개선

▎원전동맹 통한 한미 협력모델 기반 구축
- 대통령 직속 코러스(KOR-US : KORUS) 관련 기구 구성
- 팀 코리아에서 팀 코러스로 신뢰 구축 및 협력 확장
- 원전 수출 협력 성과 분석·관리 및 글로벌 시장에서 호혜적 구도 확립
- SMR 조기 상용화 협력 체제 마련

▎수주국과 전략적 네트워크 구축
- 수주국의 금융 및 공공 조달, 전력망, 공급망 등 협력 패키지 마련
- 지역 봉사, 후원 등 사회활동을 통한 현지 협력 강화

▎수주 경쟁국과의 전략적 제휴를 통한 수주 기회 확대
- 미국·영국·프랑스 등 원전 주요국 간 협력을 통해 공급망 참여 모색

실천 05

SMR 파운드리(위탁생산) 산업을 육성하고, SMR 종주국 지위도 회복하겠습니다.

▌SMR 위탁생산 지원기반 강화
- SMR 위탁생산산업 발전을 위한 기술개발·인력·금융·세제·투자 활성화
- 신속한 사업추진을 위한 예타 특례(우선 선정, 면제) 등 기본계획 수립
- 국가전략기술 지정 등 통한 재정지원 기반 마련

▌글로벌 파운드리 클러스터 육성
- 생산과 수출의 시너지 효과 큰 지역 중심으로 클러스터 조성
- 해외 주요 SMR 업체 유치 지원
- SMR 인프라(제작지원센터 등) 신속 조성

▌SMR 연구개발·실증사업을 통한 SMR 상용화 촉진

▌「원전산업지원특별법」 제정
- 원전산업발전기금 신설, 수출 지원, SMR 상용화 촉진 등

에너지

실천 06

원전 수출 진흥 및 경쟁력 강화를 위해 핵 연료 농축·재처리 권리를 확보하겠습니다.

▎SMR 기술 개발 및 비즈니스 모델 수립

▎한미원자력협력협정(2035년) 만료 개정 협상을 위한 국내 준비 조기 착수
  - 농축·재처리 국가정책 수립, 원전에 대한 정치적 합의 조성 등
  - 평화적 이용을 전제로 한 농축·재처리 권리 확보

▎원자력 기술의 혁신을 통한 국익 창출 및 국가 성장동력 마련

▎안정적 에너지 수급을 통한 인공지능 시대 대응체계 구축

실천 07

철저한 안전 관리로
원자력에 대한 신뢰를 높이겠습니다.

▎원전 안전관리 개선
- 원전 설계수명 완료로 에너지 공급에 차질이 발생하지 않도록 원전 계속운전 제도 정비
- 원전 점검주기 단축(1년 반 → 연중 상시검사), 이상 징후·유형의 심층검사
- 정보공개 확대

▎SMR 등 신형원자로 규제 선진화
- 건설 및 운영 경험을 통해 건설, 해체, 안전, 물리적 방호·방재 규제 마련

▎지속적 원전 수주를 위한 수출 지원 체계 정립
- UAE, 체코 수출 경험을 바탕으로, 수출 상대국에 대한 맞춤형 규제지원 패키지 제공

▎생활 주변 방사선 관리
- 발생부터 국내 유통, 폐기까지 단계별 관리

에너지

실천 08

탄소중립 신산업 육성 로드맵을 수립하겠습니다.

▎탄소중립 연관 신산업 육성 로드맵 수립
- 정부와 민간의 연대기구 구성, 지속가능한 협업 과제 발굴 및 추진

▎산업전환 지원 혁신기금 설치
- 대규모 실증사업 및 상용화 투자 확대
- 탄소중립 실천 및 산업경쟁력 확보에 필수 신기술(이차전지, CCUS, 수소환원제철 등), 에너지 전환 및 효율화 기술 등 개발에 지원 확대

▎산업적 수요에 연계한 육성정책 추진
- 산업적 가능성이 높은 대상 발굴 및 선별
- 탄소중립 핵심 4대 수요부문(발전, 수송, 건물, 폐기물) 중심으로 수요와 기술적 요구사항 분석을 통한 지원대책 수립
- 그린 디지털 전환 및 저탄소 관련 기술 보유 기업 지원 확대

▎시장 창출 기반을 위한 제도 정비
- 저탄소 제품 의무구매 및 인증, 공공조달 지원, 세제 및 금융 등 제도 지원

▎무탄소에너지의 지속적·안정적 확대
- 지속가능한 에너지정책 수립 및 추진
- 전력시장을 원전·풍력 등 무탄소 전원에 유리하게 개편
- 해상풍력 설비 국내 생태계 기반 강화
- 수소경제 활성화

▎무탄소에너지 인증 및 거래 시스템 구축
- 무탄소에너지 인증체계 및 거래 관련 제도화, 국제표준화 선도

에너지

실천 09

무탄소에너지 富國(부국)으로 도약하겠습니다.

▌**수소, 수열 등 대체에너지 확충**
- 청정수소 생산기지 및 클러스터 등 수소 생태계 구축 강화
- 인천 충남 등 화력발전소 폐광지역에 청정수소 생산지로 전환 추진
- 소양강, 대청, 충주 등 댐 주변에 수열클러스터 조성
- 유기성 폐자원 활용으로 바이오가스 생산시설 확대

▌**원전산업 생태계 및 경쟁력 강화로 글로벌 시장 선도**
- 고준위방폐장의 차질 없는 건설을 위한 제도적 기반 강화
- 체코 원전 수출, 유망국 대상 협력 확대 등 통해 원전 수출 확대
- 금융, 설비투자, 연구개발 등 원전 공급망 중소기업 지원 강화
- 설비 등 국산화 비중 확대로 공급기반 고도화

▌**원자력과 재생에너지의 조화와 균형 추진**
- 해상풍력·태양광 입지 발굴로 재생에너지 지속가능한 성장 지원
- 무탄소에너지(CFE) 확산을 지원할 인증시스템 국제표준화 등 시장질서 구축
- 전력망 적기 확충을 위한 지원 확대

▌**민간기업 참여 활성화를 위한 제도 정비 추진**

▌**SMR 등 차세대 원전기술, 수소, CCUS 등 에너지 신산업 육성**

에너지

실천 10

에너지 정책결정과정을 합리화하겠습니다.

▌ **에너지 정책결정의 주체를 균형 있게 배분 및 과정 합리화**
- 에너지 정책결정과정에 NGO 외 공급자와 소비자의 균형적 참여
- 에너지 안보·가격·기후 등 종합한 거버넌스(정책결정 시스템) 구축

▌ **분산에너지 제도 정착 지원**
- 편익 보상 시스템 마련 추진(보상 기준, 산정방식 등 분석)

국민과 함께
**새롭게
대한민국**

**국민과 함께
새롭게
대한민국**

과학·기술

- 과학기술 퍼스트! 과학기술인과 함께 연구개발의 양과 질을 모두 높이겠습니다.
- 이공계를 부러워할 만한 연구환경을 만들겠습니다.
- 2032년 달 착륙, 2045년 화성 탐사 - 글로벌 우주강국으로 도약하겠습니다.

과학·기술

실천 01

과학기술 퍼스트! 과학기술인과 함께 연구개발의 양과 질을 모두 높이겠습니다.

▌ 국가 예산지출의 5% 이상을 R&D에 투자

▌ 과학기술인의 지위·처우·권리보장 내용을 담은 「과학기술기본법」 개정

▌ 과학기술부총리 및 과학특임대사 신설
 - AI·과학기술·정보통신 담당 부총리를 신설해 연구개발을 뒷받침할 예산과 조직 부여
 - 세계 주요국의 과학계와 협력할 수 있는 과학특임대사 신설

▌ 국가전략기술 연구개발 및 기초 연구 집중
 - 국가전략기술 연구개발을 5년 내 10조원 규모로 확대
 - 과학기술의 뿌리인 기초 연구를 안정적으로 지원

▌ R&D 투자시스템 혁신
 - R&D 예비타당성 조사 폐지 관련 법안 처리를 통해 연구 착수 기간을 기존보다 최대 3년 단축
 - 통합적 심의·배분 및 공동연구 확대로 부처 및 출연연구소 간 칸막이 낮춤

▌ 도전적 연구 분위기 조성
 - 성실실패에 불이익이 없도록 평가과정 모니터링하고 실패과정의 노하우와 축적된 데이터를 연구자산화
 - 성공·실패 평가등급이 없는 혁신도전형 연구개발을 확대하고 이에 적합한 성과지표 개발 및 적용

과학·기술

▎각종 절차 간소화로 연구개발에 몰입
- 기초 연구의 연차별 보고 및 중간평가 면제
- 과제제안서, 연구보고서 작성 부담 경감

▎지역 연구개발 활성화
- 지역 주도의 R&D 투자 확대, 지역 전담기관 강화
- 클러스터 경쟁력 제고

▎기업과의 협력 강화로 제품화 촉진
- 우수 산·학·연 협력연구 지원, 취업까지 연계
- 기업 겸직 적극 허용

과학·기술

실천 02

이공계를 부러워할 만한 연구환경을 만들겠습니다.

▍대학원생 연구생활 장려금 및 장학금 제공 대폭 확대
- 대학원생 연구생활 장려금 예산을 현재의 2배인 최대 1,200억 원까지 확대
- 우수 석·박사생 장학금을 현재의 10배인 1만명에게 지급

▍박사 후 연구자 지원
- 해외 및 출연연구소·4대 과기원 등 국내 우수기관에서의 연수 확대

▍5대 첨단기술 국제공동연구센터 구축해 해외연구기관 및 인력 유치

▍연구개발 직군 연봉 표준 인상

▍직무발명 보상금에 대한 세제 개선
- 직무발명 보상금을 기타소득으로 분리과세하거나 비과세 한도 폐지

▍여성 연구자 경력단절을 줄이기 위해 탄력적 대체인력 지원

▍우수 연구자 인센티브
- 성과가 뛰어난 연구자에 대한 인건비·연구수당 인상
- 과학기술인의 주거안정·자녀교육 등을 위한 복지패키지 마련
- 훈·포장 수여 대폭 확대

▍우수한 고경력자의 커리어 연장으로 연구 공백 해소
- 국가 특임 연구원 제도 활성화 : 우수한 은퇴연구원 등을 계약직으로 채용하여 고연봉, 공모 생략 등 적용
- 국가 특임 연구원 채용실적을 출연연구소 기관평가에 반영 등
- 우수한 고경력자, 연구공백 우려 종사자의 정년연장 적극 검토

과학·기술

실천 03

2032년 달 착륙, 2045년 화성 탐사
- 글로벌 우주강국으로 도약하겠습니다.

▎우주경제 로드맵 추진 : 꿈을 현실로

| ~2027년 우주발사체 추가 발사 (3차례) | → | 2027년 발사체 엔진 개발 | → | 2032년 달 착륙 | → | 2045년 화성 탐사 |

▎우주수송 체계 개발 및 위성개발 생태계 조성
- 우주 고속도로 건설, 궤도 수송선 및 재사용 발사체 기술 확보
- 영상레이더 안테나 전장품, 전기 추력기, 지구 관측 탑재체 개발

▎우주펀드 확대(1천억원 목표)
- 우주기업의 기술역량 제공 및 사업화 지원

▎경남·대전·전남 삼각 클러스터 체제 구축
- 경남(제조역량) + 대전(R&D 및 인재 개발) + 전남(발사체) 특화지구 선정

경남 위성 특화지구	대전 연구·인재개발 특화지구	전남 발사체 특화지구
KAI, 한화에어로스페이스 등 우수한 제조 역량을 기반으로 위성 제조·개발 인프라 집적	항우연, 천문연 및 KAIST 등 국내 최고의 기관에서 고급인력을 양성하고 도전적 연구	나로우주센터에 민간 발사장을 구축하는 등 아시아의 우주항으로 도약

- 우주항공복합도시(경남 진주·사천) 건설 추진

국민과 함께
새롭게
대한민국

국민과 함께
새롭게
대한민국

교육

- 꿈과 미래 역량을 키우는 공교육을 실현하겠습니다.
- 건강하고 균형 있는 교육 환경을 만들겠습니다.
- 유치원·어린이집 통합으로 양질의 교육·보육 서비스를 제공하겠습니다.
- 아이가 좋아하고 부모가 선택하는 늘봄학교를 만들겠습니다.
- 직업계 고등학교의 경쟁력을 강화하겠습니다.
- 장학금은 늘리고 생활비는 줄이고! 대학생들의 경제적 부담을 덜겠습니다.
- 지역 맞춤형 교육혁신으로 대학과 지역을 함께 살리겠습니다.
- 국민의 삶이 풍요롭도록 평생교육을 확대하겠습니다.
- 디지털 소외계층이 없는 국가를 만들겠습니다.

실천 01

꿈과 미래 역량을 키우는 공교육을 실현하겠습니다.

▎프로젝트 기반 학습으로 서로의 관점을 이해하는 공감능력과 비판적 사고능력 함양

▎교육단계별 AI·디지털 교육 기반 조성으로 창의적인 미래형 인재 양성
- AI 디지털교과서 활용한 학생 맞춤 교육 실현 및 전반적 학력 제고
- AI, 가상현실(VR), 증강현실(AR) 등을 이용한 에듀테크 교육 실시
- 안전하고 효율적인 디지털 사용을 위해 디지털 리터러시 교육 강화

▎고교 학점제로 학생의 과목 선택권 확대 및 학교 책임교육 강화
- 학생·교원·학부모 대상 지속적인 의견 수렴 등 현장 모니터링 및 소통 확대
- 진로 교원 역량 강화

▎EBS, 자기주도학습센터 등을 활용한 자기주도학습 강화로 사교육비 경감 추진
- EBS 프로그램을 활용하여 학습 수준 진단 및 콘텐츠 제공
- 학습이 필요한 학생에게 튜터링·멘토링 실시 등

▎기초학력진단 시스템 고도화

▎교원연수(AI 활용 맞춤형 교육 콘텐츠 개발 역량) 및 역량 있는 교원 확보

교육

▎'K-Learn'으로 저소득층 학생에게 사교육비 부담 없이 맞춤형 양질의 교육을 제공
- 선호도 높은 인강 및 교재 지원
- 대학(원)생 등 멘토에 의한 1:1 맞춤형 개인지도, 학습현황 분석 및 AI 학습진단, 진로특강 등

▎위기 학생 24시간 긴급 지원 체계 구축
- 학업 부진, 정서 불안 등 어려움을 겪는 학생을 발견 즉시 전문가팀이 찾아가 맞춤형 지원을 제공하고, 필요시 병원 연계 치료도 지원하는 상시 시스템 마련

▎지적 기능의 저하(경계성 지능 장애) 등으로 학습에 어려움을 겪는 학생을 위해 성장 과정에 맞는 맞춤형 교육 제공

▎정확성과 예측력을 높일 수 있는 입시 컨설팅 제공
- 대입상담센터 운영 대폭 확대, 현장교사 상담 역량 제고, 진학 데이터 통합 관리체계 구축 등

실천 02

건강하고 균형 있는
교육 환경을 만들겠습니다.

▍교원·학생 마음건강 지원 시스템 강화
- 교원 대상 심리상담 바우처 지급 및 맞춤형 상담·심리치료 강화
- 전문 상담교사 증원 및 배치 개선

▍지덕체(智德體) 교육 강화
- 저학년 방과후학교 놀이 중심 운영
- 예술 및 체육 교육 강화로 신체와 정서의 균형 추구
- 헌법 가치, 한국사 교육에 K-팝, 드라마, 영화 등 대중문화를 접목하여 학생들이 재미있게 배우고, 세계 시민으로서의 자긍심과 공감 능력을 키울 수 있도록 인성 교육 강화

교육

실천 03

유치원·어린이집 통합으로
양질의 교육·보육 서비스를 제공하겠습니다.

▌유치원·어린이집 간 정부 예산 지원 격차 완화 우선 추진

▌영유아를 최우선에 두고 유보통합을 위한 제도개선 추진
  - 시간제 보육, 거점형 돌봄 등 수요에 따른 맞춤형 교육·돌봄 서비스 제공
  - 역량 있는 영유아 교사의 장기 근속 여건 마련
  - 영유아수 급감 등 사회 구조적 문제로 어려움에 처한 보육법인의 퇴로 지원

▌만 5세를 시작으로 만 3~5세에 대한 단계적 무상교육·보육 추진

실천 04

아이가 좋아하고 부모가 선택하는 늘봄학교를 만들겠습니다.

▍학생·학부모 눈높이에 맞는 늘봄학교 프로그램 제공
- 교육청·지자체·지역대학이 연계, 부처·공공·민간기관이 협업하여 지역 수요에 맞는 다양한 늘봄학교 프로그램 개발 및 보급
- 초등학교 저학년의 경우, 1인 1악기, 몸쓰기, 외국어, 코딩 등 수준 높은 프로그램으로 돌봄 공백 해소 및 고학년은 맞춤형 교과 학습 지원

▍사교육비 경감 추진
- 늘봄학교 단계적 무상 추진
- 방학 중 늘봄학교 운영시간 연장 및 점진적으로 무상 급식 추진

교육

실천 05

직업계 고등학교의 경쟁력을 강화하겠습니다.

- 부처 연계 공공·민간 맞춤형 일자리 발굴 및 연계 강화
  - 공공기관 고졸 채용 및 군무원 지역인재 제도 활성화

- 직업계 고등학교 미취업자 지원 거점학교 대폭 확대

- 안전한 실습 환경 마련

- 졸업 후 지속적인 진로 설계 및 사회 안착 지원

교육

실천 06

장학금은 늘리고 생활비는 줄이고!
대학생들의 경제적 부담을 덜겠습니다.

- 대학생 장학금(국가+교내·외부) 비율을 60%(2024년 기준)에서 70%까지 단계적으로 확대

- 둘째부터 다자녀 국가장학금 대상자 추진
   - 다자녀의 개념을 3자녀 이상에서 2자녀 이상으로 확대

- 대학생 등록금 및 기숙사비 납부 방식 다양화 등 제도 개선

- 대학생 주거안정장학금 단계적으로 확대

- 다양한 형태의 대학생 청년 기숙사 추진
   - GTX 역사 주변 공공 유휴부지, 폐교 부지, 유휴 국·공유지, 대학 유휴부지 등 지자체 재개발 공공기여분 부지 등을 활용
   - 지역주민도 함께 활용할 수 있는 수영장 등 복합시설과 연합식당 추진, 지역 임대사업자 상생방안 고려

- 대학생들의 졸업유예에 따른 추가부담(졸업유예금) 제도 개선

- 천원의 아침밥 참여 학교 및 학생 수 확대로 청년층의 영양 개선 지원
   - 지자체와 협업하여 여건이 어려운 대학도 사업 참여 적극 유도
   - 정부 지원 단가 상향 및 지자체 지원 확대로 지원 단가 현실화
   - 방학 기간 지원, 우수 식재료 사용 등 식단 품질 개선으로 수요자 만족도 제고

교육

실천 07

지역 맞춤형 교육혁신으로 대학과 지역을 함께 살리겠습니다.

- **다문화 교육과정 및 통합학교 지원 등 지역 특색에 맞는 교육발전특구 기반 조성**
  - 소규모 학교의 적정 규모화 및 맞춤형 활동 지원
  - 학생 안전과 교육을 최우선에 두고 학생·학부모·지역주민이 함께 활용할 수 있는 지역 맞춤형 학교복합시설 확대

- **대학과 지역의 동반성장 생태계 구축**
  - 지역혁신중심 대학지원체계(RISE) 정책과 연계해 지역 대학의 경쟁력 강화 및 지원

- **외국인 유학생 유치와 체계적인 관리 체제 구축**

- **서울대와 지역 거점대학 간 공동학위제 활성화 추진**

- **고등교육의 안정적인 재원 확보 마련**

- **일부 부실대학과 한계대학의 자발적 구조조정 지원**

실천 08

국민의 삶이 풍요롭도록 평생교육을 확대하겠습니다.

▍평생교육이용권 점진적 확대
- 개인 및 지역의 여건과 특성을 반영하여 맞춤형 평생교육 지원 및 교육의 질 제고

▍K-원격대학 활성화로 평생교육 접근성 강화

교육

실천 09

디지털 소외계층이 없는 국가를 만들겠습니다.

▎어르신, 장애인 등 취약계층 전용제품 출시 지원
- 접근이 쉽도록 서비스 및 기기 개선
- 국가와 공공기관에서 디지털 접근성 보장 제품을 우선 구매

▎경로당을 디지털 격차 해소 기지로 활용해 어르신 역량 강화
- AI·빅데이터 기반 맞춤형 평생 교육 플랫폼 구축·보급 및 스마트 경로당에 키오스크 등을 설치하여 스마트기기 이용교육 제공
- 키오스크·온라인 뱅킹·스마트폰 활용 등 생활 밀착형 디지털 역량 강화 교육 프로그램 확대 및 접근성 강화
- 새로운 기술 변화에 유연하게 대응하고 자기 주도적 학습 능력을 함양하는 평생 학습 문화 조성

▎디지털 배움터, 스마트 빌리지를 지역거점 플랫폼으로 확산해 디지털 접근권 확대

▎AI·디지털 기반 서비스
- 농어촌 의료 취약지역에 원격의료, 약품배달 추진
- 다문화 가족에게 AI 기반 자동 통번역 및 한국어 학습서비스 제공
- AI를 통한 어르신과 장애인 일상생활 보조

▎디지털 교육 바우처 제공을 통한 교육 접근성 제고
- 취약계층 대상 AI 포함 디지털 교육 바우처 증액

국민과 함께
**새롭게
대한민국**

활력 경제

활력경제 | 수출·통상
금융·밸류업 | 문화·체육·관광

국민과 함께
새롭게
대한민국

활력경제

- 투자하기 좋은 나라, 일하고 기업하기 좋은 환경을 구축하겠습니다.
- AI와 로봇을 접목하여 제조업 빅뱅을 이루겠습니다.
- 산업단지를 첨단혁신 단지로 탈바꿈하여 경쟁력을 강화하겠습니다.
- 대한민국 경제발전의 토대 철강·화학 등 K-산업을 부활시키겠습니다.
- 침체된 K-유통을 다시 살리겠습니다.
- 신속한 소비자 보호 및 피해구제 시스템을 대폭 강화하겠습니다.
- 건설산업을 경제성장과 일자리 창출 효자산업으로 첨단산업화하겠습니다.
- 연안 경제권에 활력을 불어넣겠습니다.
- 해운·항만 공급망 확충으로 수출입 물류를 안정적으로 지원하겠습니다.

실천 01

투자하기 좋은 나라, 일하고 기업하기 좋은 환경을 구축하겠습니다.

▍세계 최고 수준의 투자 환경 조성
- 범정부 규제개선기구 정비, 투자 저해 규제는 글로벌·최신 수준에 맞게 혁신
- 원스톱 행정 서비스, 인센티브 확대(세제 혜택, 보조금 등)
- 글로벌 기업의 아태지역본부 유치 전략 수립·추진, 글로벌 홍보 강화
- '메가프리존' 등 조성 가속화, 지방과 수도권 저개발지역 투자 유인
- 민간과 정부 지자체 등 협업시스템 구축, 전문 인력 양성 확대

▍일하기 좋은 환경 조성
- 유연 근로 대폭 활성화
- 직장어린이집 확대 및 지원 강화
- 은퇴 인력 재취업 기반 강화
- 업종별 아카데미, 사내 대학 등 산업계 주도 첨단산업 인재양성 강화
- 도전과 창의의 혁신 기업가 정신 고취 프로그램 수립 및 확산

▍기업하기 좋은 환경 구축
- 수출 걸림돌 및 산업 발전 제약 규제 개선
- 신산업·신기술에 부합되는 네거티브규제 제도 수립 등 수출주도형 기반 강화
- 반도체·바이오 분야 등 규제개선 요구 높은 분야의 법안 신속처리
- 중대재해처벌, 주52시간제 근로시간 등 현장 맞춤형 제도개선
- 기업보호와 일자리 창출 위한 세제개편(상속세 최고세율 및 법인세 인하 등)

활력경제

실천 02

AI와 로봇을 접목하여
제조업 빅뱅을 이루겠습니다.

▎K-산업용(제조, 물류, 산업안전 등) 로봇 개발·보급 확대
　(100만대 이상 ~ 2030년)

▎K-휴머노이드(Humanoid) 로봇 개발·보급 확대
　(10만대 이상 ~ 2030년)
　- 2027년 글로벌 최고 수준의 K-휴머노이드 개발

▎산업 AI 전환 선도프로젝트 선정·지원 확대(1천개 이상 ~ 2030년)
　- 旣 추진 중인 AI 자율제조 선도 프로젝트(200개 ~ 2027년) 심화
　 및 확대

▎선도 프로젝트 미참여 기업 대상 AI 제조 '파운데이션 모델'
　개발·보급(500개소 ~ 2030년)
　- 연구기관이 데이터와 기술 등 바탕으로 모델 제작, 제조기업들은
　 자사 공정에 특화된 AI 제조 시스템 구축

▎(가칭)「산업 인공지능 전환 촉진법」 제정
　- 산업 AI 전환(AI Transformation)을 위한 규범, 민관 추진체계,
　 입지·인력·세제·금융 지원, 생태계 조성, 규제 개선 등 지원 근거 규정
　- 인공지능과 로봇의 산업 현장 진입 저해 규제개선 중점 추진

실천 03

산업단지를 첨단혁신 단지로
탈바꿈하여 경쟁력을 강화하겠습니다.

▌산업단지의 경쟁력 강화 촉진
- AI 등 첨단기술 통한 생산성 및 품질 고도화
- 산업단지별 마스터플랜 수립, 중앙정부·지자체·민간의 역할 분담 지원
- 세제 감면, R&D 등 경영에 대한 맞춤형 지원
- 맞춤형 인재양성 및 창업 지원 강화
- 규제 혁신과 투자 확대 등 통한 복합 벤처단지로 혁신적 재생

▌무탄소 스마트그린산단 전환 지원 확대
- 무탄소 수출 친화형 산업단지 조성 지원 강화
- 스마트산단 지정 확대 지속 추진
- 디지털·그린화 전환 위한 제도 및 재정지원 확대

▌청년 친화형 산업단지로 전환 촉진
- 편의·복지·문화시설 확충 등 청년 유입 견인 인프라 개선
- 문화선도산단 선정 확대
- 청년 친화형 창업 프로그램 마련

활력경제

실천 04

대한민국 경제발전의 토대 철강·화학 등 K-산업을 부활시키겠습니다.

「산업경쟁력 회복 특별법」 입법으로 적극적 구조조정 지원
- 「기업활력 제고 특별법(기활법)」 개정해 지원대상 및 승인요건 대폭 개선
- 기업뿐 아니라 산업 단위에서 종합적 경제 회복을 위한 특례를 만들 수 있도록 제도 신설
- 구조개편 과정에 따른 고용불안, 지역경제 불안 등 해결 방안 마련
- 해당 지역 특구지정, 사회안전망 강화, 자산손실 최소화 등 종합 대책
- 사업재편 필요성, 위기 징후 등 과학적 분석 및 선제 대응

업계의 선제적·자발적 사업재편 촉진
- 공급과잉 업계 사업재편과 인수합병(M&A) 추진 지원
- 생산성 향상, 기술 혁신, 고부가가치 제품 개발 등 구조 혁신에 지원 강화 및 기업과 지속적 협력 확대
- 사업재편 지원 펀드 신설 등으로 사업 진로개척 지원

정부의 확실한 지원 확대
- 산업위기 선제대응 지역 지정
- 친환경·고부가가치 사업 R&D 및 시설의 현대화·고도화에 금융지원 확대(세액공제 및 장기저리 대출 등)
- 기업결합 및 구조조정 규제 완화, 자산 매각 시 과세 혜택(양도세 이연 등)
- 기업 간 사업재편 촉진을 위한 공정거래법 등 제도개선
- 유망 산업 발굴 지원, 무역금융 정책 확대, 신시장 개척 지원

실천 05

침체된 K-유통을 다시 살리겠습니다.

▍AI 등 신기술 접목으로 유통산업 경쟁력 강화
- 유통산업에 AI, 빅데이터 등 신기술 결합한 유통 AI 얼라이언스 협력모델 구축(유통기업 + AI 기술기업 협업 → 현장 적용 가능한 성공사례 발굴, 창업 활성화)
- 유통 AI 선도 프로젝트 발굴 및 유통 AI 스타트업 육성 확대

▍중소 유통의 역량 강화
- 공동마케팅, 물류 운영 혁신, 유통 정보 지원 확대
- 공동 구매, 퀵커머스 등 신기술 집목 위한 시범사업 추진

▍온·오프라인 공정경쟁 촉진
- 대형마트 의무휴업 자율화, 의무휴무일 온라인 배송 단계적 허용

▍생활형 플랫폼 산업 발전 지원
- 물류 인프라 확충 및 서비스 지역 확대, 공급망 안정화 지원
- 제품 및 서비스 판매자와 상생 체제 구축 지원
- 배달비 부담 완화 등 수요자 서비스 혁신 지원

활력경제

실천 06

신속한 소비자 보호 및
피해구제 시스템을 대폭 강화하겠습니다.

▎**피해구제를 위한 분쟁조정 통합시스템 구축**
- 공정거래법 등 6개 법률에 산재한 공정거래 관련 분쟁조정제도 통합·일원화

▎**피해기업의 손해배상 소송 지원 강화**
- 법원의 공정거래위원회 자료제출 요구권, 법원의 자료제출명령 대상 확대 등

▎**제조물 결함 사고에 대한 소비자 보호 강화**
- 손해가 제조업자의 실질적인 지배영역에 속한 원인으로부터 초래되었다는 사실에 대한 피해자의 입증책임 삭제 및 자료제출 명령제 도입

▎**상조시장 소비자 보호를 위한 체계적인 관리시스템 도입**
- 상조 조회 및 피해보상 원스톱 통합 플랫폼 구축
- 상조업체 책임경영과 부실화 방지, 선수금 관리 안전장치 도입 등

실천 07

건설산업을 경제성장과 일자리 창출 효자산업으로 첨단산업화하겠습니다.

▌ 정책자금 단순지원을 통한 기업생명 연장을 지양하고 건설업을 경쟁력 있게 육성하기 위한 건설업 활성화방안 마련
- 워크아웃기업의 자산 양도 차익 등에 대한 세제 혜택 적용 대상을 워크아웃 기업의 모회사까지 확대해 적용하는 등 워크아웃 건설사의 자구노력 지원
- 총사업비 산정방식 개선을 통한 대형국책사업 유찰 실효적 해소방안 마련
- 순공사원가에 미달하는 금액으로 시공할 경우 시설물 품질·안전 확보 곤란 및 적자 시공의 원인으로 작용하므로 순공시원가 보장 장치 적용범위 확대
- 장기계속공사 공기 연장에 따른 시공사 추가비용의 합리적 보전방안 마련
- 예타기준 상향을 통한 SOC 신속공급으로 지역경제 활성화 및 지방소멸 대응

▌ BIM·OSC 등 첨단기술로 산업을 혁신하는 스마트건설기업 육성방안 마련
- R&D 지원 등 역량강화, 금융지원, 시장진입 규제완화
- 스마트건설 기술(BIM, 드론, AI, 로봇, IoT 등)을 적용한 사업에 공공입찰 가점 부여
- 스마트건설 자격제도 도입 및 인증제 운영

활력경제

기타 건설 관련 제도개선
- 하도급 계약 변경시 변경사항을 반영한 하도급 대금 지급보증서 추가교부 의무화
- 국토교통부 고시인 하자판정기준을 재판규범으로 인정받을 수 있도록 법령으로 상향
- 주택건설사업계획 통합심의 대상에 재해영향평가와 교육영향평가를 포함하여 절차 간소화
- 발주자 직불을 통해 하도급대금지급보증이 면제된 후 발주자가 부실화될 경우 하도급 대금 직불합의시 보증 의무화
- 건설현장에서 기성금 또는 준공금 등 일부를 하자보수이행 등 부당한 사유로 유보하는 행위 금지하기 위한 제도개선 추진

실천 08

연안 경제권에 활력을 불어넣겠습니다.

▌연안크루즈 시대를 열고, 해양레저관광을 통해 지역 내수 활력을 증진
  - 주요 연안도시를 잇는 연안크루즈 개시
  - 크루즈 기항지 확대, 관광상품 개발 등을 통해 크루즈 방한관광객 확대
  - 부산, 경남, 전남을 연결하는 남해안 해양관광벨트 조성
  - 글로벌 해양관광 명소를 지향하는 복합해양레저관광도시 조성
  - 해양보호구역과 연계한 국가해양생태공원 신규 조성
  - 유휴어항과 무인도서를 활용한 낚시복합타운 조성
  - 거점형 마리나 항만과 해양치유센터 등을 전국 단위로 확대
  - 해양관광 활성화를 총괄 지원하는 해양관광 전담기관 설립

▌유휴화된 소규모 항만은 주민 친화 친수공간으로 조성

활력경제

실천 09

해운·항만 공급망 확충으로
수출입 물류를 안정적으로 지원하겠습니다.

▌해기사를 안정적으로 양성할 수 있는 기반을 구축
- 초대형선, 친환경·스마트선박 운용능력 함양을 위한 국가중점해양대학 실현
- 「국적선원양성특별법」 제정, 연안해운 선원 비과세소득 확대, 한국선박 승선 외국인 해기사 양성체제 구축

▌국가필수·핵심수출화물은 국적선으로 운송하기 위한 제도 정비
- 방위산업물자, 전략화물 및 원유 등 핵심에너지의 국적선 운송비율 대폭 확대
- 「전략안보선대법」 제정(운영, 건조비용 및 선원비 지원 근거 마련)
- 해운과 수출기업 상생을 위해 우수선화주 인증제 확대 및 우수선화주 법인세 감면규정 일몰기한 연장, 선·화주 상생기금 조성, 소형화주 장기운송계약제도 확립
- 친환경·저금리 선박 금융 지원으로 국적 선복량 대폭 확대, 해양진흥공사 법정 자본금 확충 및 선주사업 영위, 선박투자금의 법인세 절감, 독립된 글로벌 종합물류회사 육성

▌글로벌 항만인프라를 구축하고, 첨단선박 핵심기술을 확보
- 진해신항을 거점항만으로 조성, 가덕도신공항과 Sea&Air 복합물류 완성
- 항만 내 데이터센터, UAM 등 입주 허용 및 세제 혜택 등으로 신산업 유치
- 해외 주요 물류 거점에 항만터미널, 물류센터 확보 및 국적 기업이 해외 물류기업 인수 또는 해외 물류 인프라 투자시 세액공제 신규 도입
- 한국형 완전 자율운항선박 기술확보 및 상용화

연안해운을 활성화하고, 연안여객항로 지원을 대폭 확대
- 연안해운선원 양성 지원 확대, 선원근로소득 비과세 범위 확대, 선내 근로환경 개선
- 장기계약 화주 세제혜택, 정부지원 및 기금조성을 통한 선복과잉 선종 감척 확대
- 선박신조 정책자금 지원대상 및 범위 확대, 정부/공공 건조후 민간 임대프로그램 신설
- 연안여객선 운임 지원사업을 전국민으로 확대, 연안여객항로 안정화 지원사업 확대

**국민과 함께
새롭게
대한민국**

수출·통상

- 경제안보교섭본부 설립으로 통상 방어체계를 강화하겠습니다.
- 핵심 품목의 공급망을 튼튼하게 지키겠습니다.
- K-수출, 세계 5대 강국으로 도약하겠습니다.
- 한미 조선업 동맹(코러스 : KOR-US)을 강화하여 한미 공동번영을 선도하겠습니다.
- '글로벌 K-방산, 세계 4대 방산 수출국'으로 진입하겠습니다.
- 1조 달러 수출시대를 여는 경제외교를 추진하겠습니다.
- 관세 파고를 중소수출기업과 함께 헤쳐가겠습니다.
- 2030년 K-Food 수출 250억 달러를 달성하겠습니다.
- K-블루푸드 수출을 확 늘리겠습니다.
- K-의료의 해외진출을 적극 지원하겠습니다.

수출·통상

실천 01

경제안보교섭본부 설립으로
통상 방어체계를 강화하겠습니다.

▎(가칭)경제안보교섭본부를 신설하여 기존의 통상교섭본부를 발전적으로 흡수 통합
  - 통상 및 경제 안보 문제를 포괄적으로 담당, 복수의 조직에 분산된 경제 안보 대응 능력을 통합, 변화하는 국제 환경에 능동적으로 대응

▎통상 방어체계 강화로 글로벌 통상환경 변화에 적극 대처
  - 불공정무역행위 범위 확대로 원산지 조작, 사이버 부정경쟁 등 신유형 무역 침해 대처
  - 특허·원산지·수출입 전문가 등 분야별 전문인력 운영제도 적용 확대

▎불공정 무역행위 범위 확대 조치
  - 원산지 조작, 사이버 부정경쟁 등 신유형 무역 침해에 대처

▎저가 수입품 대응 시스템 등 건전한 시장환경 조성
  - 수입 모니터링시스템 및 조사센터 구축
  - 품질검사 증명서 의무화 및 인증제도 강화
  - 우회 덤핑 조사 대상 확대

▎해외인증 범부처 종합지원체계 강화
  - 디지털·그린 등 새로운 통상질서 주도적 참여

수출·통상

실천 02

핵심 품목의 공급망을 튼튼하게 지키겠습니다.

▎**경제안보품목의 특정국 의존도가 50% 이하로 축소되도록 관리**
- 국내 생산기반 확충, 수입선 다변화 등을 위한 금융·세제 지원 강화

▎**핵심품목에 대한 민관 합동의 비축역량 강화**
- 조달청·한국광해광업공단 등 공공부문 비축 인프라 확충

▎**공급망 안정화를 위한 재정기반을 확충**
- 공급망 안정화기금을 매년 10조원 이상 확충
- 공급망 우대 보증 등을 통해 안정적인 재정기반 마련

▎**다층적 경제안보 역량 강화 및 안정적 공급망 확보**
- 계속 진화하는 경제·안보 융합의 새로운 추세에 맞춰 범정부적 역량을 제고하여 대외적인 도전에 적극 대응
- 안정적 공급망 확보를 위한 핵심자원 보유 국가들과의 경제 안보 협력 강화(니켈, 코발트, 리튬 등)
- 반도체 및 배터리 등 첨단기술 분야에서 미·일·EU와의 협력 심화
- 경제안보 관련 교섭 업무를 중심으로 하되, 주요 핵심 원자재 확보, 첨단산업을 포함한 주요 산업의 공급망 관리, 에너지 안보 강화 등 포함

실천 03

K-수출, 세계 5대 강국으로 도약하겠습니다.

▎한미 정상외교 강화 등 통상외교 총력전
- 취임 100일 신속 대응 및 성과 도출 추진
- 한미 안보 및 FTA 동맹을 기반으로 글로벌 관세전쟁 조율 외교
- 조선·방산·원전 등 미국과 상생 분야 협업 및 수출 확대

▎수출 5대 강국 도약 기반 구축
- 수출 5대 강국 도약을 위한 혁신전략 수립, 대통령 직속 K-수출위원회 구성
- 반도체 자동차 등 주요 기간산업 지원 확대
- K-콘텐츠, K-관광, K-보건 등 서비스산업을 수출 주력 분야로 집중 육성
- 중소기업 수출 기반 확충, 수출 스타트업 전담 지원체제 강화
- 금융, 물류 등 무역 지원대책 입체화
- 해외전시회 및 수출 바우처 지원 확대
- 청년 무역인력 1만명 양성

▎우리나라 FTA 체결 세계 2위를 세계 1위로
- 신흥국가 대상 전략적 협력관계, FTA 체결 확대 등 경제지도 확장
- 주요 국가 대상 기존 FTA는 협력 범위와 수준 고도화
- 인도-태평양 경제프레임워크(IPEF), 역내 포괄적 경제동반자협정(RCEP) 등 다자간 경제협력체 참여 및 성과 도출로 통상 연대 강화

수출·통상

실천 04

한미 조선업 동맹(코러스 : KOR-US)을 강화하여 한미 공동번영을 선도하겠습니다.

▌국내 조선업 경쟁력 강화
- 국가첨단전략산업에 첨단선박 등 확대 지정
- 글로벌 공급망·안보 차원의 해외투자(시설, 지분 등) 시 세액공제 등 지원 확대
- 첨단·친환경 선박 공정의 첨단 및 친환경 기술 투자 시 지원 확대
- 중소형 조선사 대상으로 RG 발급 지원 확대
- 첨단선박 분야 지원을 위한 「첨단 조선업 지원 특별법」 제정

▌KOR-US 모델 위한 기반 조성
- 정부 및 민간 협의기구를 통한 현안 조율 등 신뢰 구축
- 미국 내 투자 관련 법과 제도상 지원체제 마련
- 한미 협업 분야에 대한 기술 및 인재 협력 강화
- 투자 및 공동사업 추진, 에너지·안보 등 전략적 동반자 관계로 확장

▌한미 조선업 상생 협력 강화
- 양국 정부의 협력 로드맵 수립
- 유지·보수(MRO) 관련법 및 관세·공급망 등 정책적 지원기반 마련
- 한국의 기술, 인재, 인프라 등 연계 협력 확대
- 첨단선박 분야의 기술 초격차 유지
- 친환경 선박, 신기술 분야 공동 개발 확대
- 미국 내 전함 신조건조 및 MRO 참여 확대, 상선시장 공동 대응

▌공동 현안으로 공동 협력 확대
- FTA 기반 통한 협력 확대
- 한미 공급망 및 지역경제 활성화 연계
- 상호 투자 확대 및 글로벌 시장 공동 개척 추진

실천 05

'글로벌 K-방산, 세계 4대 방산 수출국'으로 진입하겠습니다.

▍수출 확대와 글로벌 방산시장 선도
- 세계 4대 방산 수출국 진입 목표 설정
- K-방산 수출전략 컨트롤타워 설치(대통령실 방위사업비서관 신설)
- 권역별 수출전략 수립 및 국방무관·방산협력관 파견 확대

▍방산생태계 강화 및 MRO 산업 육성
- 민·관·군 통합형 MRO 체계 구축
- 대기업과 중견·중소 기업이 상생하는 방산생태계 조성
- 중견·중소 기업 대상 기술금융 확대 및 진입장벽 완화

▍혁신적 국방과학기술 R&D 확대
- 첨단기술·핵심부품 중점 투자
- 도전적 국방과학기술 R&D 제도화

▍제도적 기반 정비와 글로벌 기준 선도
- 국제 기준에 부합하는 보안·인증 체계 구축
- 수출입 규제·기술보호법 등 방산 관련 법제 정비

수출·통상

실천 06

1조 달러 수출시대를 여는 경제외교를 추진하겠습니다.

▎**재외공관 기업지원활동 대폭 강화**
 - 재외공관 네트워크를 활용한 해외진출 우리 기업의 비즈니스 활동 지원
 - 현재 93개 공관에서 108개 공관으로 확대 지원하고 관련 예산 증액 추진

▎**산자, 외교, 국방 등 관계부처 간 공조·조율을 위한 상설 협의체 신설**

▎**우리 기업의 해외진출 적극 지원**
 - 우리 기업이 디지털 무역 등 분야에서 유리한 입지를 차지하도록 반도체, 배터리 등 핵심 기업의 대외 투자 지원
 - 안정적인 글로벌 공급망 확보를 위한 아세안 및 중남미 국가들과의 경제 안보 협력 강화(니켈, 코발트, 리튬 등)
 - 건설, 원전, 방산 등 대규모 프로젝트 수출·수주를 위한 제도 방안 (금융지원, R&D, 인력육성 등) 마련

▎**세일즈 외교, 한미 경제협력 및 산업 동맹 강화**
 - 국가 정상 간 '경제전략대화체' 신설 및 정례화 추진
 - 우리의 3대 수출시장인 아세안과의 협력 지속 강화 (인도네시아, 베트남 등 동남아 핵심 협력국과의 협력 강화)
 - 인도 등 신흥시장 진출 확대(글로벌 사우스, QUAD 등의 분야별 협력에 적극 참여)

실천 07

관세 파고를 중소수출기업과 함께 헤쳐가겠습니다.

▌미국 수출기업에 대한 지원을 확대하여 중소기업의 적시 대응 지원
  - 추경을 통해 2천억원 이상의 수출바우처 예산을 확보하여 신속 공급하고, 매년 바우처 예산 대폭 증액 추진
  - 수출중소기업을 정책자금, 보증 공급 등의 절차 및 평가 시 우대

▌수출시장 다변화를 위해 수출방법도 다각화하여 지원
  - 온라인 수출 촉진을 위해 글로벌 온라인몰 입점, 온라인특화 마케팅 지원, 공동물류 지원 등을 지속 추진하고, 직매입거래 유통기업 지원도 병행
  - KCON 등 한류, 대기업 네트워크, 한상 네트워크 등을 수출에 활용
  - 해외인증획득사업 및 수출컨소시엄 예산 증액

▌수출입은행 팩토링사업의 중소기업 지원비율을 50%까지 단계적 의무화

수출·통상

실천 08

2030년 K-Food 수출 250억 달러를 달성하겠습니다.

▌ 신규 수출시장 개척과 품목 다변화로 2030년 K-Food 수출 250억 달러 달성
  - 수출 농산물 품질 제고와 프리미엄 시장 개척으로 K-Food 고급화
  - APEC 등 국제행사 연계 및 전 세계 주요 인사 대상 K-Food 홍보
  - 식품 관련 국제 박람회·행사 참석, 해외 바이어와 수출기업 매칭 지원

▌ 국가별 수입 규정에 적합한 정보·컨설팅 제공
  - 정부간 협력 강화, 해외 전문기관 활용, 수출국 방문·담당자 면담 지원

▌ K-농업 성과 확산 및 기술지원으로 개발도상국 농업 발전과 식량안보 기여
  - 쌀 식량원조사업 지원 국가 물량 확대, K-라이스벨트 사업 아프리카 전역 확대
  - 국가별 현지 맞춤형 농업기술 개발·보급, 농기자재 패키지 지원
  - 인삼 유네스코 인류무형문화유산 지정 지원으로 인삼 수출 확대 기반 마련

실천 09

K-블루푸드 수출을 확 늘리겠습니다.

▌ 김, 참치, 굴·전복·고등어 등 우리 수산물 수출을 확대
  - 사계절 김 생산체계 구축, 김산업 진흥원 설립 등으로 세계시장 점유율 80% 달성
  - 해외 주요 마트에 K-Seafood 전용 코너 출시
  - 수산식품 수출기업 바우처 확대
  - 해외 수산물 수출지원 센터를 유럽·중남미 등 신흥 시장으로 확대
  - 김, 참치 굴·전복·고등어를 수출 주력 품목으로 육성

수출·통상

실천 10

K-의료의 해외진출을 적극 지원하겠습니다.

▎의료기관의 해외진출을 위한 자금 조달 지원 및 투자금 세액 공제 혜택 등이 가능하도록 금융·세제 지원의 법적 기반 마련

▎해외진출 지원 전문인력 확보와 이를 위한 전문지원기관 육성
  - 한의학 K-콘텐츠 세계화 및 관광상품 개발도 지원

국민과 함께
**새롭게
대한민국**

국민과 함께
새롭게
대한민국

금융·밸류업

- 디지털 자산시장 육성의 시대를 열겠습니다.
- 국민 자산 형성을 위한 선진 자본시장으로 도약시키겠습니다.
- 변화하는 금융환경 속 편리한 금융서비스를 제공하겠습니다.
- 공정기금(Fair Fund)을 도입해 투자자를 보호하고 자본시장에 대한 신뢰를 제고하겠습니다.

실천 01

디지털 자산시장
육성의 시대를 열겠습니다.

▎ 가상자산 현물ETF 도입

▎ 가상자산법 2단계 입법화(「디지털자산기본법」 제정)
　- 현행 이용자 보호 규제에 더해 '사업자-시장-인프라'를 아우르는 통합법 형태
　- 가상자산사업자의 진입·영업규제 마련(불건전 영업행위 제한,
　　내부통제체계 구축 등 행위규제 마련)
　- 가상자산사업자 업무 범위 세분화(거래소·보관업 중심에서
　　자문업·평가업 등으로)
　- 가상자산 거래지원(상장) 규정 마련, 자본시장에 준하는 공시제도 도입

▎ 토큰증권(STO) 법제화, 법인의 가상자산시장 거래 허용 등 신속한 제도화

▎ 스테이블 코인 규율체계 도입
　- 발행자요건, 스테이블 코인이 보유해야 하는 준비자산의 기준과
　　운용규정, 투명한 회계 및 공시 의무, 사용자의 법적 권리 등

▎ 가상자산거래소 시장의 독과점 해소 방안 마련 및 국내 거래소의
　글로벌화 촉진 추진

▎ 과감하고 획기적인 과세체계 마련

▎ 1거래소 1은행 체제 폐기

▎ 벤처기업법 시행령 개정을 통해 가상자산 사업자의 벤처기업 지위 및 혜택 부여

실천 02

국민 자산 형성을 위한
선진 자본시장으로 도약시키겠습니다.

▍대통령 직속 IR실시 및 금융경제자문위 설치
- 대통령이 직접 해외투자자 IR(Inverstor Relation) 실시
- 금융경제자문위원회(경제부총리, 한은총재, 금융위원장, 금감원장, 민간전문가 등) 신설

▍배당소득 분리과세

▍주식 장기보유 투자자에 대한 세제 혜택

▍일반주주 권익 보호 장치 대폭 강화
- 상장법인의 물적분할 또는 인수·합병(M&A)시 등 주주의 정당한 이익 보호 의무 부과
- 물적분할 시 모회사의 일반주주에게 신주 우선 배정
- 경영권 변경 시 소액주주들의 권익 보호 강화를 위해 의무공개매수제도 도입 등

▍MSCI 선진국 지수 임기 내 편입

▌ 일반 주주 등의 충실한 의결권 행사를 위한 제도 개선
  - 주주총회 분산 유도, 전자주주총회 의무화, 주주총회 소집 기한 연장 등

▌ 공모주 청약 제도 개선
  - 증권신고서 제출 이전에 기관투자자를 대상으로 사전 투자수요조사를
    허용하고, 일정기간 이상 공모주 보유를 약정하고 투자를 확약한
    기관투자자에게 공모주 일부를 사전배정하는 코너스톤 투자자 제도 도입

▌ 불공정거래, 회계부정 등 징벌적 과징금, 불법거래 등을 엄벌하고
  주식시장 참여제한, 시장감시 및 불법전문수사 강화
  - 금융범죄 담당하는 남부지검 합수단 인력확충 및 전문성 제고
  - 담당인력 인센티브 부여
  - AI 활용한 이상거래 탐지 강화

실천 03

변화하는 금융환경 속
편리한 금융서비스를 제공하겠습니다.

▍개인 간 거래에서도 결제 편의성과 안전성을 높일 수 있게 카드결제 범위 확대
　(예 : 월세·중고거래 등)

▍은행지점 폐쇄 등으로 금융접근성이 낮아진 금융 약자 지원
　- 은행 점포 폐쇄 시 지역 내 소비자들의 물리적 접근성을 반영한
　　차별화된 대체가능성 평가, 사전영향평가의 실효성 확보 장치 마련 등
　- 은행대리업 제도 도입

▍온라인 예금중개 서비스 도입으로 소비자선택권 및 금융접근성 제고

▍보험사기에 적극 대응, 선량한 가입자의 보험금 부담 축소
　- 보험범죄 정부합동 대책반 상설기구화, 유관기관 정보교류 및
　　합동수사 활성화
　- 보험사기로 확정판결을 받은 자(병원·정비업체)의 명단을 공개해,
　　상습적·악성 보험사기자의 재범 방지 및 선량한 가입자의 보험료 인상
　　유발 해소
　- 보험사기방지특별법상 일정 수준 이상 제재를 받은 자의 보험설계사
　　등록 제한

실천 04

공정기금(Fair Fund)을 도입해 투자자를 보호하고 자본시장에 대한 신뢰를 제고하겠습니다.

▎ 공정기금(한국형 Fair Fund) 도입해 불완전판매, 불공정거래 등에 의한 투자자 피해를 기금으로 우선 배상

▎ 금융회사의 파산 등의 사유로 인해 투자재산 반환이 적절히 이루어지지 않을 경우 금융회사를 대신해 투자자에 대한 채무를 이행

국민과 함께
새롭게
대한민국

문화 · 체육 · 관광

- 생활 속에서 문화를 향유하는 여건을 조성하겠습니다.
- 스포츠 복지로 건강한 삶을 책임지겠습니다.
- 창작에서 수출까지, 콘텐츠 생태계를 건강하게 성장시키겠습니다.
- K-콘텐츠의 힘으로 세계를 연결하겠습니다.
- AI 시대에 대응한 문화 산업 인프라를 대혁신하겠습니다.
- 관광을 국가전략산업으로 키우는 데 총력을 다하겠습니다.
- 지역의 매력을 세계로! K-관광을 꽃 피우겠습니다.
- 관광산업의 신뢰를 회복하고 서비스 품질을 제고하겠습니다.
- K-스포츠를 일자리로, 산업으로, 국격으로 키우겠습니다.

문화·체육·관광

실천 01

생활 속에서 문화를 향유하는 여건을 조성하겠습니다.

활력 경제

▎관람 질서를 어지럽히는 불법 암표 근절
- AI, 블록체인, NFT 기반의 암표 방지 예매 시스템 구축
- 티켓 실명제 확대 및 명의 대여·불법 전매 행위에 대한 법적 처벌 강화
- 디지털 취약계층 대상 오프라인·전화 예매 채널 운영 확대
- 매크로 사용 자동 차단, 1인당 예매 제한 설정

▎지역밀착형 문화시설 지속 확충
- 생활문화센터, 작은 도서관, 동네 공연장 등 동네 기반 소규모 문화공간 확대
- 폐교 등 유휴공간을 문화·스포츠 복합시설로 전환 확대
- '10분 문화 생활권' 조성(도보 10분 내 문화공간 존재)

▎일상 속 문화 감수성을 높이는 문화예술교육
- 학교예술교육 확대를 위한 시스템 재구조화, 지역별 지원구조 이원화
- 생활예술동아리 활성화 지원, 직주근접 생활밀착형 교육 등 추진
- 고립·단절, 고령화, 지역소멸 등 사회문제 해결에 기여하는 예술교육 모델 마련, 운영
- 청년문화예술패스 사용처를 영화 등으로 확대하고, 대상을 19~24세로 넓혀 운영

문화이용권(바우처) 제도 내실화
- 저소득층, 청소년, 장애인 대상 문화누리카드 지원금 확대
- 공연·영화·전시뿐 아니라 체험·창작 활동에도 활용 가능하도록 제도 개선
- 바우처 가맹점 확대 및 온라인 이용 편의성 개선

문화적 기반 조성을 위한 문화환경평가 시행, 운영
- 지역개발, 주거·산업단지 조성 등의 공간 조성 과정에서 평가 대상 사업 정비
- 농어촌 등 지역 특성에 맞는 문화 환경 조성 지원

실천 02

스포츠 복지로 건강한 삶을 책임지겠습니다.

▎공공 체육시설의 확장 및 접근성 개선
- 체육관, 공공 헬스장, 실내 체육시설, 파크골프장 등 생활체육시설 확보('10분 생활 체육권' 조성)
- 도시 인근, 인구소멸지역 등에 밀집 대형 스포츠 연습장 (야구, 축구, 테니스 등) 설치

▎국민 건강 스마트 디바이스 보급 통한 K-헬스케어 확대
- 전국민 대상 헬스케어용 스마트워치 보급, '스포츠활동 인센티브 사업' 확대
- 사업 참여에 긍정적 기여는 물론, 공공데이터 축적으로 K-헬스케어 산업에 활용

▎장애인 생활체육 참여 확대 위한 환경 조성
- 장애 유형·생애주기를 반영한 맞춤형 생활체육 종목 보급
- 장애인과 비장애인이 함께 참여하는 생활체육프로그램 강화 통한 장애인식 개선
- 장애인 사용에 최적화된 생활체육시설 보급 확대

▎생애주기별 체력 측정 및 체력 인증 시스템 구축
- 전문 지도자 인력 확충 및 배치, 지역별 생활체육지도자 확대
- 자원봉사 지도자와 은퇴선수 활용 체계 구축

문화·체육·관광

실천 03

창작에서 수출까지, 콘텐츠 생태계를 건강하게 성장시키겠습니다.

▍첨단 콘텐츠 제작·유통 인프라 조성
- 기업·연구소 등이 집결하여 생산·유통이 이루어지는 복합문화단지 조성
- 지역별 강점을 가진 콘텐츠 분야별 특화 성장거점 조성 지원

▍콘텐츠 투자·제작을 위한 금융·세제 지원 강화
- 다양한 분야의 제작을 위한 콘텐츠 정책펀드, 보증·융자 지속 확대
- 제작비 환급 등 콘텐츠 제작에 대한 세제 지원 강화
- 문화산업전문회사의 콘텐츠 제작 출자에 대한 세액공제 대상 확대
- 음악·콘서트·뮤지컬 등 K-공연콘텐츠 제작비 세액공제 신설
- 게임 콘텐츠 제작비 세액공제 신설 및 정부주도 모태펀드내 게임 계정 도입

▍콘텐츠 창·제작 창의 인력 양성 및 R&D 혁신
- 콘텐츠 기획, 창작 및 제작 통합적 인력 양성 체계 지속 정비
- 예술대학·대학원생 대상, 실제 제작 경험할 수 있도록 지원·협업시스템 조성
- AI 대응 미래 콘텐츠 산업 패러다임을 주도할 핵심기술 개발

▍콘텐츠 수출 지원 및 저작권(IP) 보호
- 해외비즈니스 센터 확대, 한류 박람회 개최 등 K-콘텐츠와 연관 사업 연계
- 저작권 보호를 위한 국제적 공조 시스템 구축, 대응체계 운영

실천 04

K-콘텐츠의 힘으로 세계를 연결하겠습니다.

■ **게임 산업 규제 대폭 완화 및 육성**
- 등급제 완전 민간자율화로 자유로운 게임창작 여건 마련 및 소비자 편의 확보
- 인지기능 개선 및 치료 목적 기능성 게임 등 신성장 분야 활성화

■ **뮤지컬 산업 중점지원을 통한 세계 3대 뮤지컬 선도국가 도약**
- 콘텐츠 산업으로 뮤지컬 산업을 명시(「콘텐츠산업진흥법」 개정)
- 창작 뮤지컬 시나리오 발굴 및 제작 지원
- 체험 관광 등 연계 해외관광객 유치 지원 사업 진행
- 암표 방지 및 해외 구매자 전용 플랫폼 등 구축 지원

■ **만화·웹툰, 캐릭터·애니메이션 산업과의 융합 지원**
- 웹툰을 애니메이션화 하는 제작사에 대한 지원금 및 인센티브 제공
- 중소기업·스타트업 대상 웹툰 IP 활용 굿즈 캐릭터 상품 개발 지원
- 오프라인 팝업스토어, 전시회 개최 등을 통한 국내외 홍보 및 판매 촉진 지원
- 글로벌 콘텐츠 박람회 및 투자유치 프로그램 운영

실천 05

AI 시대에 대응한 문화 산업 인프라를 대혁신하겠습니다.

▌AI 기술에 대응한 문화예술·콘텐츠산업 혁신
- AI 기술이 적용된 콘텐츠 제작·실험이 가능한 'AI 콘텐츠 규제 자유 특구' 조성
- AI 콘텐츠 제작 지원, 인력 육성, 펀드 조성 등 차세대 AI 신산업 육성
- AI 등급분류제 시행, AI 콘텐츠 리터러시 등 환경 조성

▌AI 시대 저작권 체계 전면 개편
- AI 산출물 저작권 등록기준 개편, 저작자 인정 기준 마련
- AI 학습 특성을 고려한 저작물 이용규범, 저작물 거래모델 구축 등
- AI 활용 저작물 보호기준 정비(보호기간, 요율 설정 등)
- 「개인의 초상·성명·음성 등에 대한 재산적 권리 보호와 공정 이용을 위한 법(퍼블리시티법)」 제정 및 거래 관련 규정

▌AI 서비스 관련 우리 문화 왜곡 방지
- 저작권 문제없는 학습데이터 DB 구축 및 공유
- 생성형 AI 서비스 관련 우리 문화 왜곡 방지 추진
- 공공 및 민간 데이터를 이용한 AI 활용 문화 데이터 분석

실천 06

관광을 국가전략산업으로 키우는 데 총력을 다하겠습니다.

▌'관광산업의 성장산업화' 전략으로 저성장과 내수부진, 지역경제 침체를 반등
- 대통령 주재 '국가관광전략회의'로 부처·지역 간 이해관계 교착을 풀어 실행 방안을 모색하고 강력한 관광 진흥 의지 천명

▌외래관광객을 유치해 지역활성화를 도모하고 관광산업전략을 지역중심으로 전환
- 5대 메가시티에 2~3만석 아레나공연장 설립해 해외 및 국내관광객 유치하고 지역별 특화관광상품, 숙박과 연계해 일자리 창출
- 전국을 K컬쳐 기반 특화된 관광명소로 만들어 관광대국화

▌중앙정부는 입국부터 출국까지 편리한 관광환경 인프라 구축
- 입국비자 간소화 등 외국인 관광객 입국 편의 환경 대폭 개선
- 쇼핑관광제도 정비 및 간편결제 활성화 등 쇼핑 편의 개선
- 주요 교통거점과 지역관광지를 촘촘히 연결하는 관광교통망 확충 및 관광콘텐츠를 결합한 지역관광 선도모델 발굴

▌지역 관광 인프라 및 교통인프라 확충으로 관광지 다변화
- 국제선과 국내선 항공 연계 강화 및 KTX 병목 해소로 증편과 환승 개선
- 숙박과 권역 내 교통망·지역관광 통계 등 지역관광 인프라 강화

▌양적수치가 아닌 관광의 수준(질), 만족도, 재방문율을 정책목표로 설정

관광산업의 지속가능성 강화를 위한 법·제도 개선
- 가격표시제 및 소비자 보호 강화로 바가지요금 근절
- 관광숙박업 등에서 부족 인력을 위한 해외인력 고용 확대 제도 마련
- 관광산업의 공정거래 여건 조성 및 오버투어리즘 대응
- 교통카드 구매, 관광정보 및 지도, 비자 절차, 부과세 환급, 관광상품 예약 등 관광 전체 과정의 접근성을 외부인의 눈으로 총체적 점검과 혁신

합리적 가격의 공용숙박, 내국인 도시민박 제도화 등 숙박업 제도 개선
- 관광진흥법 개정 등을 통한 게스트하우스(호스텔업) 시설 확대
- 내·외국의 국내 관광객에 저렴한 '공용숙박' 시설을 제공함으로써, 장기체류·안내 서비스 등을 통한 관광산업 활성화

실천 07

지역의 매력을 세계로!
K-관광을 꽃 피우겠습니다.

▌지역 고유의 특색을 가진 관광 자원 확충
- 지역 고유 축제 및 한국 대표하는 글로벌 축제 개발, 지속화
- 외국인 눈높이에 맞춘 스토리텔링 기반 투어 코스 확대

▌한국적 특색을 가진 관광 테마 확충
- K-콘텐츠, K-뷰티, K-스포츠, K-푸드 등 K-컬처를 이용한 상품 개발 지원
- 지역과 상생하는 로컬투어 및 마을 관광 확대

▌고부가 가치 융합 관광산업 육성 지원
- 치유관광, 의료관광 등 최신 트렌드에 관광 활성화
- APEC 등 주요 국제행사 계기 MICE 산업 지원체계 강화
- 관광 벤처, 스타트업 활성화를 위한 규제 혁신

문화·체육·관광

실천 08

관광산업의 신뢰를 회복하고 서비스 품질을 제고하겠습니다.

▎여행사의 보증보험·공제가입 의무화 및 이행 강제

▎기획여행 광고 시 필수정보(일정, 경비 등) 공개 의무화

▎최소 자본금 및 운영 인력 기준 상향 등 여행업체 등록 요건 정비

실천 09

K-스포츠를 일자리로, 산업으로, 국격으로 키우겠습니다.

▎스포츠산업을 고부가가치 성장산업으로 육성과 일자리 창출
- 스포츠박람회 개최 등 국제스포츠 이벤트 및 프로 스포츠산업의 발전 육성 지원
- 유망 국산 스포츠 제품의 R&D 지원, 스포츠 펀드 등 투·융자 강화
- 스포츠 마케팅, 에이전시, 트레이닝 등 청년 일자리 연계
- 국내 스포츠산업 해외 진출 지원

▎전문체육인 양성시스템 재검토 및 구축
- 체육영재학교 설치, 학교운동부 지원 등 학생선수 육성 시스템 강화
- 국가대표 경기력 향상 지원 및 실업팀 지원 확대
- 체육인 공제사업 실시 등 맞춤형 전문체육인의 복지 강화
- 경기력 분석, 멘탈트레이닝에 AI·빅데이터 도입 등 데이터 기반 스포츠 과학 강화

▎국제스포츠계 한국의 리더십 강화 및 위상 제고 활동 강화
- 국제 경기단체 임원 파견 확대 및 IOC, FIFA 등 핵심 네트워크 참여
- 태권도 등 K-스포츠 해외 보급 지속 확대

잘 사는 국민

생활안정 | 주거안정
양질의 일자리 | 세제개편

**국민과 함께
새롭게
대한민국**

생활안정

- 누구나, 어디서나, 한 장으로! 전국 통합 교통카드 'K-원패스'를 도입하겠습니다.
- 경쟁 활성화 등을 통해 가계통신비 부담을 낮추겠습니다.
- 8대 노지작물과 5대 과수농업 스마트화로 소비자 장바구니 물가를 안정시키겠습니다.
- 이상기후가 초래한 물가 폭등에 맞서 민생을 지키겠습니다.
- 선제적 수급 안정 대책으로 쌀값을 안정시키겠습니다.
- 퇴직연금으로 노후 소득을 보장하겠습니다.
- 사망보험금 유동화로 든든한 노후를 지키겠습니다.

실천 01

누구나, 어디서나, 한 장으로! 전국 통합 교통카드 'K-원패스'를 도입하겠습니다.

▌ 서울·경기·인천 등 지자체별로 분절돼 있던 교통카드 정책을 하나로 통합해, 전국 어디서나 동일하게 적용되는 월 6만원 '전국 통합 대중교통카드(K-원패스)' 도입
  - 전국 지하철·버스·마을버스 무제한 이용
  - 1020 청년의 경우, 할인을 적용하여 월 5만원에 K-원패스 구입

생활안정

실천 02

경쟁 활성화 등을 통해
가계통신비 부담을 낮추겠습니다.

▍「단말기유통법」 폐지('24년 12월, 국민의힘 1호 법안) 후속조치로 휴대폰 구입부담 경감
- 지원금 상한 폐지 → 사업자 간 지원금 경쟁 촉진
- 중저가 휴대폰 출시 확대

▍알뜰폰을 유력한 경쟁주체로 성장시켜 저렴한 서비스 제공
- 중소 알뜰폰사의 경쟁력 강화
- '망 도매대가 사전규제'(도매가를 낮춰 소매가도 낮게) 부활 → 요금 인하 유도

▍자신에게 맞는 요금제 선택으로 통신요금 부담 완화
- 최적요금제 고지, 5G-LTE 통합요금제, 선택약정 할인제도 개선
- 저소득층, 노인, 학생 등에 대한 혜택 강화

▍공공 와이파이 확대 등 시설 투자
- 10배 이상 빠른 WiFi 7 구축
- 이동통신사의 5G 실내투자 유도(통신품질 평가)

실천 03

8대 노지작물과 5대 과수농업 스마트화로 소비자 장바구니 물가를 안정시키겠습니다.

▍이상기후에 대응한 스마트농업 확산으로 채소와 과수의 수급 안정 달성
- 배추·무·고추 등 8대 노지작물과 사과·배 등 5대 과수 품목의 주산지를 중심으로 노지 스마트농업 거점단지 30개소 조성(~'30년)
- 스마트팜과 가공·유통시설을 집적한 스마트농업지구 30개소 조성(~'30년)
- 농림위성, 드론, AI 등을 활용한 관측 고도화로 맞춤형 생산 및 선제적 수급관리
- 기후변화 대응 현장 적응성 품종 개발 보급, 신종 병해충 대응체계 강화
- 장기 임대형 스마트팜 조성 확대로 청년농의 스마트팜 초기 투자 비용 부담 완화

▍축산업의 생산 유통 선진화로 축산물 수급과 가격 안정 도모
- 한우 단기 비육농가 육성 및 별도 등급제 도입 등 축산업 체질 개선
- 스마트 축산 보급 확대, 축산 ICT 접목으로 축산업 생산성 향상
- 한우/한돈/양계 등 축종별 산업의 선진화·규모화로 가격 안정 및 경쟁력 제고

▍농축산물 유통구조 혁신과 직거래 활성화로 소비자 장바구니 부담 완화
- 농축산물 중간 유통 단계 축소, 유통 비용 절감
- 온라인 도매시장 운영 활성화, 장기 예약거래와 정가·수의 매매 확대
- 도매시장 법인 간 경쟁체제 도입 등 제도개선 추진
- 시장·품종 등 다양한 가격 정보 제공으로 합리적 소비 유도

생활안정

▍ **채소·과일 등 원예농산물의 안정적 생산·공급 시스템 구축과 관리 추진**
- 농림위성, 드론, AI 등을 활용한 관측 고도화로 맞춤형 생산 및 선제적 수급관리
- 채소·과수류 계약재배 및 비축량 확대, 저장기간 연장 기술 개발

▍ **가격이 급등한 농축산물의 할인 지원으로 소비자 장바구니 부담 완화**
- 기상재해로 인한 가격 급등 품목, 설·추석 등 명절 성수품, 김장재료, 생산량 감소 품목 등에 대한 주기적인 농축산물 할인 추진 및 할인 금액 한도 상향
- 대형마트와 전통시장 및 중소매장 간 균형 배분으로 지역경제 활성화

실천 04

이상기후가 초래한 물가 폭등에 맞서 민생을 지키겠습니다.

▌농축수산 분야 기후조기경보 시스템 구축
- 지역 단위 정밀 기상정보에 기반한 과학적 예측으로 이상기후로 인한 농축수산 분야 피해 선제적 대응 및 가격 폭등 방지
- 인공위성 및 AI를 활용한 기후변화 영향 예측 및 대체산지 분석 시스템 구축

▌기후변화에 강한 농작물 개발 및 보급
- 변화하는 기후에 상응해 재배 가능한 고품질 대체품종 개발 투자 확대
- 개발품종 도입 농가에 대한 위험 회피 등 지원 확대

▌에너지요금 기후할인 통해 취약계층의 생존권 보호
- 이상기후로 인한 냉난방 수요 증가 및 가스·전기 등 에너지 요금 폭등으로부터 취약계층 에너지 사용권 보호
- 이상기후로 인한 에너지 요금 상승으로 더 크게 고통 받는 저소득층 등 취약계층 보호

생활안정

실천 05

선제적 수급 안정 대책으로 쌀값을 안정시키겠습니다.

▎**선제적 수급 안정 대책 추진으로 수확기 쌀값 20만원-80kg 선 유지**
- 지자체 자율 벼 재배면적 조정제 추진으로 벼 재배면적 감축
- 쌀 농가 타작목 전환 지원, 배수개선·용수공급 등 논 생산기반 조성
- 소비자가 선호하는 고품질 쌀 품종으로 전환, 친환경 벼 재배면적 확대
- 쌀 의무자조금 제도 도입으로 쌀 수급 조절과 신규 수요 촉진
- 가루쌀 가공 제품 홍보 확대 등 가루쌀 산업 활성화

▎**쌀 가공식품·밥쌀 수출 활성화, 산지 유통 경쟁력 강화**
- 쌀 가공식품·전통주 업체 신곡 사용, 해외 원조 확대
- K-Food 인기와 연계해 쌀 가공식품·밥쌀 수출 확대

실천 06

퇴직연금으로 노후 소득을 보장하겠습니다.

▍퇴직금제도를 폐지하고 퇴직연금(또는 중소퇴직기금) 제도 도입을 의무화(기업 규모별로 단계적 의무화)
 - 사업주 부담 완화를 위해 기존 근로기간은 퇴직금 유지를 허용(퇴직시 청산), 제도 전환 이후는 퇴직연금 적립을 의무화
 - 퇴직연금 도입율 제고를 위해 사용자 부담금 지원, 퇴직연금 부담금 세액공제 등 중소기업 지원 확대

▍퇴직연금 수익률 제고를 위해 사용자 또는 근로자 지시에 따라 적립금 운용하는 방식에서 수탁법인이 적립금을 운용하는 기금형으로 전환 추진

생활안정

실천 07

사망보험금 유동화로 든든한 노후를 지키겠습니다.

사망보험금 유동화 등 노후지원 보험제도 패키지 추진
- 기존 종신보험의 사망보험금을 생전 연금 등으로 전환 지급
- 고령층 대상 보험계약대출 금리 우대
- 실손보험가입 및 보장기간 확대
- 신탁업을 통한 생애종합서비스 제공 등

국민과 함께
**새롭게
대한민국**

국민과 함께
새롭게
대한민국

주거안정

- 도심주택공급 활성화로 '살고 싶은 곳에 살고 싶은 주택'을 실현하겠습니다.

- 인구구조 변화에 발맞춰 다양한 세대를 위한 주택을 공급하겠습니다.

- 청년의 삶이 지나는 골목마다 맞춤형으로 주거를 지원하겠습니다.

- 부동산 통계생산 체제를 개선하여 부동산 시장의 투명성과 신뢰성을 제고하겠습니다.

- 주거 바우처를 확대하여 주거 취약계층의 주거비 부담을 덜어드리겠습니다.

- 재정부담을 최소화하면서 주택 공급을 늘리기 위해 (가칭)국민리츠를 통한 주택공급촉진법을 제정하겠습니다.

- 아파트 관리비를 투명화하고 층간소음을 줄이겠습니다.

- 오피스텔 깜깜이 관리비 투명화로 입주민의 권리를 보호하겠습니다.

- 주택연금 실거주 제한 폐지 및 부동산 세제 혜택으로 든든한 노후를 보장하겠습니다.

- 도심형 시니어돌봄주택 확대로 삶의 질을 높이겠습니다.

실천 01

도심주택공급 활성화로 '살고 싶은 곳에 살고 싶은 주택'을 실현하겠습니다.

▌도심 정비사업 활성화를 통해 민간 주택시장의 공급기반 확충
- (가칭)「재건축·재개발 촉진특례법」을 제정해 용적률·건폐율 상향, 사업 기간 단축, 화이트존(White Zone) 도입 등을 통해 공사비 부담을 줄이고, 합리적인 분양가로 이어지도록 유도
- 재건축 진단 기준 개선, 재개발 요건 개선
- 공공기여의 범위, 한도, 인센티브 연계 기준 고시로 공공기여 산정의 투명화 및 명시적 제도화

▌공공주택 인허가 확대(청약, 신규택지 확대), 건설형 공공주택 착공 확대 및 신속 추진으로 공공부문의 공급기반 확충

▌도심 주택 공급 활성화를 위해 재건축 초과이익 환수제 폐지 등으로 재건축 부담금 완화

▌도시형생활주택의 세대수 제한 폐지, 도시형생활주택 공급 확대를 위한 사업성 강화

주거안정

실천 02

인구구조 변화에 발맞춰
다양한 세대를 위한 주택을 공급하겠습니다.

▎청년과 신혼부부를 위한 직주근접의 맞춤형 주거지원 대책을 마련
  - LH, SH, GH 등이 공급하고 있는 반값 주택(토지임대부 분양주택)·
    지분형 주택 확대 공급
  - 청년 1인 가구 전용 및 신혼부부 대상 공공임대주택 신속 공급
  - 공공임대주택에 입주한 청년과 신혼부부가 희망할 경우 저렴하게
    공급하는 방안 강구
  - 주변 시세의 절반 수준 임대료를 보장하는 반값 공공셰어하우스 조성
  - 민간 셰어하우스 공급 확대를 위한 인센티브 부여
  - 청년 1인 가구 임대료 및 보증료 지원
  - 신혼부부 주택자금 초저금리 지원 및 생애최초주택 감면 제도 일몰 연장
  - 청년·신혼부부 대상 월세 세액공제율 대폭 상향하여 주거비 부담 경감

▎단순한 주거공간을 넘어, 노인의 건강, 정서안정, 사회적 교류를 촉진하는
  다양한 형태의 의주근접형 노인 친화형 주택과 맞춤형 서비스를 공급
  - 의료·건강·상업시설이 결합된 실버타운, 고령자가 여유공간을
    제공하고 젊은이는 저렴한 주거비 대신 디지털 적응 지원 등을
    제공하는 세대통합형 주거단지·주거·의료·문화활동·요양(돌봄)
    서비스 등이 결합한 시니어타운 등 다양한 모델 확충
  - AI 탑재 보조 로봇과 응급신고 시스템을 통해 독거노인의 안전망 강화
  - 욕실 안전손잡이, 미끄럼방지 바닥재, IoT 기반 관리시스템 등 노인
    친화적 설비 구축

▎개인·기업형 민간임대사업자 활성화를 통해 중산층 주거불안 완화와
  전세사기 방지

실천 03

청년의 삶이 지나는 골목마다 맞춤형으로 주거를 지원하겠습니다.

▌청년 결혼 3·3·3 주택 공급
- 청년 신혼부부 주거비 지원으로 당면한 집 걱정을 덜고, 나아가 혼인·출산 장려
- 결혼하면 3년, 첫 아이 3년, 둘째 아이 3년, 총 9년간 주거비 지원하는 주택을 매년 10만호 공급
- 공공임대주택 거주 시 정부가 임대료 지원, 공공분양주택에 거주시 정부가 분양대금 대출이자 지원
- 주거 지원액에 해당하는 금액을 청약저축에 불입하도록 의무화해 자산 형성 촉진

▌대학가 반값 월세존 확대
- 대학가 인근의 원룸·하숙촌을 '한국형 화이트존(무규제지역)'으로 지정
- 용적률 등을 완화하여 재개발·재건축·리모델링 계기 마련

▌1인 가구 소형 아파트 및 오피스텔 공급 확대
- 공공주택의 10% 이상을 1인 가구 맞춤형으로 특별 공급
- 주거용 소형 오피스텔을 중과 대상 주택 수에서 배제

▌생활분리·세대공존형 아파트 공급 확대
- 출산 부부와 양가 부모 세대 대상
- 공공택지 25%를 돌봄 시설을 갖춘 아파트 공급
- 민간에도 용도변경 및 용적률 확대 등으로 세대 공존형 아파트 건설유도
- 부부세대와 부모세대 간 '결합청약제도' 특별가점 부여

주거안정

실천 04

부동산 통계생산 체제를 개선하여 부동산 시장의 투명성과 신뢰성을 제고하겠습니다.

▌실거래가 기반 부동산 통계체제로 전면개선하여 왜곡 없는 시장정보 제공
- 거래신고 정보, 감정평가, 시세데이터 간 정합성 확보와 오차 허용기준 명시
- KB, 직방 등 민간 데이터와 공공데이터 간 연계를 위해 민관공동 플랫폼 구축
- 읍면동 단위의 세분화된 지역통계 강화

실천 05

주거 바우처를 확대하여 주거 취약계층의 주거비 부담을 덜어드리겠습니다.

▎주거급여대상자에 대한 주거급여 수준을 높여 주거 취약계층 주거비 부담 경감
- 주거급여 대상자를 기준 중위소득 50%로 확대
- 주거급여 기준이 되는 기준임대료를 현실화하고, 기준임대료의 지역별 기준을 세분화하여 현실에 맞게 기준임대료 설정
- 관리비 수준도 주거급여 기준에 반영하여 실거주비용 부담 경감

주거안정

실천 06

재정부담을 최소화하면서 주택 공급을 늘리기 위해 (가칭)국민리츠를 통한 주택공급촉진법을 제정하겠습니다.

| (가칭)「국민리츠(REITs)를 통한 주택공급촉진법」 제정
- 리츠 종류와 일반공모 요건, 인가제 완화 등
  (신고제 적용, 공시의무 완화, 유상증자 절차 개선 등) 규정
- 토지규제 완화, 공공택지·국공유지 제공, 세제감면(취득세, 종부세
  면제 등), 금융지원(공공기관 출자·보증·융자, 입주민 임대료 바우처
  제공 등), 사업규제 완화(아파트 매입임대 허용, 분양가격 결정 등)
- 주택사업 인허가 절차 통합, 지원사항 원스톱 결정, 지역지구 지정 의제 등
- 추진체계 구축 및 잉여 개발이익의 기금 운용 근거 마련

실천 07

아파트 관리비를 투명화하고 층간소음을 줄이겠습니다.

▌아파트 관리비 투명화를 위한 실질적 대책 마련
- 관리비 정보공개를 위한 공동주택관리정보시스템(K-apt) 사용을 의무화하고 이를 어길 경우 과태료 강화
- 소규모 아파트도 회계감사를 의무화하고 각 단지의 관리규약을 표준화
- IoT 기반 에너지 계측시스템을 도입해 세대별 및 공용부 사용량을 실시간으로 확인해서 공공요금 부풀리기 의혹 차단하는 등 기술적 방안 마련
- 여러 아파트 단지가 연합해 관리회사를 선정하고 감시하는 공동관리기구 도입

▌공동주택 층간소음 방지 의무화
- 신축 주택의 경우, 층간소음 성능 확보를 위한 시공업체 책임 강화 및 품질관리제 도입
- 기존 주택의 경우, 성능보강 지원사업 확대 및 층간소음 차단성능 인증제 도입을 통한 세금 감면 혜택 제공

주거안정

실천 08

오피스텔 깜깜이 관리비 투명화로 입주민의 권리를 보호하겠습니다.

▍관리비 표준화 및 회계 투명성 확보
- 관리비 및 수선충당금의 징수·적립·사용 내역을 정기적으로 공개하도록 의무화
- 국토부 고시로 관리비 표준항목을 제정해 관리인의 자의적 분류를 차단
- 관리인 선임 및 해임 절차, 회계장부 작성 및 보관, 회계감사 실시 여부 등을 감독하여 관리인의 책임 명확화

▍집합건물 관리 감독 권한의 실질적 이행
- 지방자치단체장이 집합건물 관리인의 사무를 감독할 수 있는 권한을 실질적으로 행사
- 입주민의 신청이 없더라도 분쟁이나 민원이 발생한 집합건물을 직접 선정하여 감독을 실시

▍입주민의 권리 보호를 위한 지원 제도 도입
- 관리비 부당 부과에 대한 신고 시스템 구축, 신고자에 대한 보호 및 포상 제도 도입
- 입주자대표회의 구성원에게 자주 발생하는 법령 위반사례 중심의 예방교육 실시

실천 09

주택연금 실거주 제한 폐지 및 부동산 세제 혜택으로 든든한 노후를 보장하겠습니다.

▌주택연금 관련 규제를 대폭 완화하여 주택연금 활성화
- 1주택자 또는 귀농·귀촌·실버스테이 이주에 대해서는 실거주의무 폐지
- 기초생활보장 소득인정액에서 주택연금소득을 제외하고, 건강보험료 산정시 주택연금 대출잔액을 주택금융부채공제 대상에 포함하는 등 제도 개선
- 민간 주택연금 상품 출시 지원

▌양도세 고령자 세액공제 확대
- 묶여있던 고령자 주택의 시장 공급을 유노하고 고령자 자산 활용도 제고

주거안정

실천 10

도심형 시니어돌봄주택 확대로 삶의 질을 높이겠습니다.

▎도시 등 거주지와 가까운 곳에서 신노년층이 이용할 수 있는 요양시설 활성화
  - 비영리법인 외에도 일정 조건 하에 요양시설 토지 및 건물 임차 허용

▎신유형 고령자시설, (가칭)고령자돌봄주택 도입을 위한 특별법 제정
  - 노인복지주택(복지부), 실버스테이(국토부) 등을 포괄하는 (가칭)'고령자돌봄주택' 공급을 촉진하고 운영 효율화를 위한 특별법 제정
  - 고령친화적인 주거 공간과 건강·여가 등의 서비스뿐만 아니라 의료·요양서비스까지 결합된 고령자 맞춤형 주거 공급을 위한 법적 근거 마련

국민과 함께
**새롭게
대한민국**

국민과 함께
새롭게
대한민국

양질의 일자리

- 유연근무제의 사용 요건을 완화해 삶의 질을 높이겠습니다.

- ESG 경영에서 EFG 경영으로 : 가족친화적 일터를 조성하겠습니다.

- 경력단절 여성을 위한 와우! 프로젝트
  (WOW : Wonderful Opportunity for Woman)

- 고령 근로자의 경력 전환을 돕고 차별 개선에 힘쓰겠습니다.

- 중장년고용정책기본법으로 중장년이 계속 뛸 수 있는 일자리 환경을 조성하겠습니다.

- 중소기업이 청년 재직자에게 매력 있는 일자리가 되도록 하겠습니다.

- 청년들이 해외에서 다양한 경험을 쌓고 글로벌 무대에서 일할 수 있는 기회를 확대하겠습니다.

실천 01

유연근무제의 사용 요건을 완화해 삶의 질을 높이겠습니다.

- 주 40시간 제도 하에서 실질적인 주4.5일제를 향유할 수 있도록 유연근무제 활성화
    - 근로기준법의 유연근무 사용 요건 대폭 완화
    - 부분근로자 서면합의를 가능하도록 해 유연근로제 이용에 경직성 감소
    - 유연한 근무시간 배분을 통해 주4.5일제의 실질적 개선효과(일과 삶의 균형)를 누릴 수 있도록 제도적 지원 방안 마련

- 탄력근무, 선택근무, 재량근무 등 사용 기간을 확대해 유연근무제 활성화하고 도입사업장 사업주 지원금 신설 등

실천 02

ESG 경영에서 EFG 경영으로 : 가족친화적 일터를 조성하겠습니다.

▌ 가족과 함께 하는 시간을 보장하는 경영문화를 일구기 위해 EFG(환경·가족·투명한 지배구조) 경영을 확산
- 경직적인 근로와 고용관행을 유연하고 가족친화적인 방식으로 전환
- 저출산 시대 한국에서 사회적 책임의 핵심 가치가 가족이라는 인식을 정착시키기 위해 EFG 경영 사례를 발굴하고 확산

▌ 가족친화인증제 고도화 및 EFG 경영 인증제 도입 및 세제혜택
- 정량 중심 평가에서 실제 활용도 중심으로 개편
- 중소기업을 위한 간소화된 예비인증 제도 도입
- 인센티브 강화 : 법인세 감면, 조달가점, 고용보조금 우선 배정 등

실천 03

경력단절 여성을 위한 와우! 프로젝트
(WOW : Wonderful Opportunity for Woman)

▍경력이 중단된 여성도 눈 낮출 필요 없이 AI 시대 디지털 역량을 제고할 수 있는 훈련 프로젝트 도입
- AI 시대 맞춤형 사회복귀 프로그램 통해 기존 경력 업그레이드, 이직 상담, 창업 도움, 직장고충 해결 도모
- '경력단절여성 아카데미' 신설로 기업과 연계한 인턴십 실시

실천 04

고령 근로자의 경력 전환을 돕고 차별 개선에 힘쓰겠습니다.

- 퇴직 중장년의 새로운 도전과 경력 전환을 위해 일경험 기회를 제공하는 시니어 인턴프로그램 도입

- 65세 이후 고용 및 자영업 개시 시에도 고용보험 가입 및 실업급여 혜택 부여

- 기업에 제공되던 '고용안정장려금(고령자 계속 고용장려금)'을 5인 미만 업종에도 도입하여 정년 이후 재고용된 근로자에 추가 지원

- 노동인구 고령화에 따른 고용상 연령차별 구제절차를 신속히 해결하기 위해 지방노동위원회로 구제신청을 일원화

실천 05

중장년고용정책기본법으로 중장년이 계속 뛸 수 있는 일자리 환경을 조성하겠습니다.

▌「중장년고용정책기본법」 제정으로 안정적인 인생 2막 실현 지원
  - 희망퇴직 시 중장년 재취업 지원서비스 의무화
  - 찾아가는 중장년 고용서비스 체계 마련
  - 대기업의 중장년 직업훈련지원사업 지원
  - 중장년 이직율 공시제 실시

▌퇴직 전 소속 업종에서의 재고용 확대를 위한 고령자 공공고용서비스(PES) 시스템 구축
  - 고령자 퇴직 전 직무역량과 퇴직 후 일자리에서 필요한 역량이 매칭 되도록 지원

▌AI 시대 맞춤형 하이브리드 일자리 확대
  - 부가가치 노동을 위한 디지털 신기술 직업훈련 지원 및 적합 일자리 발굴

양질의 일자리

실천 06

중소기업이 청년 재직자에게 매력 있는 일자리가 되도록 하겠습니다.

- 청년 재직자에 대한 도약장려금, 도약계좌, 저축공제 등을 통합한 단기·중기·장기 지원책을 마련하여, 대-중소기업 임금 격차 완화
  - 청년 재직자의 연령 상한을 상향 조정해 수혜자 확대

실천 07

청년들이 해외에서 다양한 경험을 쌓고 글로벌 무대에서 일할 수 있는 기회를 확대하겠습니다.

■ **국제기구 및 재외공관 진출 기회 확대**
　- 국제기구 인턴 및 정규직 진출 지원

■ **특화된 외교영역 청년 채용 확대**
　- 외교관 후보자 선발시험(5급 공채) 시 전문 분야 특채
　 (IT·환경·경제·국제법 등) 확대

■ **해외취업을 위한 교육 및 역량 강화 프로그램 확대**
　- 청년 글로벌 역량 개발 지원
　- 해외 연수·교환 프로그램 확대
　- 외국어·국제 관계·정책 연구 역량 강화를 위한 교육 과정 개설

■ **글로벌 디지털 외교 및 미래형 일자리 지원**
　- 디지털 외교 및 AI·빅데이터 활용 전문가 양성
　- 국경 없는 원격 근무(리모트 외교관·국제기구 프리랜서)

■ **재외공관 해외취업지원 협업 사업 확대**
　- K-Move 센터 등 해외취업 촉진 인프라 지원 확대
　- 코트라, 고용부 등과 협업, 커리어페어, 취업설명회 등 수시 개최

국민과 함께
새롭게
대한민국

세제개편

- 배우자 상속세는 폐지하고 유산취득세 방식으로 상속세를 합리화하겠습니다.
- 세금 걱정 없는 든든한 자산형성을 돕겠습니다.
- 중산층·서민·근로자의 세부담을 덜어드리겠습니다.
- 퇴직연금과 개인연금의 세금부담을 줄이겠습니다.

실천 01

배우자 상속세는 폐지하고 유산취득세 방식으로 상속세를 합리화하겠습니다.

▍배우자 상속세 폐지
- 공동으로 재산을 일군 배우자간의 상속세를 폐지, 불합리한 이중과세 방지

▍상속세 인적공제 확대
- 일괄공제 : (현행) 5억원 → 10억원
- 자녀공제 : (현행) 1인당 5천만원 → 1인당 4억원

▍상속세 과세체계를 현행 '유산세' 방식에서 '유산취득세' 방식으로 전환
- 상속자별로 과세하여 납세자 부담능력에 맞는 공평 과세 구현

실천 02

세금 걱정 없는
든든한 자산형성을 돕겠습니다.

▍개인종합자산관리계좌(ISA) 세제 지원을 확대
- 현행 일반투자형 ISA 납입한도(연 2천만원, 총 1억원) 및 비과세한도(200만원)를 2배 이상 확대
- 납입한도가 연 4천만원(총 2억원), 비과세 한도가 연 1천만원인 국내투자형 ISA 신설

▍주주환원 촉진세제 신설
- 주주환원을 확대한 상장기업에 대한 법인세 세액공제 신설
- 장기 보유 주식투자자의 배당소득세율 인하 혜택

실천 03

중산층·서민·근로자의
세부담을 덜어드리겠습니다.

▎근로소득세 기본공제 상향 조정 : 현행 150만원 → 200만원으로 상향

▎소득세 물가연동제 도입

▎육아용품 등 생활필수품 부가가치세 면세 확대

▎초등학생 자녀 예체능 학원비에 세액 공제 혜택 부여

실천 04

퇴직연금과 개인연금의 세금부담을 줄이겠습니다.

▌퇴직연금 및 개인연금(IRP)을 장기 수령하는 연금소득자에게 연금소득세를 경감
- 현행 10년 미만 연금수령자 30%, 10년 초과 40% 감면 → 퇴직연금 등 20년 초과하여 수령시 50% 감면 구간 신설
- 연금형태로 종신 수령시 연금소득세 인하 : 4% → 3%

국민과 함께
새롭게
대한민국

모두함께 발전

균형발전
지역경제 활성화 | 농산어촌

125

**국민과 함께
새롭게
대한민국**

균형발전

- 행정수도 이전으로 균형발전의 초석을 놓겠습니다.
- 세종시와 충청권을 국가균형발전의 첫 번째 메가시티, '서울 밖 서울'로 만들겠습니다.
- 지방자치 30년, 권한과 책임을 강화하겠습니다.
- 5대 광역권을 성장 거점 메가시티로 만들겠습니다.
- 안 되는 게 없는 '메가프리존'을 만들어 지방과 나라경제를 재점화하겠습니다.
- GTX와 도시철도 등을 통한 교통시설 확충으로 '30분 출·퇴근 혁명'을 일으키겠습니다.
- 서울 도심과 수도권 전역을 촘촘하게 연결하는 6개 순환도로망을 구축하겠습니다.
- 지역의료 격차를 해소하여, 전국 어디에 살든 양질의 의료서비스를 누릴 수 있도록 하겠습니다.
- 의료사각지대를 비대면 진료로 해소하겠습니다.

실천 01

행정수도 이전으로 균형발전의 초석을 놓겠습니다.

■ **국정운영의 효율을 제고하고 균형발전을 도모하기 위해 국회의사당을 완전 이전하고 대통령 제2집무실 조기 건립**
   - 세종시를 명실공히 국정의 중추도시로 육성하고 지방균형발전 및 지방분권을 도모함
   - 행정수도에 대한 위헌 논란 조기 종식을 위해 조속히 개헌을 추진함

■ **기존 '국회세종의사당의 설치 및 운영 등에 관한 규칙'에 따른 일부 이전이 아니라, 여의도 국회의사당 잔류 없이 완전 이전**
   - 현재 세종시는 다수의 중앙행정기관·공공기관과 국책연구기관이 이전했고, 국회세종의사당과 대통령 세종집무실 건립까지 확정
   - 여의도 의사당·세종 의사당 중복 배치에 따른 비효율을 없애고, 세종시를 명실상부한 행정수도로 자리매김
   - 행정부 및 입법부 간의 물리적 거리에 따른 시간 및 비용 절약
   - 세종시를 단순히 행정도시를 넘어서 중부권 핵심도시로 육성하여, 국토균형발전 및 지역 불균형 해소의 대표적 사례로 육성

■ **수도권에 남아 있는 중앙행정기관 등 세종시 이전**
   - 여가부·법무부 및 5개 위원회 이전
   - 대통령소속위원회(7개) 및 행정위원회(4개)의 이전 추진

■ **서울-세종 간 교통 및 인프라 확충으로 서울과 행정수도 간의 연계성 강화**

■ **국회의사당 세종 완전 이전에 따른 여의도 의사당 부지 및 건축물 등에 대한 효과적이고 실질적인 활용계획 마련**

균형발전

실천 02

세종시와 충청권을 국가균형발전의 첫 번째 메가시티, '서울 밖 서울'로 만들겠습니다.

- 행정수도 완전 이전과 병행하여, 세종특별자치시와 주변 지역을 기반으로 세종 메가시티를 구축
  - 국회 세종의사당과 대통령 제2 집무실의 차질 없는 건립
  - 세종 메가시티 내 도로망을 체계적으로 정비하고, 수도권·천안·대전·청주 등과의 연결성을 강화하는 철도 및 도로 등 광역교통망을 대폭 확충
  - 민간기업, 대형백화점·공연장 등 문화·상업 시설 유치여건을 조성하고, 특목고 신설과 대학교 적극 유치 지원

균형발전

실천 03

지방자치 30년, 권한과 책임을 강화하겠습니다.

▌**지방정부의 자치조직권, 자주재정권 및 자치입법권 강화**
- 행정기구 및 정원·직급 등 조례 위임
- 국세 편중 조세 구조 개선 및 과세자주권 강화
- 주민권리 제한·의무 부과 법률위임 조항 삭제

▌**중앙-지방재정 협치 강화**
- 지방교부세 제도 개선
- 복지사업 빅딜
- 국가보조사업 축소
- 국가사무 – 자치사무 이분화 추진

▌**지방정부·지방의회 역량과 책임성 강화**
- 자치단체별 맞춤형 교육 확대, 중앙-지방-공공-민간 기관 간의 인사교류 확대
- 지방의회 정책지원 인력 전문화, 교육 기능 강화, 의회 업무절차 개선 플랫폼 구축 등
- 독립적인 감사기구 운영체제 구축 및 중앙-지방, 지방-지방간 협력 등 내부통제기반 강화 – 안정적 채무관리와 재정건전성을 위한 투자심사 합리화, 현금지출 등 재정 공시제도 강화
- 의회 투명성 확보를 위한 의정활동 정보공개 확대, 징계제도 표준 기준안 마련
- 지방의회 법령 위반사항 감사 및 의회 사무기구 감사 근거 법제화

균형발전

실천 04

5대 광역권을
성장 거점 메가시티로 만들겠습니다.

▍5개의 국토 성장거점 육성으로 국가 성장 다극 체계 구축
- 수도권, 충청권, 호남권, 대경권, 동남권 성장거점 도시 구축
- 다극 - 네트워크형 국가 5대 권역 발전계획 추진
  (권역-초광역 맞춤형 국토계획 수립)
- 지역별 맞춤형 거버넌스와 행정·교육·문화·의료·체육 등 공공서비스 체계 재구축
- 권역별 지역 주도 5대 특화사업 클러스터, 스마트 실증도시 구축과 국가지원

▍2차 공공기관 및 대기업 등 지방 이전 추진과 정주여건 정비
- 시장형 공기업, 준정부기관, 공공기관 등 2차 공공기관 등에 대한 이전 추진
- 지방 이전기관·대기업에 대한 차등 법인세, 지방세 감면, 부지지원 등 지원책 도입
- 이전 직원 등에 대한 이주 정착장려금, 근로소득 공제, 주택 제공 등 대담한 인센티브제 도입

▍지역균형발전 및 지역소멸 예산 통폐합 및 재정 확충·지원
- 균형발전특별회계 규모 확대 및 정체성·투명성 강화
- 지역자율계정 예산 확대, 균형발전 성격에 맞지 않는 보조사업 정비
- 초광역협력사업 포괄 보조금제 실시
- 인구감소지역에 대한 국고 보조율 차등 인상

실천 05

안 되는 게 없는 '메가프리존'을 만들어 지방과 나라경제를 재점화하겠습니다.

- 비수도권(접경지역 포함) 지자체장이 기업유치와 경제활성화를 위해 필요하다고 판단하는 규제특례를 신청하면 중앙정부가 적극 구현할 수 있도록 법제도 정비

- 노동규제, 기업 진입규제 및 영업규제, 교육규제, 세제지원 등 기업과 인재의 유치 및 정주여건 개선을 위해 필요한 건 무엇이든, 메가프리존 내에서 시도할 수 있는 '성역없는 특례지구'

- 근로시간 규제 및 최저임금 등 경제환경변화를 따라잡지 못하는 족쇄들을 획기적으로 풀어 숨구멍을 만들어낸 후 성과를 관찰하는 대규모 시범사업

- 「메가프리존특별법」 제정해, 지자체가 규제특례를 신청하고 중앙정부와 협의·사후관리하는 과정 전반을 규정

균형발전

실천 06

GTX와 도시철도 등을 통한 교통시설 확충으로 '30분 출·퇴근 혁명'을 일으키겠습니다.

▌수도권

- 광역급행철도(GTX)를 완성 : GTX A·B·C 노선은 임기 내 모두 개통하고, D·E·F 노선은 임기 내 착공, G 노선 추가 검토
- 타당성 검증 중인 GTX A·B·C 노선의 경기, 강원, 충청 지역 연장 적극 지원 및 GTX 전 노선 조기 완공 추진
- 수도권과 충청을 잇는 동탄~안성~청주공항 광역급행철도 추진
- 수도권 교통 사각지대 해소를 위해 광역철도 개통 조속 추진
- 경부·경인 고속도로 지하화
- 광역교통 복합환승센터, M버스, 2층 전기버스, 출퇴근 전세버스 등 대폭 확충 및 시간제 버스전용차로 도입 등 대중교통 이용 인프라 강화

▌지방권역

- 충청권, 대경권, 부울경, 호남권 등 광역급행철도 확대를 통해 교통 사각지대 해소
- 역내 광역철도 개통 확대 추진

실천 07

서울 도심과 수도권 전역을 촘촘하게 연결하는 6개 순환도로망을 구축하겠습니다.

수도권 메가시티 6축 순환 고속도로망 완성
- 수도권의 인구 급증과 1·2·3기 신도시 건설로 교통 정체가 심화하는 상황에서 일부 구간 도심 인근 고가도로 통과로 생활환경 침해 지적 등 기존 순환망의 지하화 및 기능 보강, 신규 축 구축 필요성 증대
- (1축 보완) 서울 내부순환로 북부 구간 지하화
- (2축 보완) 강변북로 지하화 및 수도권 제1순환고속도로와의 연결
- (3축 신설) 서울 강남순환로와 수도권 제1순환고속도로 연결 구간 신설
- (4축 보완) 수도권 제1순환고속도로 일부 구간 지하화로 정체 해소
- (5축 신설) 수도권 중순환고속도로 신설로 1·2순환 고속도로 교통 분산
    * 북수원~광주~하남~남양주~포천~일산~인천 문학~인천 검단~시흥~안산~북수원
- (6축 보완) 수도권 제2순환고속도로 조기 완공

균형발전

실천 08

지역의료 격차를 해소하여, 전국 어디에 살든 양질의 의료서비스를 누릴 수 있도록 하겠습니다.

▌**지역의료 및 필수의료 지원을 위한 법적, 재정적 지원제도 마련**
- 「필수의료 육성 및 지역의료 격차 해소 지원에 관한 법률」 제정 추진
- 지역의료발전기금 신설 추진

▌**국립대병원 등 지역거점병원의 역량 강화**
- 지역 국립대병원의 교수를 '27년까지 1천명 확대
- 지역 국립대병원 특화 R&D 투자를 통해, 임상·교육과 연구역량 발전지원

▌**공공의료를 수행하는 병원을 지원하여 지역완결형 필수의료 전달체계 구축**
- 지방의료원 및 공공의료 수행 민간의료기관의 필수의료 운영 및 역량 강화 지원
- 지역 국립대병원과 공공의료 수행 의료기관 간 협력 네트워크 구축

▌**'지역 포괄 2차 종합병원' 지원**
- 심장·뇌질환·소아·분만·암·화상·수지접합 등 필수특화 기능도 지원

▌**만성질환의 예방과 건강관리, 치료 등을 위한 '일차의료 혁신 시범사업'을 통해 지역의 의원 육성 추진**
- 전문과목 중심의 의원은 입원, 수술 서비스 수준 등을 평가하고, 차등 지원하여 안전하고 양질의 의료서비스가 제공되도록 육성

▌**장애인·치매어르신 대상 돌봄한의사 제도 도입 검토**
- 기타 보훈 위탁 의료기관 지정 대상에 한의원 포함 검토

▌**계약형 지역필수의사제 사업 시행**
- 양질의 의료인력이 지역에 정주하며 의료서비스를 제공할 수 있도록 재정지원과 정주 여건 조성

실천 09

의료사각지대를
비대면 진료로 해소하겠습니다.

▌ **농촌 및 소외 지역의 비대면 진료 시스템 강화**
- 소외 지역의 주민들이 비대면 진료를 쉽게 이용할 수 있도록, 이동형 진료소 및 원격 진료 서비스 확대를 통해 거동불편 노인, 만성질환 환자의 의료 접근성을 높이고, 질환범위, 진료범위, 지역 간 의료 격차 해소

▌ **안전한 비대면 진료 기반 조성**
- 비대면 진료 안전성과 유효성 확보 모델 구축
- 비대면 진료 안전성 및 온라인 플랫폼 비대면 진료 중개에 대한 관리·감독 추진

▌ **환자들의 편의와 접근성 향상시켜 국민 건강 증진**

**국민과 함께
새롭게
대한민국**

지역경제 활성화

- 다주택 중과 폐지로 '똘똘한 한 채' 집중을 해소하고 수도권-지방 주택시장의 양극화를 해소하겠습니다.
- 규제에서 자유로운 '한국형 화이트존 (White Zone)'을 도입하여, 창의적이고 자율적인 도시를 만들겠습니다.
- 공공기관 이전을 완수해 인구소멸에 대응하고 국가균형발전을 이루겠습니다.
- 지방 미분양을 해소해 주택시장에 활력을 불어넣겠습니다.
- 베이비부머여! 붐비는 도시를 떠나라! 잘 고친 빈집들이 기다립니다.
- 노후 신도시들을 대대적으로 정비하겠습니다.
- 전국의 노후화된 기반 시설과 건물을 총체적으로 정비하겠습니다.
- 모든 지역을 문화 중심지로 만들겠습니다.
- 민관군 협력으로 지역경제에 활력을 불어넣겠습니다.
- 공공지원 민간임대주택에 장기공실 발생 시 법인도 임차할 수 있게 해 주변 상권을 활성화하겠습니다.

실천 01

다주택 중과 폐지로 '똘똘한 한 채' 집중을 해소하고 수도권-지방 주택시장의 양극화를 해소하겠습니다.

▍종합부동산세
- 보유주택 호수에 따른 차등과세를 가액 기준 과세로 전환
- 지방세인 재산세와 장기적으로 통합 추진

▍양도소득세
- 주택거래의 불확실성을 줄이기 위해 한시적으로(1년간) 유예 중인 다주택자에 대한 중과세를 폐지

▍취득세
- 비수도권 지역 주택 구입에 대해 폐지

지역경제 활성화

실천 02

규제에서 자유로운 '한국형 화이트존(White Zone)'을 도입하여, 창의적이고 자율적인 도시를 만들겠습니다.

▎규제 없는 '화이트존(White Zone, 공간혁신구역)'을 도입해 잠재력 있는 도심 지역에 기업들을 유치함으로써 지역 경제 활력 유입
  - 화이트존으로 지정된 지자체에 창의적 개발계획 수립 권한(그린벨트 해제 및 권한 이양 등)을 부여해 자율적 도시 혁신 촉진

▎정부는 화이트존 지정에 대한 사전 컨설팅 등을 통해 지자체 및 기업의 공간 개발 적극 지원

실천 03

공공기관 이전을 완수해 인구소멸에 대응하고 국가균형발전을 이루겠습니다.

▍ 공공기관 2차 이전을 신속히 추진하기 위해, 대상기관 선정과 혁신도시 추가 지정 여부, 지역배분 기준과 절차, 심의계획 등을 조속히 마련
  - 제반 절차에 따라 대상 공공기관 비수도권 배분 등 심의의결

▍ 공공기관 2차 이전을 계기로 새로운 지역발전전략 수립 및 종전부지 신속 처리

지역경제 활성화

실천 04

지방 미분양을 해소해
주택시장에 활력을 불어넣겠습니다.

▍지방 주택시장 여건을 반영해 지방 다주택자에 대한 세제 중과를 합리적으로 완화

▍지방 미분양 아파트 LH 직접매입 및 매입형 장기(8년)일반민간임대 재도입 추진
  - 매입가격과 매입물량은 시장상황에 따라 탄력적으로 검토

▍일률적으로 적용된 DSR(총부채원리금상환비율) 규제를 비수도권 지역에 단계적으로 완화하여 지역 실정에 맞는 금융 여건 조성

▍미분양 주택을 대상으로 CR리츠 활성화
  - 기업구조조정(CR) 리츠의 지방 미분양주택 매입시 취득세 50% 면제·재산세 0.1% 최저세율 적용 등을 통한 실효성 확보

지역경제 활성화

실천 05

베이버부머여! 붐비는 도시를 떠나라!
잘 고친 빈집들이 기다립니다.

■ 153만채에 이르는 전국 빈집들을 지자체가 수리해 귀농·이농 베이비부머에게 저가로 장기임대
  - 대도시의 주거비 부담이 버거운 은퇴 베이비부머들이 지역으로 이주해 여유롭게 노후를 보낼 수 있도록 전국의 빈집을 활용
  - 수도권 주택가격·전세가격 상승 압력을 완화하고 지역경제에 활력

■ 리모델링된 빈집, 리모델링 가능 빈집들의 위치와 상태를 통합적으로 보여주는 온라인 전국 플랫폼을 마련해 베이비부머들의 은퇴 후 이주를 미리 계획할 수 있도록 보조

지역경제 활성화

실천 06

노후 신도시들을 대대적으로 정비하겠습니다.

■ 임기 중 지방의 46개('24년 6월 기준) 노후화된 신도시를 포함하여 추가적으로 필요한 지역까지 모두 정비
- 기초조사부터 사후관리까지 주민 의견이 반영되는 도시개발 전체 로드맵 마련
- 지방 노후계획도시 선도지구 선정 추진 ('25년 상반기 9개)

■ 1기 신도시 선도지구 특별정비계획 수립 등 정비 본격화

실천 07

전국의 노후화된 기반 시설과 건물을 총체적으로 정비하겠습니다.

▌전국 철도 지하화 통합개발 추진과 연계하여, 민관협력형 도심복합개발과 도시기반시설 정비 추진

▌전국 공공 및 민간 노후시설물(노후산단 포함)에 대한 대대적 정비계획 마련
  - 이와 함께, 현재 형해화 된 국가기반시설 노후충담금 적립제도 강제시행방안 마련

▌전국의 빈집, 빈 상가, 공사중단 건물 등에 대한 관리대책 마련
  - 빈집은행, 빈집관리업, 빈집 정비 시 인센티브 제공 등 포함한 「빈집관리특별법」 제정 추진

지역경제 활성화

실천 08

모든 지역을 문화 중심지로 만들겠습니다.

▎지역 주도형 문화정책 체계 확립
- '중앙 주도 → 지역 주도'로 문화정책 전환
- 지자체의 문화재정 자율성 확대 및 문화재단 역량 강화
- 주민 참여 기반의 지역문화진흥계획 수립 의무화 및 실행력 확보

▎국립예술시설의 지역 분관 설립
- 지방국립박물관, 민속박물관, 대한민국역사박물관 등의 테마별 지역 분관 설치
- 지역 분관 건립 수요에 맞게 국립미술관 분관 건립
- 권역별 공연예술 거점 확대 및 국립극장·국악원과의 연계

▎국·공립예술단체의 지역 중심 운영 지원
- 지역 공연 활성화 의무 신설 등 우수 문화예술 프로그램 지역 순회 확대
- 지역 공연을 위한 청년예술인 고용을 지원하고, 교육 및 출연 기회 부여

▎지역별 특성을 살린 문화도시 활성화
- 지역 문화자원을 활용, 지역을 넘어 인근 권역의 문화 여건을 연계한 사업으로 확대
- 국내외 도시와의 네트워크 구축을 통한 개방형 도시로 조성
- 문화유산 관람료 감면지원 제도 개선(보전금 형태로 전환)
- 전통 종교문화유산의 면단위 보존관리 지원 강화

실천 09

민관군 협력으로 지역 경제에 활력을 불어넣겠습니다.

▌군인, 군무원에 대한 주거지원(공공임대주택 등)을 통해 인구 유입 효과를 도모해 지역경제 활성화
  - 군 유휴부지 활용을 통해 인구소멸지역 공공임대주택 공급을 목표로 상생협력모델 추진 희망 지자체 등과 MOU 체결

▌군 기지 이전 등으로 남은 미활용 군 용지 등을 민군상생의 기회로 활용
  - 국방부의 군사시설 보호구역 해제 문제 등을 심의 후 군사시설보호구역 해제 대상 확대
  - 여러 지역에 산재한 군사시설 등을 지역 단위로 통폐합하거나 군사시설 이전이 필요한 경우 남은 용지를 민군 복합타운으로 조성
  - 군인전용 아파트 인근 복합타운화 및 대형면세마트 설립
  - 사업별로 산재해 진행되는 민군상생 정책 전담부서를 신설해 지자체와 협력하여 공정·투명한 군 공항 또는 군 부대 등의 이전을 추진

지역경제 활성화

실천 10

공공지원 민간임대주택에 장기공실 발생 시 법인도 임차할 수 있게 해 주변 상권을 활성화하겠습니다.

▍공공지원 민간임대 기간 중 공실 발생 시, 임차인 자격완화요건을 3개월 이상 공실에서 1개월 이상 공실로 완화

▍공공지원 민간임대주택에 공실이 발생할 경우, 임차인 자격에 법인을 포함
 - 임차인 자격요건을 완화하고 법인 임차를 허용하여, 직원 숙소 등 다양한 용도로의 활용을 확대함으로써 장기공실 문제 해소

국민과 함께
새롭게
대한민국

국민과 함께
새롭게
대한민국

농산어촌

- 농지 규제를 대폭 완화하고 이용을 활성화하겠습니다.
- 미래형 농촌모델로 농업의 새로운 미래를 열겠습니다.
- 농촌 프리존 조성으로 농촌에 신규 일자리를 창출하겠습니다.
- '농가소득 +100% 프로젝트'로 농가소득을 두 배로 올리겠습니다.
- 농어업용 전기료 인하로 농어가의 경영 부담을 가볍게 하겠습니다.
- 농자재 지원으로 농가 경영 부담을 덜어드리겠습니다.
- 계절근로자 제도 개선을 통해 안정적 일손 공급을 보장하겠습니다.
- 고령 농업인 돌봄에 적극 나서겠습니다.
- 농촌 주민의 삶의 질을 대폭 향상시키겠습니다.
- 여성농업인 권익과 삶의 질을 개선하겠습니다.
- 청년 농업인 육성에 앞장서겠습니다.
- 2030년 밭농업 기계화율을 75%까지 상향시키겠습니다.
- 친환경직불금 단가 인상 등 친환경농업 육성에 노력하겠습니다.
- 임업인의 소득을 증진하고 온실가스 감축에 적극 노력하겠습니다.
- 어업인의 생계안정과 소득증대를 실현하겠습니다.
- 살고 싶은 어촌을 조성하겠습니다.
- 지속가능한 어업경영환경을 구축하겠습니다.
- 어선 감척 규모를 확대하겠습니다.
- 섬주민의 생활복지를 획기적으로 개선하겠습니다.
- 섬관광을 활성화하겠습니다.

실천 01

농지 규제를 대폭 완화하고 이용을 활성화하겠습니다.

▍농지 소유 요건을 대폭 완화하고 상속·이농 농지 소유 상한 폐지
- 농지 취득 후 자경 의무 기간을 현재 8년에서 3년으로 완화
- 주말체험영농, 영농여건불리지역 등의 농지 취득시 농지위원회 심의 폐지
- 상속과 이농 등으로 소유하게 된 농지의 경우 소유 상한(1ha) 폐지
- 농촌 소멸과 고령화 등에 대응하여 농협의 농지 소유 허용 방안 마련
- 지자체가 계획을 수립하여 지정한 지구에서는 진흥지역 내에서도 주말체험영농 목적 농지 취득 허용

▍농지 임대차 허용범위 확대로 농업 생산성 제고와 합리적 이용 유도
- 개인 소유 농지의 자경 후 임대 허용을 현행 3~8년에서 3년 후 자율로 변경
- 농촌구조전환우선지역 내 농지 취득 즉시 임대차 허용 (「농업·농촌 및 식품산업 기본법」 개정시)
- 농지이용증진사업 시행 주체 확대로 생산 효율성 제고와 규모의 경제 실현

▍농지의 이용·전용 범위 확대로 농지 활용도 제고
- 현행 경작지, 온실, 축사 등으로 한정된 농지 이용 범위를 농업 생산 관련 시설 및 부대시설 등으로 대폭 확대
- 지자체장이 농촌공간재구조화법에 의거 농촌특화지구를 지정하는 경우 농업진흥지역에도 지구별로 필요로 하는 목적시설 설치 허용

농산어촌

▌농지의 보전과 관리체계를 개편하고 지자체의 자율권 부여 확대
- 지역별 농업진흥지역 재지정 등 진흥지역 정비 추진
- 지자체가 농식품부 부여 한도 내에서 자율적 진흥지역 해제·지정 관리 운영
- 농업진흥지역 외 농지 전용 권한 지자체 위임으로 지자체 역할 강화

▌농지내 연면적 33㎡이내 농촌체류형쉼터(데크, 주차장, 정화조 별도) 허용 제도 정착

▌고령농·부재지주 농지에 친환경인증 농가·청년농업인의 10년 이상 장기 임대 허용

농산어촌

실천 02

미래형 농촌모델로
농업의 새로운 미래를 열겠습니다.

▎**미래형 농촌모델 특구 지정으로 농업·농촌의 변화와 혁신 유도**
- 미래형 농촌모델 특구 내 농업진흥지역 농지 소유·임대 규제 대폭 완화, 농업기반조성사업 집중 지원으로 벼 대신 과수, 채소 등 밭작물 재배 전환 지원
- 농업회사 등 법인이 농지를 임대하여 작목과 작부체계를 선택하고 공동경작과 농작업으로 생산비 절감, 특구 세제 감면 지원, 출자자에게 수익과 지분 배당

▎**지자체, 농협과 협업으로 미래형 농촌 모델의 안정적 정착과 확산 지원**
- 미래형 농촌모델 우수사례 분석과 성공 모델 전국 확산 지원
- 공동 영농에 필요한 시설·장비 및 법적 제도적 지원
- 지역별·작물별·작부체계별 영농모델 개발과 수익성 분석 연구 추진

실천 03

농촌 프리존 조성으로 농촌에 신규 일자리를 창출하겠습니다.

▌**농촌 자율규제혁신지구 조성으로 농촌 일자리·경제 활성화**
- 농지·소유 임대 규제 완화, 외부 기업 유치와 세제 감면 지원, 거주자 정주·복지 기반 조성
- 농업 관련 전후방산업을 연계한 혁신벨트 조성으로 농산업 신규 거점 육성
- 농촌 유·무형 자원과 지역 특산품을 활용한 농촌형 비즈니스 창업 지원

▌**농촌 체험·정주기반 조성으로 생활인구·관계인구 창출과 농촌 유입 촉진**
- 농촌 빈집의 체계적 관리와 재생 지원으로 도시민의 농촌 체류·정주 지원
- 농촌체험·관광·치유농업 프로그램 개발, 농산촌 휴양복지시설 확대
- 농어촌상생협력기금, 고향사랑기부금, 도시민 재능기부 연계 플랫폼 구축

실천 04

'농가소득 +100% 프로젝트'로
농가소득을 두 배로 올리겠습니다.

▌ 농업인 소득·경영 안전망 구축과 선제적 경영위험 대응
- 수입안정보험 품목 확대·가입률 제고, 농가 경영정보 DB 구축과 전담기관 운영, 농업인 교육·컨설팅 강화로 제도의 조기 안정 정착 유도
- 기후위기에 대응 재해 복구비 단가 현실화, 지원 범위·항목 확대
- 재해보험 할인·할증제도 개선, 대상 품목·지역·보장 범위 확대
- HACCP 인증 지원 등 중소규모 농식품 가공업체 경영 지원

▌ 2030년 농업직불금 예산을 7조원 이상으로 확대
- 기본직불금 단가 인상·지급요건 개선으로 농가 소득안전망 역할 강화
- 전략작물직불 대상·면적·단가 상향으로 쌀값 안정 및 식량안보 기여
- 친환경농업·경관보전 직불금 단가를 인상하고 지급 상한 확대
- 농업환경 개선 및 탄소중립 등 공익적 기능 선택직불제 적극 발굴
- FTA 피해보전직불제 일몰 연장

▌ 직불금 농외소득 금액 기준 현실화
- 농외소득 기준 상향으로 직불금 및 농정 사업 혜택 농가 확대

▌ 국가 전체 예산 대비 농식품 예산 5% 이상으로 확대
- 국민의 식탁을 책임지는 농식품산업의 중요성과 식량안보 등을 종합적으로 고려하여 농식품산업 예산을 국가 전체 예산 대비 5% 이상 확대 추진

농산어촌

실천 05

농어업용 전기료 인하로
농어가의 경영 부담을 가볍게 하겠습니다.

▎**농어업용 전기료 인상을 자제하여 농어업인 전기료 부담 경감**
- 타 산업 분야 대비 인상률 최소화, 분할 인상 등 농어업계 부담 최소화
- 저수지, 시험 재배시설 등 정부·공공기관 농사용 전기료 적용 연장

▎**2030년까지 도축시설 산업용 전기료 20% 감면 할인 특례 연장**
- 도축장 운영자금 융자 지원 규모 확대로 도축업계 부담 완화

▎**시설·원예농가 신재생에너지 및 에너지 절감시설 지원 확대**
- 온실 지열·공기열·폐열 재활용 냉난방시설 등 신재생에너지 지원
- 다겹보온커튼, 순환식 수막시설 등 에너지절감 시설 지원

실천 06

농자재 지원으로
농가 경영 부담을 덜어드리겠습니다.

▍농업 분야 국세·지방세 일몰 연장으로 농가 부담 경감
- 국세·지방세 조세감면 일몰 연장, 신규·확대 필요 조세 특례 발굴
- 농업용 기자재에 대한 부가가치세 영세율 적용 등 농업부문 조세특례 연장
- 농협 비과세예탁금 한도 확대 및 협동조합 법인세 저율과세 연장

▍농업인 무기질비료·사료구매자금 등 농자재 지원 확대
- 무기질 비료 차액 보조사업 지속, 무기질 비료 원자재 수입선 다변화 등 안정적인 공급망 확보, 필수 비료 원료 비상 비축 확대
- 사료구매자금 지원 규모 확대 및 지원 조건 개선, 전 축종 대상 상환 도래 사료구매자금 대출 상환 유예

▍농·축산업 관련 정책자금·상호금융자금 금리인하 및 상환기한 연장
- 축산물가격 불안정, 생산비 급등(사료값, 전기료, 인건비, 분뇨처리비, 시설비 등 인상)에 따른 축산농가 부채 경감 대책 마련

농산어촌

실천 07

계절근로자 제도 개선을 통해 안정적 일손 공급을 보장하겠습니다.

▌ **농어촌 일손 공급을 안정화시키기 위한 제도적 기반 마련**
- 농촌인력중개센터 운영 확대, 지자체와 협력 도시 구직자 농촌 유입 지원, 농번기 도시민 농촌 일손 돕기 추진
- 제도의 지속가능성 및 체계적 운용을 위해 계절근로 프로그램 근거를 법률로 규정
- 계절근로 프로그램 기본계획 수립, 도입규모, 허용업종 등 결정을 위한 '계절근로 배정심사협의회' 구성 및 운영근거를 내부지침에서 법률로 상향
- 국내 지자체의 계절근로자 도입을 위한 해외지자체와 업무협약(MOU)체결, 근로자 선발, 입·출국·체류 지원, 교육 등 업무수행을 지원할 전문기관 지정·운영
- 계절근로자 불법 선발 등에 개입·알선 금지 및 벌칙 도입

▌ **국내 인력 지원 및 외국 인력 공급 확대로 농번기 일손 부족 완화**
- 외국인 근로자 주거·근로·복지 등 처우개선으로 안정적 정착 지원

농산어촌

실천 08

고령 농업인 돌봄에 적극 나서겠습니다.

■ 농촌지역 70대 이상 독거노인 대상 '똑똑안부확인서비스' 지원

■ 지자체·농협과 연계하여 영세 고령·장애 농업인 농작업 대행 지원
 - 경지면적 0.5ha미만 70세 이상 농가 대상 경운·정지·수확 등 농작업 대행

■ 고령·장애 농업인 웨어러블 디바이스 지원으로 허리와 근골격계 질환 예방
 - 고령·영세·장애 농가 웨어러블(입는) 디바이스 구입 비용 지원
 - 농업인과 농작업에 특화된 웨어러블(입는) 디바이스 연구개발 확대

■ 고령농가 생분해성 멀칭 필름 지원으로 수거 노력 절감, 농촌 환경 개선
 - 고령 영세 농가를 대상으로 생분해성 필름 구매 시 일반 필름과의 차액 지원

■ 지자체별 농촌 노인 의료, 돌봄, 복지서비스 통합지원 체계 발굴 지원
 - 방문 진료·간호, 치매 건강관리, 요양 돌봄, 응급 안전 서비스
 - 식사·목욕·이동·이미용, 주택개선, 난방에너지 비용 절감 등

농산어촌

실천 09

농촌 주민의 삶의 질을 대폭 향상시키겠습니다.

▌**고령농 의료바우처 등 농촌형 의료 특화 서비스 확대**
- 원격 진료 법제화, AI 기반 건강관리 플랫폼 확대
- 지역거점 공공병원 확충으로 농촌 의료 인프라의 디지털 전환 및 전문인력 확보
- 농촌 왕진버스 운영 확대, 70세 이상 고령농 의료바우처 지원

▌**교육·문화·복지 서비스 개선으로 농촌지역 주민의 삶의 질 향상**
- 생필품을 공급하는 '가가호호 농촌 이동장터' 운영 확대로 식품사막 해소
- 농촌 유학 운영 활성화, 농촌 중심지에 주민 복합커뮤니티 조성 확대
- 농촌거점형 공동 교육센터 설립 운영으로 인근 학교 연계 공동학습 프로그램, 디지털 교실, 교사 순환근무제 도입
- 82개 군 지역 농촌형교통모델 서비스 지원으로 농촌 주민 이동권 보장
- 주민 참여 조직 확대로 농촌 취약계층 돌봄과 생활 서비스 부족 문제 해소

▌**농어촌상생협력기금 운영 활성화로 농어촌 활력 증진 및 환경 개선**

▌**'농촌형 우버' 도입**
- 대중교통이 부족한 농어촌 및 고령 심화 지역에 한해 일반 개인 차량을 활용한 유상 승차공유 합법화
- 규제 샌드박스 대상 사업으로 지정해 임시 허가 및 실증 특례 부여함으로써 조속한 사업 착수
- 허용 지역, 허용 시간대, 운행 범위 등에 대한 가이드라인 제시 및 운전자 기본 요건, 안전장치 기준, 결제 시스템 표준(지역화폐 등) 규정 마련
- 민간 기업이 자유롭게 들어올 수 있도록 진입 보장해 경쟁 촉진

실천 10

여성농업인 권익과 삶의 질을 개선하겠습니다.

■ **여성농업인 특수건강검진 지원 대상을 15만명(51~70세 전체)으로 확대**
  - 여성농업인 특수건강검진 지원 검진 항목 확대와 지원단가 상향

■ **농촌지역 영유아 수 감소에 대비하여 농촌지역 보육사업 지원 확대**
  - 국공립·사회복지법인 중 소규모 어린이집 시설비, 운영비 지원 지속
  - 보육시설이 없는 농촌 마을 대상 보육지원 프로그램 개발 및 운영 확대
  - 농번기 돌봄지원사업을 주말(4~8개월) 운영에서 연중 운영으로 확대

■ **여성농업인의 권익 보호와 역량 강화로 삶의 질 향상과 행복 증진**
  - 농업·농촌 전반 성평등 인식 개선 및 여성농업인의 입지·대표성 강화
  - 사회적경제 및 농촌 취약계층 복지 지원 분야 여성농업인 역할 강화
  - 농촌 지역공동체, 지역경제 활성화 분야 여성농업인 참여와 활동 지원

■ **결혼이민여성 농업교육 및 농촌 다문화가족의 안정적 농촌 정착 유도**
  - 결혼이민여성 대상 단계별 농업교육 과정 운영으로 전문 여성농업인 육성
  - 다문화가족 구성원 및 지역공동체 내 이해도 증진을 통한 농촌 정착 유도
  - 다문화가정 청소년 대상 농촌 체험·공동체 활동 프로그램 개발 운영 확대

■ **농촌 외국인 여성 이주노동자에 대한 근로 여건 및 처우 개선**
  - 적정 임금, 초과·시간외 근무 인정, 휴일 휴식 보장, 언어 도우미 지원
  - 외국인 근로자 숙소 확충, 산재보험 미혜택 근로자 의료비 지원
  - 농촌 외국인 여성 근로자 인권침해 실태조사 및 대응 지원

농산어촌

실천 11

청년 농업인 육성에 앞장서겠습니다.

▌**농가경영주 중 40세 미만 청년농업인 3만명 수준(3% 이상) 유지**
  - 매년 청년농업인 3천명 이상 육성 노력, 농촌 정착 지원

▌**후계농육성자금 지원 확대로 청년농 귀농·귀촌, 창농·창업 적극 지원**
  - 청년농업인영농정착지원사업 지원기간 및 지원금액 단계적 상향
  - 청년농업인 선발 인원 증가에 비례한 후계농 육성자금 예산 확보
  - 청년농 육성 단계(준비, 진입, 정착, 성장)별 자금 지원 차등화

▌**청년농업인에 대한 농지, 자금, 주거, 영농기술 등 원스톱 패키지 지원**
  - 청년농에 적합한 농지 정보 제공 및 농지 매입 지원 조건 완화
  - 청년농 창업 정책자금 지원 확대
  - 돌봄·보육·교육여건 개선으로 청년이 살고 싶은 농촌 공간 조성
  - 각종 편의시설을 구비한 청년농촌보금자리조성사업 확대 및 입주 지원
  - 창업단계별 맞춤형 컨설팅 제공, 선도 청년농 활용 현장 실습 교육 확대

▌**청년농업인의 농축산물 가공산업 참여와 온라인 직거래 적극 지원**

▌**영농상속공제·영농자녀 증여 특례 한도·대상 확대로 원활한 영농 승계 지원**

실천 12

2030년 밭농업 기계화율을 75%까지 상향시키겠습니다.

- 8대 작물(고추·마늘·양파·배추·무·감자·고구마·콩) 파종·정식 및 수확작업 기계화율 50% 이상으로 향상

- 농기계 임대사업소 확대, 주산지 일관 기계화, 노후 농기계 대체 지원

- 파종·정식·수확작업 맞춤형 농기계 개발, 旣개발 농기계 주산지 우선 공급

농산어촌

실천 13

친환경직불금 단가 인상 등 친환경농업 육성에 노력하겠습니다.

▌친환경농(축산)직불 단가 인상 등 친환경 실천 농가 소득 보전
- 친환경농업 집적지구 육성 등 생산 기반 구축 및 규모화 유도
- 친환경농업직불금 및 유기 지속직불금 단가 인상 및 지급 상한 확대
- 지역단위 푸드플랜과 연계한 로컬판매, 학교·공공·군부대 급식 등 공급 확대

▌저탄소 농축산물인증제 확대로 저탄소 농산물의 생산·유통·소비 유도
- 농가 온실가스 감축량을 민간이 거래할 수 있도록 탄소 크레딧 거래 체계 전환
- 지역단위 농촌 에너지 전환 로드맵 및 저탄소 농업 프로그램 대상 확대
- 농업용 재생에너지 시설 확대 및 축산분뇨 바이오가스 전환 지원
- 탄소감축 실적에 따라 농가당 기후보상금 지급으로 추가 소득 창출

▌스마트·환경친화적 축산업으로 전환
- 논 하계조사료, 조사료 전문단지 조성으로 국내산 조사료 생산·이용 확대
- 가축분뇨 자원화, 악취 저감 시설·장비 지원으로 축산 환경 개선
- 축종별 전문화, 규모화를 반영하여 축종별 육성·발전법 제정 추진
- 축산 계열화 소속 농가의 지역 농축협 조합원 자격 허용 방안 마련

▌가축분뇨 관리 및 이용에 관한 법률 제·개정
- 가축분뇨 '관리'와 '이용촉진'에 관한 사항 별도 분리

▌GMO 완전표시제 도입으로 먹거리 안전성 확보와 소비자 알권리 보호

농산어촌

실천 14

임업인의 소득을 증진하고
온실가스 감축에 적극 노력하겠습니다.

■ **숲을 이용한 지역 관광산업 육성 및 산림 복지서비스 확대**
  - 동서 트레일을 연계한 산악생태관광 활성화
  - 100대 명산, 명품숲, 산림문화자산 등 지역 산림자원 연계 관광상품 개발
  - 자연휴양림·숲속 야영장 확충으로 도시민의 휴식·휴양 지원
  - 권역별 산림치유지도사 배치로 생활 속 산림치유 확산 및 숲태교 프로그램 운영
  - 취약계층 대상 산림복지바우처 제공 확대, 무장애 나눔숲길 조성 지원

■ **임업직불제 확대 등으로 '30년 임가소득 20% 상향('23년 대비)**
  - 탄소중립·재해방지 등 산림 공익기능 증진 활동 선택형직불제 신규 도입
  - 양도소득세 등 세제 개편으로 산주 생활 여건 개선 및 산림경영 활동 지원
  - 재해보험 품목·지역 확대, 재해복구비 단가 상향 등 임업 재해 대응 강화
  - 산림 분야 전문업 종사자 민간·해외시장 진출 지원

■ **산림의 탄소흡수 기능 강화로 국가 온실가스 감축에 적극 기여**
  - 생활권 도시숲·벽면녹화 확대, 권역별 정원도시 확충, 유휴토지 활용 숲 조성으로 탄소흡수 증진
  - 국산 목재 활용 목조건축 확대, 목재 펠렛 보급·이용 확대
  - 개발도상국 산림 황폐화 방지를 통해 그린 리더십 선도

농산어촌

실천 15

어업인의 생계안정과 소득증대를 실현하겠습니다.

■ **영세 어업인의 생계안정을 위한 다양한 소득원 창출**
- 어촌체험휴양마을 시설개선, 브랜드 개발
- 가공산업 현대화 지원, 권역별 스마트 수산가공종합단지 조성
- 수산물 가공·유통·판매 종합시설인 수산컴플렉스 구축 확대
- 블루 푸드테크 거점 지원센터 건립, 블루 푸드테크 교육 프로그램 강화

■ **어업경영자금 등 저금리 정책자금 공급 및 신규 정책자금 지원**
- 수산정책자금 5조원으로 확대, 특례보증과 긴급경영안정자금 패키지 지원, 산지위판장 출하지원자금 확대
- 정책자금 이자감면, 융자기간 연장, 상환유예 등 추가지원

■ **직불제 지급대상 확대 및 단가 인상, 신규 직불제 추진**
- 연륙교 설치 섬에도 조건불리 직불금 지원
- 배합사료 직불금 대상 확대
- 경영이양 직불 신청연령을 80세 미만에서 85세 미만으로 확대
- 수산자원 변동에 대응하기 위한 기후적응 직불금 지급
- 어구보증금제 참여 어업인 대상 친환경어업 직불 등 신규 지급
- 청년어촌정착지원을 위한 수산업활력 직불금 지급
- 소규모 어가 직불을 못 받는 어업인에게 수산업 경영지속을 위한 수산경영 직불 등 신규 지급

실천 16

살고 싶은 어촌을 조성하겠습니다.

▎어촌 정주여건 개선을 위한 인프라와 제도를 확실하게 구축
- 어촌 인구소멸 영향평가제 도입
- 어촌 인구활력 종합계획 및 이행계획 마련·추진
- 어촌형 생활서비스 네트워크 및 거점 조성사업 추진
- 어촌신활력증진사업 확대
- 어촌규제혁신특구 도입
- 어촌 재생 특별법 제정
- K-강마을 프로젝트 추진
- 일자리와 주거·생활서비스를 패키지로 지원하는 청년 바다마을 사업 착수
- 청년·귀어인 등 대상 어선 및 양식장 임대, 유휴 마을어장 제공 등 일자리 공급 확대
- 청년 수산 분야 창업 지원 및 청년 해양수산업 분야 일자리 매칭 서비스
- 청년 대상 양식 창업 자금 지원 및 교육 강화
- 귀어 초기 정착지원금 확대

농산어촌

실천 17

지속가능한 어업경영환경을 구축하겠습니다.

▎기후변화에도 지속가능한 수산업 육성

- 스마트양식클러스터, 스마트가두리 등 ICT·AI 스마트 양식 기술 개발 및 보급, 양식 인프라 확대 구축, 친환경·친소비자형 양식품종 개발 지원, 스마트 내수면 양식 확대
- 수산종자 연구, 우량종자 관리·분양 등을 위한 '국립수산종자원' 설립, 지역별 특화 품종 개발
- 기후변화 대비 수산업 소득보장보험 신설, 기후대응 자조금 신설
- 연근해어업의 낡은 규제는 과감하게 철폐, 어획량 중심으로 관리하는 시스템으로 전환, TAC 참여어업인 인센티브 확대
- 노후 양식장 개보수 지원, 양식소득 비과세 확대, 생산자단체 자조금 조성 지원 확대
- 일정 규모 이상 어선 자동화 장비 설치 지원, 수산기자재 기술개발 확대
- 양식장 비용부담 경감을 위해 '농사용 갑' 수준의 수산업용 전기요금 신설
- 수산 분야 농사용전력 적용 확대
- 상습피해 해역은 기후변화 복원해역으로 지정하여 관리
- 자율관리어업공동체 선박에 면세유 공급
- 자율관리어업 육성사업비 확대
- 수산종자방류사업 확대 및 절차개선으로 폐기처리 예방
- 양식장, 어촌마을 친환경 에너지 설비 보급사업 확대

■ 재난피해 지원 비율과 보상단가·보상기종 확대
  - 융자비율은 줄이고 보조율은 상향, 어선·어구, 양식장 보상단가 현실화
  - 국가재난안전관리시스템(NDMS) 입력(피해보상) 대상에 어가 시설 (저온저장시설, 건조기 등), 수산종자 등 포함

■ 어선 및 어선원 보험의 보조율 상향, 보조제외 어선과 어선원에 대한 순보험료 국고 지원, 어선검사비용 지원

■ 양식보험 순보험료 국고보조 상향지원 및 고수온 관련 특약 추가지원액 별도 지원

■ 수산업 경영인 교육문화센터 건립, 해수부내 내수면산업과 신설

■ 수산·어업인 단체 운영지원 확대, 공익사업으로 인한 어업피해 손실액 산출방법 현실화, 해상풍력 어업피해 최소화·어업인 권익보호

■ 여성어업인 특화건강검진기관 확대 지정 및 임신·질병 등으로 어업활동이 곤란한 여성어업인 대체인력 인건비 지원 상향, 수협 여성 임원 확대

농산어촌

실천 18

어선 감척 규모를 확대하겠습니다.

▌폐업지원금이 지나치게 낮게 산정되는 일이 없도록 최소 폐업지원금 기준을 마련
 - 업종별 기준가격을 정하여, 어획량이 적더라도 기준가격으로 폐업지원금을 지급

▌자원감소와 경영 악화 등을 고려, 어선감척 규모 확대
 - 주기적인 연근해어업 실태조사와 연계하여, 감척사업 규모를 확대

실천 19

섬주민의 생활복지를
획기적으로 개선하겠습니다.

- 해상UAM 실증·상용화 및 항구에 이착륙·충전시설 구축

- 의료 사각지대 200개 섬주민을 대상으로 비대면 원격진료 시스템 구축 및 진료 제공

- 소외도서에 여객운항 지원강화

- 섬 택배비 지원대상 확대

- 「연안대중교통 기본법」 제정

- 섬·어촌을 찾아가 의료, 생활, 행정서비스를 제공하는 어촌복지버스 확대 투입

- 적자형 국가보조항로는 공영제로 전환

- 섬 주민 여객선 요금을 버스 수준으로 인하

- 도서지역 면세유 급유시설 운영 지원

농산어촌

실천 20

섬관광을 활성화하겠습니다.

- 섬여객선-KTX 환승시스템 운영
- 대형 포털 예매사이트 연계, 승·하선 관리 전자화
- 교통약자 여객선 승·하선 편의시설 확대
- 「섬관광진흥법」 제정
- 명절 반값 요금제 등 전 국민 대상 섬 관광 및 여객선 이용 제고
- 노후화된 연안여객선 현대화를 위한 민관 투자 확대

국민과 함께
**새롭게
대한민국**

대한민국 혁신

개헌·정치개혁 | 규제개혁
연금개혁 | 노동개혁
의료개혁 | 정부조직개혁
사법개혁 | 미디어개혁

국민과 함께
새롭게
대한민국

개헌 · 정치개혁

- 제왕적 대통령과 제왕적 국회, 권력 내려놓기 개헌을 하겠습니다.
- K-플럼북으로 공공기관장 낙하산 근절하겠습니다.
- 고위공직자수사처를 폐지하고 권력형 비리 수사 시스템을 전면 개편하겠습니다.
- 외국인 투표권, 상호주의로 공정하게 제한하겠습니다.
- 교실을 정치판으로 만드는 교육감 직선제를 없애겠습니다.

실천 01

제왕적 대통령과 제왕적 국회, 권력 내려놓기 개헌을 하겠습니다.

▌ **대통령 임기 단축 개헌**
  - 대통령 임기 3년으로 단축 추진하고 4년 중임제 도입 위해 2028년 4월 대통령과 국회의원 동시 선출

▌ **대통령 불소추특권을 폐지해, 직무와 관련되지 않은 범죄에 대해서는 일반 국민과 동등하게 취급**

▌ **야당 추천 특별감찰관 임명**

▌ **국회의원 불체포 면책특권 폐지**

▌ **국민소환제 도입해 국회 권한 남용 견제**
  - 국민 위에 군림하는 정치인을 퇴장시키는 주권자 권리 보장
  - 탄핵 요건을 강화하고 탄핵 인용 전까지 직무를 계속하도록 해 탄핵 남용의 부작용을 축소

▌ **국회의원 정수 10% 감축**

▌ **선거관리위원회의 대대적 개혁**
  - 특별감사위원회 제도 도입 등 선관위 외부 통제·감시 체계 구축
  - 중앙선관위원장, 시·도 선거관리위원장 등 법관 겸임 금지
  - 투표용지, 선거관리시스템, 선거관리, 보안시스템에 대한 정기 점검 법제화

개헌·정치개혁

실천 02

K-플럼북으로
공공기관장 낙하산 근절하겠습니다.

▌'제왕적 대통령 힘의 원천'인 공공부문 낙하산 인사 근절 위해 제도적 장치 마련
  - 대통령의 국정철학을 긴밀하게 뒷받침할 필요성이 인정되는 자리를 여야 논의로 선정해 'K-플럼북(대통령실이 임명하는 공직의 명부)' 작성
  - 플럼북에 포함된 직책 외에는 대통령실 영향력을 차단하고, 관련법과 인사 원칙을 철저히 준수

▌플럼북에 포함된 인사 외에는 국민에게 최선의 성과를 낳도록 관련법과 원칙대로 인사
  - 관련법에 명시된 절차를 따라 대통령실의 내정자 없이 최적의 인물 선출토록 보장
  - '낙하산 금지법' 제정해 플럼북에 포함되지 않은 낙하산 인사가 드러날 경우 인사 과정에 연루된 이들의 처벌조항과 당사자 파면근거 마련

개헌·정치개혁

실천 03

고위공직자수사처를 폐지하고 권력형 비리 수사 시스템을 전면 개편하겠습니다.

고위공직자 수사처 폐지
- 정치적 중립성과 실효성에 대한 무능 논란이 반복되던 고위공직자 수사처 폐지
- 권력형 비리 수사는 필요하지만, 정치적 중립성을 상실한 기관에 의해 수행되면서 국민신뢰 약화

검찰·경찰이 부패 수사 관련해서 공동 수사
- 고위공직자 비리 전담 수사 기능(검찰 내 반부패수사부와 경찰 특수수사본부)을 고위공직자 비리 전담 검·경 합동수사본부로 통합해 수사대상, 범위, 절차를 명확히 법제화해 수사권 남용 없이 투명하고 공정한 수사 시스템 구축

국민의 감시와 견제기능 보완
- 통합된 반부패 수사 기능에 대해 독립적인 외부 통제기구 신설해 권력 남용을 견제하고, '수사정보공개심의제'와 '사건배당 투명화'를 통해 수사기관의 자의적 권한남용 감시

개헌·정치개혁

실천 04

외국인 투표권, 상호주의로 공정하게 제한하겠습니다.

▌외국인 선거권 상호주의 도입
- 상호주의 원칙에 따라 해당 외국인의 본국이 대한민국 국민에게 선거권을 인정하지 않으면 대한민국 내에서도 해당국 국민에게 지방선거권 未 부여

실천 05

교실을 정치판으로 만드는 교육감 직선제를 없애겠습니다.

- 교육감 선출방식을 '주민직선제'에서 정치적 중립성·투명성·교육성 강화를 위해 '시·도지사 러닝메이트제' 또는 '광역단체장 임명제'로 변경

국민과 함께
새롭게
대한민국

규제개혁

- 규제혁신처를 신설하겠습니다.
- 규제패러다임을 과감하게 전환하겠습니다.
- 기업활동의 걸림돌, 규제의 벽을 넘어서겠습니다.
- 불합리한 기업규제를 과감히 개선하겠습니다.
- 인터넷의 개방성과 공정성을 높이겠습니다.

실천 01

규제혁신처를 신설하겠습니다.

■ 규제혁신 전담부처를 신설하여 경제에 걸림돌이 되는 규제를 상시적으로 관리·감독·혁파
  - 기존 규제개혁위원회의 민원 해결식 규제완화를 넘어 구체적인 정책목표 설정과 증거기반 평가를 바탕으로 체계적 규제혁신과 컨트롤타워 역할
  - 당면한 규제개혁 목표를 설정한 후 규제개혁 과제, 이해관계자 조율 및 보상방안 등을 포함한 혁신 방안을 마련, 추진
  - 각 부처에 산재해 있으나 충분히 역할을 하지 못하고 있는 규제개혁 기능과 규제 샌드박스 추진체계 등을 통합

■ 정부 R&D 예산의 1%를 규제혁신 예산으로 반영하여 지속적이고 효과적인 규제혁신을 추진

■ (가칭)「자유경제혁신기본법」제정
  - 신산업에 있어 다른 나라에 없는 규제가 우리나라에만 적용되지 않도록 하고, 관습적 규제가 기업혁신을 발목 잡지 않도록 개선

규제개혁

실천 02

규제패러다임을 과감하게 전환하겠습니다.

▌ 신기술, 신산업 분야에 대한 규제를 포괄적인 네거티브 규제 방식으로 대전환
  - 포괄적인 네거티브 규제의 불안을 해소하기 위해 샌드박스를 적극 활용

▌ 의원입법에 대한 규제영향분석 의무화

▌ 법률의 위임 범위를 넘어 과도하게 규제하는 시행령, 가이드라인 양산 방지 시스템 마련

실천 03

기업활동의 걸림돌, 규제의 벽을 넘어서겠습니다.

▎선진국에는 없거나 과도한 규제의 철폐공론화를 위한 '규제혁신기준국가제' 설정
  - 혁신업계와 공동으로 산업·업종별 규제 분석
  - 기준을 바탕으로 이해관계자·정부·시민단체·전문가 등과 규제 혁파의 장을 운영

▎국민배심원제 도입을 통한 신사업으로 인한 신·구산업간 갈등 해소
  - 무작위 추출 소규모 집단이 각 이해관계자의 의견을 듣고 공동권고안을 제시

▎규제 샌드박스에 특례 적용되었던 법률을 분석, 파급효과 등을 고려하여 '네거티브 규제' 법률을 단계적 도입

규제개혁

실천 04

불합리한 기업규제를 과감히 개선하겠습니다.

▎공시대상기업집단 지정기준을 변화하는 경제 환경을 반영해 개선
　- 자본총액(5조원 이상)에서 GDP 연동방식으로 변경

▎대기업집단 개념을 원용하는 관련부처 법령을 합리적인 수준으로 정비

▎벤처기업 발굴·투자 활성화를 위한 일반지주회사 기업형 벤처캐피탈(CVC) 규제 완화
　- 외부출자(40%) 및 해외 투자(20%) 비중 제한 완화

실천 05

인터넷의 개방성과 공정성을 높이겠습니다.

▍구글과 애플의 인앱결제 강제 금지
- 외부결제(앱 개발사가 앱의 바깥인 인터넷 웹에 별도 구축한 시스템에서 결제) 허용
- 제3자 인앱결제의 수수료를 自社 인앱결제와 유사한 수준으로 책정하는 행위의 불공정성 조사

▍제3의 앱마켓 설치(Side-Loading) 허용
- 애플 또는 구글 같은 스마트폰(OS) 제공업체의 앱마켓이 아닌, 다른 경로를 통한 앱 설치도 허용

▍글로벌 사업자에 대한 집행력 강화
- 과징금(매출액 중 비율) 상향 : 한국 3% VS EU 10%, 일본 20%
- 글로벌 사업자에 대한 조사 실효성 강화 및 국내 대리인 제도 개선

▍망 이용대가는 사적계약의 자율성을 우선하되 불공정행위는 사후규제

**국민과 함께
새롭게
대한민국**

연금개혁

- 청년·미래세대를 위해 연금재정의 안정성을 제고하겠습니다.
- 국민연금 기금 수익률을 제고하겠습니다.

실천 01

청년·미래세대를 위해
연금재정의 안정성을 제고하겠습니다.

▌**연금구조개혁 논의 과정에서 청년·미래세대의 목소리 반영**
- 국회 연금개혁특위에 청년 의원들의 참여 제고
- 전문가 자문그룹 및 일반 국민 대상 의견 청취 과정에 청년·미래세대 의견이 반영되는 구조 마련

▌**연금 재정의 지속가능성 제고를 위한 다양한 재정안정방안 마련**
- 연금개혁 과제로 장기 인구구조 및 수급자의 기대 여명 등을 감안한 재정안정화 방안 포함
- 신·구 연금 분리방안 등 검토

▌**다층 노후 소득 보장체계 구축**
- 충분한 노후 보장을 위하여 개인연금, 퇴직연금 등 노후 소득 보장체계 구성

실천 02

국민연금 기금 수익률을 제고하겠습니다.

▎기금운용위원회를 '관료와 이해관계자' 구조에서 전문가 위주로 재편해 투자전문성과 독립성 제고
 - 금융집적기능을 활용할 수 있도록 기금운용본부 서울사무소 설치
 - 기금 수익률 제고로 미래세대의 보험료 부담을 낮춰, 청년들이 안정적인 노후를 준비할 수 있도록 지원

국민과 함께
새롭게
대한민국

국민과 함께 새롭게 대한민국

노동개혁

- 청년세대도 공감하는 고령자 고용연장을 추진하겠습니다.
- 주52시간 규제를 합리적으로 개선하겠습니다.
- 일한 만큼 보상 받는 임금체계로 개편하겠습니다.
- 노동약자가 기댈 수 있는 든든한 언덕을 만들겠습니다.
- 임금체불 ZERO화하고, 공짜노동 엄단하겠습니다.
- 직장 내 괴롭힘 특별법을 제정하겠습니다.
- 공정채용법·양성평등 채용 목표제로 투명하고 신뢰받는 채용문화를 확립하겠습니다.
- 비정규직과 여성도 목소리를 낼 수 있는 '부분 근로자 대표제'를 도입하겠습니다.
- 노동조합의 부당노동행위를 규제하겠습니다.
- 건설공사의 하도급 생태계를 투명한 계약문화로 개선하겠습니다.
- 건설현장의 불법행위를 강력히 근절하겠습니다.
- 화물차주를 보호하기 위한 실질적인 대책을 마련하겠습니다.
- 중대재해처벌법을 예방 목적에 맞게 바꾸겠습니다.

실천 01

청년세대도 공감하는
고령자 고용연장을 추진하겠습니다.

▌고령자가 노동시장에 더 오래 남아 일할 수 있는 여건을 마련하는 것에 정책 우선순위 부여

▌정년에 이른 근로자는 기존 근로계약을 종료하고(퇴직), 임금을 조정하며 다시 고용(계속고용 제도 확립)
　- 기존 근로계약을 유지하면서 정년을 연장할 경우 청년층 일자리 감소에 따른 세대간 갈등이 심화되는 문제를 방지
　- 계속고용 시 임금을 일정폭보다 더 낮추면 정부가 일부를 지원

노동개혁

실천 02

주52시간 규제를 합리적으로 개선하겠습니다.

▍탄력근로 및 선택근로제에 대한 사용 가능한 단위기간을 최소 반기 이상으로 확대

▍근로자 선택권을 넓히는 유연근무 요건 완화로 '내 일과 삶에 딱 맞는 주 52시간제'
 - 노사 합의시 연장근로 관리단위를 '주' 단위에서 '월·분기·반기·연'으로 확대하되, 연장근로 집중 사용량이 늘어날수록 사용 가능한 연장근로총량을 축소시켜 휴식권을 보장
 - 기업의 생존을 위해 필요한 특별연장근로에 대해서는 인가사유 및 활용기간을 확대하는 등 사용의 유연성 확보

▍고소득 전문직 근로자의 주 52시간제 예외

실천 03

일한 만큼 보상 받는 임금체계로 개편하겠습니다.

- 일 잘하는 김대리가 김부장님보다 더 받을 수 있도록 직무 성과에 기반한 임금체계로 개편

- 임금체계 개편을 위해 경직적인 취업규칙 변경절차를 합리적으로 개선
  - 전체 근로자의 평균 임금수준(또는 임금 총액)이 저하되지 않는 등 합리성이 인정되는 임금체계 개편의 경우, 취업규칙 변경 시 노동조합의 '동의' 규정을 '의견 청취'만으로 가능하도록 완화

- 직무정보(워크넷)와 임금정보(임금직무혁신센터)의 연계시스템을 구축해 직무별 시장임금정보 확대 제공

- 기존의 개별 기업 단위 한계를 넘어 업종별 특색에 맞춰 임금체계 연계 인사노무관리 전반 컨설팅 실시

실천 04

노동약자가 기댈 수 있는
든든한 언덕을 만들겠습니다.

▍노동약자의 실질적 애로 해소와 국가 차원의 지원을 위한 「노동약자보호법」 제정
  - 노동약자 지원계획 수립, 실태조사 및 노동약자지원위원회 설치 근거 마련
  - 계약분쟁 조정 지원, 취업 촉진 및 경력 관리, 공제회(긴급생계비, 복리후생, 직무능력개발, 퇴직금 등) 설립 추진

▍노동약자의 용이한 접근과 신속한 지원을 위해 시도별 근로자이음센터 추가 설치

실천 05

임금체불 ZERO화하고, 공짜노동 엄단하겠습니다.

▌ 근로자가 체불임금을 신속하게 받을 수 있도록 공적 보장제도를 강화
  - 근로자의 체불임금을 우선 지급하고, 사용자를 상대로 구상권을 행사하는 임금채권 대지급 공공기관 설립 추진
  - 체불임금 지급을 위한 대지급금 지급 요건 완화 및 지급 한도 상향

▌ 체불 예방 시스템을 체계화하여 임금체불을 근본적으로 해소
  - 계약체결 시 임금 지급을 보장하는 에스크로(조건부 예치) 제도를 공공사업, 하도급 등 중심으로 우선 적용 추진
  - 체불임금의 40%를 차지하는 퇴직금 체불을 방지하기 위해 외부금융기관에 퇴직금을 적립하도록 퇴직연금을 의무화
  - 임금체불 총액이 일정 수준 이상인 경우 가중 처벌 추진

노동개혁

실천 06

직장 내 괴롭힘 특별법을 제정하겠습니다.

▌일터의 모든 일하는 사람에 대해 직장 내 괴롭힘의 보호 대상으로 하는
  특별법 제정
   - 현행 포괄적이고 모호한 직장 내 괴롭힘 개념의 명확화·객관화
   - 노동위원회 등 제3의 기관을 통한 화해·조정 등 다양한 해결방안 마련
   - 사업주가 실시한 괴롭힘 조사결과에 피해자가 만족하지 못할 경우
     노동위원회의 재심절차 마련
   - 신고 오남용 방지를 위해 명백히 허위임이 판명된 경우 징계할 수 있는
     조항 포함

실천 07

공정채용법·양성평등 채용 목표제로 투명하고 신뢰받는 채용문화를 확립하겠습니다.

▎「채용절차법」을 전면 개정·보완한 「공정채용법」 제정
- 채용과정에서의 불공정 관행을 근절하고, 구직자의 권익을 보호하며, 기업의 합리적 채용을 지원
- 채용 과정에서의 청탁, 금품수수, 사적 인연 개입 등 부당행위에 대한 처벌 강화
- 면접·서류전형 등 채용 단계별 객관적 기준 및 절차 공개 의무화
- 탈락 사유 통지 요청권 도입 등 구직자의 알 권리 보장 등

▎'양성평등 채용 목표제' 공공기관까지 확대 추진
- 성별 중 어느 한쪽의 합격이 과도할 경우, 현재 공무원 규정을 공공기관으로 확대

실천 08

비정규직과 여성도 목소리를 낼 수 있는 '부분 근로자 대표제'를 도입하겠습니다.

- 근로자의 의견을 보다 효과적으로 반영 및 대표할 수 있도록 근로기준법에 종전 시도된 '부분 근로자 의견 반영'보다 더 확장된 '부분 근로자 대표제'를 근로기준법에 제도화

- 여성과 비정규직 근로자들의 의사만으로도 해당 근로자 관련 근로조건 변경이 가능하도록 하는 방안

실천 09

노동조합의 부당노동행위를 규제하겠습니다.

▌**노동조합의 불법행위 규제를 위해 부당노동행위 제재**
   - 노동조합의 교섭 거부, 타노조 활동 방해, 노조 간 폭력·위협 등
   - 부당 경비 요구, 직장 점거, 조합원 강제동원 등 노동조합의 노동 3권 남용방지 장치 마련

노동개혁

실천 10

건설공사의 하도급 생태계를
투명한 계약문화로 개선하겠습니다.

▎원청-하도급 간 불공정 거래 관행을 개선하기 위해, 공공기관 공사 발주 시 '주계약자관리방식 공동계약' 적용 법제화
 - 현재 2026년 말까지 '주계약자관리방식 공동계약' 한시적 운영 중
 -「국가계약법」제25조를 개정해서 '주계약자관리방식 공동계약' 조항 신설

실천 11

건설현장의 불법행위를 강력히 근절하겠습니다.

▎건설사의 불법하도급, 불법시공에 따른 형사·행정처분 강화와 건설근로자 임금체불 등 불공정행위 방지를 위한 대금지급시스템 도입 의무화

▎건설노조의 부당금품요구 및 수수, 채용강요와 건설기계를 이용한 공사방해, 정당한 사유 없는 운송거부에 대한 제재

▎폭력행사 등 노사 양측의 불법행위에 대한 단속과 수사권한을 갖는 특별사법경찰제도 도입
  - 건설현장에 만연한 불법하도급, 감리위반, 품질·안전규정 위반 및 노측의 공사방해, 금품수수, 채용강요 등

노동개혁

실천 12

화물차주를 보호하기 위한
실질적인 대책을 마련하겠습니다.

▌화주 - 운수사 간 강제성 있는 안전운임제를 운수사와 차주 간 표준 운임제로 개편해 적정 운임을 보장

▌'화물운송 플랫폼'을 제도화해 화주 - 차주 직거래 지원
  - 운임 미지급 등 플랫폼사의 불법·부당행위로부터 이용자인 차주를 보호하기 위해 등록제 등 안전 장치 마련

▌지입제를 개혁하여 지입차주 상대 부당행위 근절

▌차주가 화주·운송사로부터 불법·부당한 피해를 입었을 경우 신고 가능한 '화물차주 피해신고센터' 설치

▌사업용 화물차 전국번호판 제도 도입을 도입해 지역별 번호판 발급에 따른 불법증차, 이전비용 증가 등 해결

실천 13

중대재해처벌법을
예방 목적에 맞게 바꾸겠습니다.

▍예방 목적에 맞게 사후 제재뿐만 아니라 사전예방의무 소홀에 대한 제재도 가능토록 개선

▍50인(억원) 미만 사업장에 대한 안전보건확보 의무를 위험성평가, 종사자 의견수렴으로 한정 등 사업장 규모별 의무 차등화

▍규정을 명확화하고 처벌 수준을 완화

국민과 함께
새롭게
대한민국

의료개혁

- 6개월 내에 의료시스템 튼튼하게 재건하겠습니다.

실천 01

6개월 내에 의료시스템 튼튼하게 재건하겠습니다.

▎**의대생 참여 대통령 직속 미래의료위원회 신설**
- 의사인력 정책뿐 아니라 의학교육 혁신, 의료현장 근무환경 개선, 의료인력 배치체계 정비, 전공의 수련 제도 개편 등 포괄적 의료제도 개선 논의
- 지역의료, 필수의료, 의과학 연구 등에서 젊은 인재들이 자긍심을 갖고 일할 수 있는 환경 조성 방안도 병행 논의
- 기존 의대정원 확대 방안은 미래의료위원회에서 현장 중심 전문가들과 함께 재검토하며, 학교별 정원 배분 방식과 필요 인원 조정 등도 유연하게 검토

**국민과 함께
새롭게
대한민국**

정부조직개혁

- 인구청년가족부 신설해 인구위기에 대응하겠습니다.
- 청년 공무원의 공직에 대한 자부심을 높이겠습니다.
- 튼튼한 재정으로 지속가능한 나라를 만들겠습니다.
- 국민이 신뢰하는 공직사회를 구현하겠습니다.
- 부패 지자체장을 견제하고 예방하는 감사관 제도를 도입하겠습니다.
- 국민이 편리한 AI 정부를 구현하겠습니다.

실천 01

인구청년가족부 신설해
인구위기에 대응하겠습니다.

▎인구청년가족부 신설해 저출생 및 인구 고령화 등 인구위기에 대비하는 국가발전전략 수립
  - 중장기 인구 전략 수립 및 이행을 책임지는 조직
  - 인구, 돌봄, 가족, 청년, 고령 등 인구 관련 정책을 총괄 조정할 컨트롤타워

실천 02

청년 공무원의 공직에 대한 자부심을 높이겠습니다.

▎저연차·신혼부부 공무원 주거 지원체계 강화
- 공무원 임대 주택 5천 세대 이상 추가확보(주거비 높은 지역 중심으로 공급 확대)
- 저연차, 신혼부부 등에 대한 가점제 확대로 최우선 배정과 임대 후 분양 추진
- 무주택 공무원 주택 구입 이자 보전 등 주택 구입 자금 지원책 마련

▎현장 대응 공무원(저연차 공무원이 주로 담당) 지원 강화 및 민원 수당 인상
- 민원근무 수당(악성 민원 증가에 따른 민원 업무 기피 현상 해소 보상) 증액 및 가산금 신설
- 시간외 근무 보상(국정감사·예산 심의, 명절 특별 근무 등) 단가 인상 및 상한 확대

▎저연차·실무직 공무원 보수 현실화
- 보수 추가 인상률 제도 도입
- 직급 보조비, 저연차 정근수당 지급률 및 수당 인상 등

실천 03

튼튼한 재정으로
지속가능한 나라를 만들겠습니다.

▌ 재정의 지속가능성을 위해 재정준칙을 도입

▌ GDP 대비 국가채무비율을 안정적으로 관리하여 재정의 지속가능성 제고

▌ 효율적인 재정운용과 재정여력 확충을 위해 분야별·부문별 지출 효율화 추진

▌ 5년마다 시행해 온 40년 단위 장기재정전망을 매년 시행·공표

실천 04

국민이 신뢰하는
공직사회를 구현하겠습니다.

▍재산공개 및 관리·감독 내실화
- 사모펀드 가입 내역 공개(사모펀드를 '예금' 항목에 등록, 예금총액만 공개 → 사모펀드를 예금과 별개로 등록·공개)
- 가상자산 등 집중심사(가상자산 집중심사 내실화 위한 관계기관(국세청 등) 협조 체계 구축)

▍주식 매각 관련 정보 공개로 주식백지신탁제도 실효성 제고
- 매수인 신고 및 관계 공개(주식 매각 시 매수인을 신고하게 하고, 매수인과의 관계를 관보 게재 및 공개, 허위 신고 시 과태료 부과 등 제재 조치)

▍디지털 범죄 등 중대 비위 엄정 징계
- 디지털 범죄 엄정 징계(스토킹 및 음란물 유포 징계 시효 확대 및 딥페이크 합성 등에 대한 별도 징계 기준 신설)
- 품위 유지 의무 위반 - '기타' → '스토킹 및 음란물 유포' 신설 등

실천 05

부패 지자체장을 견제하고 예방하는 감사관 제도를 도입하겠습니다.

- 감사원 소속 감사관 파견·임명 : 모든 헌법기관, 정부 모든 부처, 17개 광역시도, 주요 공공기관 대상

- 대장동 등 특혜 방지를 위한 사전컨설팅감사 제도의 법적 제도화 : 근거 법령의 불명확한 해석 또는 법령과 현실과의 괴리 등 업무의 적법성과 타당성을 사전 검토

- 기관장 눈치 보기, 제식구 봐주기, 솜방망이 면피용 감사 근절

실천 06

국민이 편리한 AI 정부를 구현하겠습니다.

■ 공공 AI 전환 종합대책 수립 및 AI 안전 활용을 위한 데이터기반행정법 개정
- 공공부분 AI 전환을 위한 목표 및 전략 과제 마련
- AI 활용 촉진과 신뢰 확보를 위한 기본법령 마련

■ 범정부 AI 공통 기반 마련과 지능형 업무관리시스템 구축
- 정부 전용 AI 공통 인프라 및 개발 환경 구축
- 지능형 업무관리 플랫폼 도입

■ 국가공유데이터 플랫폼 구축과 공공데이터 개방 고도화
- 공공데이터의 수집·연계·활용을 위한 범정부 공유플랫폼 구축
- 비정형 데이터를 포함한 공공데이터 포털 고도화

국민과 함께
새롭게
대한민국

국민과 함께
새롭게
대한민국

사법개혁

- 대법관과 헌법재판관의 중립성과 독립성을 확보하겠습니다.
- 사법방해를 처벌해 정치권력의 법왜곡을 막겠습니다.
- 전문법원 신설을 확대하겠습니다.

실천 01

대법관과 헌법재판관의 중립성과 독립성을 확보하겠습니다.

▎**대법관과 헌법재판관 중립성 및 독립성 확보**
  - 추천위원회 법정기구화 및 국회 3분의 2이상 동의를 받도록 해 특정 정치세력이 사법부에 영향을 미치지 못하도록 함으로써 국민 신뢰 증진

실천 02

사법방해를 처벌해 정치권력의 법왜곡을 막겠습니다.

▍사법방해죄 신설
- 정치권력이 조직력을 동원해 수사 및 재판을 방해하는 경우를 처벌
- 증인 또는 참고인을 설득하거나 회유해 법을 왜곡하는 행위에 경종
- 허위 자료 제출, 증인출석 방해 등 수사·재판절차를 막거나 방해하는 행위에 대한 처벌 규정을 형법에 신설

▍사법절차를 방해할 의도로 행해지는 행위를 처벌
- 현재처럼 특정 사법 절차나 행위를 보호하는 데 그치는 것이 아니라, 수사, 공소 제기, 재판, 형 집행 등 사법 절차 전반의 '공정하고 원활한 진행'을 목표
- 위증, 증거인멸 등의 전형적인 행위 외에, 사법 절차를 방해할 의도로 행해지는 다양한 형태의 행위를 포괄적으로 처벌
- 사법 시스템의 근간을 흔드는 행위라는 점을 고려하여, 다른 관련 개별 범죄들에 비해 높은 처벌 수위 규정

실천 03

전문법원 신설을 확대하겠습니다.

해사전문법원 신설
- 해사전문가 법관으로 구성
- 해상충돌로 인한 손해배상 등과 같은 해상사건뿐만 아니라 해상에서 발생되는 일반 해사민사사건과 해양경찰이 담당하는 해사형사사건, 해양 관련 각종 인허가 분쟁을 담당하는 해사행정사건 및 해사중재, 국제해사사건 등을 처리

아동·청소년·가정 문제 통합전담법원 설치
- 형사처벌 가능한 아동·청소년·가정문제 통합법원 설치해 법원 중심의 사례 관리, 통합법원에서 보호처분과 형사처분 동시에 시행

국민과 함께
새롭게
대한민국

미디어개혁

- 공영방송은 공영방송답게, 콘텐츠는 다채롭게
- 방송미디어 법제 개선으로 방송과 OTT를 업그레이드합니다

실천 01

공영방송은 공영방송답게, 콘텐츠는 다채롭게

▌ 오염된 방송의 질적 변화 개선
- 민주노총 언론노조에 의한 오염된 조직 구조와 보도행태의 질적 변화 추구
  · 언론노조의 공영방송 경영권·인사개입·편성권 관여 금지
  · 주요 부서 책임자 임명 시 임명동의제 폐지
  · 언론노조 미가입 직원 보호 시스템 마련(신고센터, 인권옴부즈만 등)
- 공익은 공영방송이, 다양성과 경쟁은 민영방송이 책임지는 구조로 개편
- 공영방송사는 공익 콘텐츠와 재난방송 수관방송사로서 의무에 집중

▌ 공영방송의 글로벌화로 대전환
- 일본 NHK, 영국 BBC, 프랑스 France Télévisions 등 우수한 글로벌 공영방송 수준으로 방송의 질을 제고
- EBS, KTV, 아리랑 TV, 국악 TV 등은 콘텐츠 다변화를 통해 국내는 물론 국제적 경쟁력이 있는 방송사로 재탄생

▌ 민영방송 질적 성장을 위한 규제 개혁
- 민영방송사 기업 투자 제한을 완화해, 수준 높은 콘텐츠를 제공하고 글로벌 콘텐츠 경쟁력도 제고
- 재허가 재승인 심사 중 불필요한 규제는 과감하게 철폐(재허가 조건 중 편성위원회 설치 의무화 등)

실천 02

방송미디어 법제 개선으로
방송과 OTT를 업그레이드합니다.

▎OTT와 방송을 아울러 고려하는 방송미디어 법제 개선
- 여론형성 등 공적영역을 담당하는 방송, 시장영역에서 국내외 경쟁을 하는 방송미디어의 특성을 고려하여 사회적 합의를 거쳐 방송미디어 법제 마련
- OTT와 방송이 공정하게 경쟁할 환경 조성
- 전체적으로 규제를 완화하되, 매체의 성격에 따라 진입, 편성, 채널운용, 내용심의, 광고, 소유규제 등을 차등 적용하고, 유사 매체는 유사 규제 추진
  · 편성규제 : 대폭 완화
  · 내용심의 : 자율규제를 원칙으로 하되 '인간의 존엄, 가치 존중' '왜곡 및 조작 방지' '연령·직업·종교 등에 대한 차별과 혐오 조장 금지' 등 최소 심의
  · 광고규제 : 대폭 완화 및 네거티브 규제와 함께, 시청권 보호 장치 마련
- OTT는 시장경쟁 및 이용자 보호 규제, 내용심의 위주

▎미디어 거버넌스 구조 정비
- 허가 등 규제·심의 및 진흥 등에 대한 소관 기관 명확화, 중복 규제 해소

국민과 함께
**새롭게
대한민국**

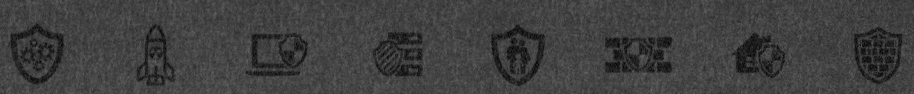

든든 국가안보

국방 | 안보
보훈 | 외교 | 남북관계

국민과 함께
새롭게
대한민국

국방

- 든든한 처우, 막강한 군대 획기적으로 개선하겠습니다.
- AI 기반 유·무 복합전투체계 조기 구축을 통해 첨단과학기술군을 실현하겠습니다.
- 국방 첨단기술 R&D 지원을 확대하겠습니다.
- 군 가산점제를 남녀불문 도입하겠습니다.
- 군 복무를 미래준비 시간으로 만들겠습니다.
- 군 구조 개편을 통해 상비병력 부족시대를 대비하겠습니다.
- 국방 조직을 혁신해 군의 정치적 중립을 보장하겠습니다.
- 안전하고 건강한 군대로 혁신하겠습니다.

실천 01

든든한 처우, 막강한 군대, 획기적으로 개선하겠습니다.

▌초급간부 처우를 중견기업 수준으로 개선
- 군 간부 급여구조에 대한 전면 개편 검토
- 당직근무비, 훈련급식비, 주거환경개선비, 이사화물비 등 처우 항목별 예산 대폭 증액
- 소령~중령급 중견간부 처우 개선 병행 추진
- 군 복무에 따른 각종 수당 현실화
- 내일준비적금 초급 간부까지 확대
- 한국형 QRMC(4년 주기 군 보상 평가서) 제도 도입
- 군인 밀집지역 내 자율형 공립고 추가 지정 등 군인·군무원 자녀 교육환경 및 여건 개선
- 간부사관 제도 개선을 통한 부사관의 장교 진출기회 확대
- 군 간부 정년 제도 개선 검토
- 「군인복지기본법」을 군무원까지 포함하는 「국군복지기본법」 제정
- 군 간부들의 자가보유율 확대 및 1인가구형 독신자 숙소 중심으로 전면 개선

▌장병 복무 환경 개선
- 병영생활관 개선 : 위생시설 개선 및 1층 침대형 지원 확대
- 급식단가 지속적 인상 및 위탁급식 확대 등으로 군 장병 급식 품질 개선
- 군 복무 중 발생사고에 대한 국가 책임제

▌법무관을 증원하여 병사와 초급장교에 대한 법률지원 확대

국방

실천 02

AI 기반 유·무 복합전투체계 조기 구축을 통해 첨단과학기술군을 실현하겠습니다.

▌AI 기반 유무인 복합 전투 체계 단계적 구축
- AI 기술 기반 체계 조속 구축
- 유·무인 복합 경계체계(GOP·해안·기지) 도입 가속화
- 전투 장병의 생존성 및 편의성이 보강된 개인전투체계 개발

▌무기체계 획득절차 혁신
- 방위사업 체계의 과감한 규제 완화 및 절차 간소화
- 첨단 기술 무기체계의 적시 전력화 달성

▌국방 네트워크 및 사이버·전자전 방호 역량 획기적 강화
- 미래전의 핵심 기반인 국방 정보통신망의 첨단화
- 사이버·전자전 공격에 대한 압도적 방어 능력 확보
- 우주 기반의 군사력 건설 연구개발 사업 확대

▌AI 첨단 과학 기술군 육성을 위한 민군협력 생태계 구축
- 범정부 국방과학기술 전담기구를 설립해 첨단 국방과학기술 투자 촉진
- 핵심 기술 중소기업 선정 및 육성, 부품 국산화 및 체계적 관리 등 추진

실천 03

국방 첨단기술 R&D 지원을 확대하겠습니다.

▍10대 국방첨단기술 선정 및 국방 R&D 예산 확대
　- AI, 양자, 레이저, 로봇, 무인기, 스텔스, 사이버, 사이버전자전, 우주, 첨단소재

▍국방첨단기술 공유 및 협력을 지향하는 AUKUS(미·영·호주, 다자안보협의체)의 7대 기술(양자, AI, 사이버, 전자전, 극초음속, 해저, 우주) 공동개발에 참여

▍첨단 과학기술 발전에 따른 최신무기 확보를 위해 무기체계 획득기간 단축
　- 신속소요획득 활성화, S/W 획득 시스템 구축
　- 민간 기술 신속 도입을 위한 생태계 구축

국방

실천 04

군 가산점제를 남녀불문 도입하겠습니다.

▎군 가산점제 도입

▎전문병 제도화 추진
- 여성희망복무제(여성전문군인제) 도입해 전문분야 군 인력 진출 기회를 여성에게도 확대

실천 05

군 복무를 미래준비 시간으로 만들겠습니다.

▌ 군 경력이 민간에서 활용될 수 있는 프로그램 도입
- 군 직무 경력 기반한 경력 전환 프로그램 도입, 민간 자격증과 연결된 군내 교육 기회 제공 등
- 군 복무 중 군에서 수행한 직무(통신, 정비, 차량, 행정 등)에 대한 '직무증명서'를 발급하고 민간기업에서 경력으로 인정받을 수 있는 경력인증 제도 도입
- 군 복무 경력 인정 제도 도입하는 기업에 세제 혜택, 고용장려금 지원 등 혜택제공

▌ 군 복무 기간 중 전문 분야 교육 강화
- 드론, 로봇, AI, 전자정보전 관련 기술 습득 기회 확대
- 실습 중심 교육 프로그램 신설 및 확대 운영

▌ 복무 중 학점 인정 및 전문 자격증 취득 지원 확대
- 복무 기간 중 취득 가능한 학점 제도 운용
- 군 복무와 연계된 국가공인 자격증 취득 지원 강화

▌ 군 창업 프로그램 강화
- 군 복무 중 창업 아이디어 경진대회 정례화
- 전역 후 창업 연계 지원 프로그램 마련 및 시드머니 지원 제도 신설

국방

실천 06

군 구조 개편을 통해 상비병력 부족시대를 대비하겠습니다.

▌GOP 경계전담 부대 신설·운용
- 상비사단의 교육훈련과 작전 여건 보장
- 드론과 연계한 능동형 ISR 자산, 무인 정찰로봇과 비살상 타격수단, 스마트 장벽과 소수의 관리 병력으로 GOP 경계작전 수행

▌상비병력 정예화
- 과학기술을 적용한 국방인력구조 재설계

▌예비전력 운용 합리적 개선
- 상근 예비군 확대
- 예비군 훈련기간 단축
- 동원훈련장 시설 현대화, 지역예비군 훈련보상비 신설, 동원예비군 보상비 현실화

▌해안 경계책임 이관 검토
- 2작전사 예하 부대는 신속기동부대로 개편
- 전·평시 주요시설 경계, 대테러작전, 교육훈련 등에 전념

▌민간군사기업(PMC) 제도 도입
- 외곽경비, MRO, 급양 및 수송, 예비군 훈련 지원 등 군의 비전투 분야를 민간에 위탁하고, 군은 핵심 전투력 유지에 집중
- 법적·제도적 임명 및 평가체계 구비로 민간군사기업의 성실한 국방임무 수행유도

실천 07

국방 조직을 혁신해
군의 정치적 중립을 보장하겠습니다.

■ 국방부 고위직 문민화로 행정부 역량 강화 및 군령권 축소
  - 군 출신 국방부 장관 임용 시 일정 기간 제한 등 문민 통제 원칙 강화 방안 마련
  - 국방부 장관과 합참의장의 역할과 책임 명확화
  - 국방부 민간 관료의 군사적 소양과 필수직위 이수 의무화

■ '국민의 군대'로서의 위상 확보를 위한 군 교육체계 혁신
  - 장병 대상 헌법적 가치, 민주주의 원칙, 군의 정치적 중립 중요성에 대한 교육 강화

■ 공정하고 투명한 군 인사 시스템 확립
  - 공정한 군 인사시스템 확립으로 진급 및 보직 기회 공정성 강화
  - 주요 직위자의 임기 보장을 제도화하여 예측 가능성과 안정성 확보

■ 본연의 임무에 충실하도록 군 정보기관의 기능과 역할 재정립

국방

실천 08

안전하고 건강한 군대로 혁신하겠습니다.

▎ 군 안전 전문인력 양성 및 체계적이고 효율적인 안전사고 관리체계 구축
- 군 특성에 맞는 위험물 등에 대한 전문가 육성
- 안전 관련 사고 예방 및 대처에 효율적인 대응체계 구축

▎ 군 의료체계 혁신
- 국군 의무사 예하 국군의무후송항공대 창설
- 전제대 군 의무인력 보강으로 신속한 응급조치 역량 확충
- 원격 비대면 진료 확대
- 군 복무 중 발생한 사고에 대한 국가책임제
- 군의관 복무기간 단축 검토
- 군병원 민간 의료인력 채용 확대

▎ 전문의 단기군의관이 장기복무할 수 있도록 경제적 보상 강화

▎ 군 의료 고도화를 위한 민간 의료와의 연계 추진

국민과 함께
**새롭게
대한민국**

국민과 함께
새롭게
대한민국

안보

- 간첩법(형법 제98조) 개정으로 국가안보를 지키겠습니다.
- 화이트 해커 1만명 양성으로 사이버전 역량을 대폭 강화하겠습니다.
- 국가해양위원회를 설치해 해양영토를 굳건히 수호하겠습니다.

실천 01

간첩법(형법 제98조) 개정으로 국가안보를 지키겠습니다.

▌국가안보·경제안보를 위협하는 모든 외국 세력에 대응하기 위해 법 적용범위 확대
  - '적국' 중심에서 '외국 또는 외국인 단체를 위한'으로 확대
  - '군사상의 기밀' 외에도 '국가안보와 관련된 정보(기술적·경제적 가치가 높은 기술, 외교적 협상 내용, 경제 전략 등)'를 명시적으로 포함
  - 학술·문화·경제 교류를 빙자한 '백색 간첩'·'회색 간첩'까지 법적 제재 범위 확대
  - 국제직 신업스파이니 외국에 대한 첨단기술 유출 사례에 대한 법적 사각지대 해소

▌처벌 대상 명확화 및 확대
  - 간첩죄 성립의 목적을 '국가안보 또는 국가이익 침해 목적'으로 명확히 규정
  - 기술 스파이 행위를 간첩행위로 명시

▌국가핵심기술 보호 전담조직 신설

안보

실천 02

화이트 해커 1만명 양성으로 사이버전 역량을 대폭 강화하겠습니다.

▌ 미래 전장 환경이 변화하는 상황에서 화이트 해커 1만명 양성 추진
- 사이버전전담 전력을 1만명 규모로 양성 및 편성
- 정보보안, 해킹 대응 등 실전형 훈련 강화
- 첨단 AI·드론 기술을 접목한 디지털 전장 대응 전문 인력·연구기관 확충 및 강화
- 사이버전 대비 조직·인사·훈련 체계 통합

▌ (가칭)「국가사이버안보법」제정
- 사이버 통합방위사태 선포 및 대응체계 구축
- 평시 사이버 안보 위해행위 처벌 규정 마련
- 범국가적 사이버 안보 컨트롤타워 구축
- 평시 사이버 테러 발생 시 협력체계 강화

▌ 정보기관 민주적 통제 강화 및 국민 신뢰를 회복
- 정보기관 내 관리직 순환보직, 기관 내 '준법감시관' 배치·운용을 통한 폐쇄적 운영 방지

실천 03

국가해양위원회를 설치해 해양영토를 굳건히 수호하겠습니다.

▌ **대통령실 직속 '국가해양위원회' 설치**
- 해양, 조선, 수산, 해운, 항만, 해양관광, 해양영토 관리 등 각 부처에 흩어져 있는 해양 관련 정책을 통합 조정하는 기구로서 '국가해양위원회' 설치
- 장관급 위원장 임명 및 해양산업소위·해양력소위로 경제 부문과 안보 부문을 분리하여 전문성과 집중력을 갖춘 정책 추진
- 산·학·연 관계 전문가로 구성된 정책자문단 운영을 통해 현장성과 전문성을 정책에 반영

▌ **경계미획정 해역에서 주변국 해양조사, 구조물 설치 등에 적극 대응**
- 중국의 서해공정 및 해양 경계선 분쟁 등 해양주권 훼손 행위에 대해 적극 대응
- 정부·군·경 합동 단속 확대 등 불법조업 대응
- 천리안 6호 해양위성 등 관측·통신·수색 위성 및 위성센터 등 첨단 감시체계 구축
- 대형 어업지도선과 경비함 신규 건조

▌ **해운 및 조선산업을 국가 주도 전략산업으로 지정, 해양안보 전략 수립 추진**
- 해운·조선산업을 국가 주도 전략산업으로 격상하여 체계적 지원과 글로벌 경쟁력 강화 추진
- 북한의 SLBM 및 핵추진잠수함 위협 대응을 위한 한국군 수상·수중 해양 전력 강화 및 다영역 해양방위를 위한 통합적 해양안보 전략 수립 및 실행
- 북의 GPS 전파혼신에 대응, 대체 이용 가능한 지상파항법시스템(eLoran) 수신기 보급

국민과 함께
새롭게
대한민국

보훈

- 더 두텁게, 더 촘촘하게, 더 영예롭게 최상의 보훈으로 보답하겠습니다.

실천 01

더 두텁게, 더 촘촘하게, 더 영예롭게
최상의 보훈으로 보답하겠습니다.

▌유공자의 삶의 질을 높이기 위한 맞춤형 소득보장체계 실현
　- 참전명예 수당 등 각종 보훈 수당 대폭 인상으로 보상 격차 개선
　- 지역별로 상이한 지자체 참전 수당의 형평성 제고 방안 추진
　- 참전유공자 배우자에 대한 생계지원금 지급 추진
　- 국가보훈 관계법령에 따른 보상금·수당에 대한 국민기초생활보장법상
　　소득산정 방식 개선

▌전면적인 보훈 위탁병원 제도 개선으로 유공자 의료 접근성 강화
　- 보훈 위탁병원 지정을 전체 1차 의료기관(의원급) 등으로 확대

▌국가유공자의 헌신에 감사하는 문화 조성을 위해 '일상 속 보훈 운동' 확대
　- 현충일, 6.25 전쟁 기념일 등 국가 기념일 추모행사 확대 시행
　- 영화·연극·콘서트 등 문화 콘텐츠 개발, 대국민 홍보활동 확대

▌전사자 유해 발굴사업 확대

▌제대군인 전직지원금 대상자 확대(단기복무)

**국민과 함께
새롭게
대한민국**

외교

- 정상 간 유대를 기반으로 한미 전략동맹을 업그레이드하겠습니다.
- 좋은 이웃 정책을 통해 주변국 관계를 개선하겠습니다.
- 2025 경주 APEC을 성공적으로 개최하여 K-다자 외교를 활성화하겠습니다.
- 우크라이나 평화구축 및 재건사업에 적극적으로 참여해 우리 경제에 활력을 불어넣겠습니다.
  - 드네프르강의 기적을 이룰 팀코리아
- 세일즈 외교 3.0시대를 맞아 AI·과학인재 100명을 선발·배치해 AI 3대 강국으로 발돋움하겠습니다.
- 개척자 외교를 통해 대한민국을 세계에 널리 알리겠습니다.

실천 01

정상 간 유대를 기반으로
한미 전략동맹을 업그레이드하겠습니다.

▌ **조기 정상회담 개최를 통해 통상 문제 조기 해소**
- 6월 중 방미, 한미 정상 간 포괄적 협상을 통한 공감대 형성 후
  → 7월 통상 현안 타결로 대미 수출을 촉진
- 양국이 윈-윈하는 호혜적 합의나 최혜국 대우 통한 상호 관세 최소화
- 대미 투자, 미국산 에너지 구매, 미국이 필요로 하는 조선 분야 협력 등을 통해 새로운 경제적 기회를 모색

▌ **주한미군의 안정적 주둔 여건 조성을 통한 북핵 등 대북 억제력 지속 강화**
- 방위비 분담금 증액(SMA 재협상) 요구 시 적정 수준 합의를 통한 주한미군의 안정적 주둔 여건 확보 및 한국 방위 역량 강화 지원
- 조건에 기반한 전시작전통제권의 안정적 전환을 추진

▌ **글로벌 파트너로서의 전략동맹 내실화**
- 한미 공급망, 첨단 과학기술 분야 협력을 토대로 글로벌 및 인도-태평양 지역에서의 협력 내실화

외교

실천 02

좋은 이웃 정책을 통해
주변국 관계를 개선하겠습니다.

▌지속가능한 한-일관계 구축
- 트럼프 2기 대미 공조를 위한 한일 전략적 파트너십 구축
- 올바른 역사 인식에 기반한 미래지향적 한일관계 지속 추진

▌평화와 경제를 함께하는 호혜적 한-중관계 형성
- 역내 대결을 지양하며 경제협력의 지속적 확대 방안 모색
- 상호 존중의 관행을 만들어가는 한편, 대중 경쟁력 확보(핵심 소재 국산화, 대중 경제의존도 다변화)를 통한 유리한 협상 기반 조성
- 새로운 산업을 중심(실버시장 등 중국의 신규 수요)으로 한, 한중 협력 모델 개발
- 북한 비핵화 문제에 대한 양자 및 다자적 노력 지속 견인

▌새로운 기회를 모색하는 한-러관계 리셋
- 전후 복구 사업 등을 통한 실질 협력 방안 모색(한국의 대러 협상력 강화)
- 지속 가능한 성과사업 발굴을 통해 북러 밀착의 부정적 여파 차단

▌인태지역 주요국과의 연대를 통한 다층적 협력 네트워크 강화
- 우리의 3대 수출시장인 아세안과의 협력 지속 강화(인도네시아, 베트남 등 동남아 핵심 협력국과의 협력 강화)
- 호주와의 안보 및 방산 협력 강화, 인태 지역의 핵심 파트너로 발전
- 인도와의 경제협력 강화로 신흥시장 진출 확대
- 아세안, 태평양도서국 등과의 한국-소다자 협력 시스템 구축

적극적 지역 외교와 다자외교를 통한 글로벌 코리아 위상 확립
- 유럽과 첨단기술 협력을 강화하고, 자유민주주의와 시장경제 확산 노력을 지속
- 아프리카, 중남미 등 글로벌 사우스 국가들과의 연대 확대 및 경제협력 활성화
- 유엔 외교 활성화, G7+3 추진을 통한 한국의 국제사회 역할 및 위상 증진

외교

실천 03

2025 경주 APEC을 성공적으로 개최하여 K-다자 외교를 활성화하겠습니다.

▎ **2025 경주 APEC의 성공적 개최를 통한 국제적 위상 회복**
  - 범정부 TF 보강 및 필요 기반 시설 확충 노력 배가
  - 미국과 중국을 포함한 최고지도자 초청 및 실질적 대화의 장 마련

▎ **모든 국가가 관심을 가지고 있는 핵심 분야에서의 선도적 위치 확보**
  - 연결·혁신·번영의 주제 하에 AI 및 인구 문제를 중점과제로 선정
  - 장관급 회의를 포함한 분야별 실무 협의 가속화

▎ **세계적 기업들의 고위급 인사 방한 계기에 경제안보 외교에 적극 활용**

▎ **주요국 간 공감대 확보를 조건으로 한반도 평화 증진 방안도 고려**
  - 과거 평창 올림픽 계기 화해 분위기 증진 사례 등을 참조

> 실천 04

우크라이나 평화구축 및 재건사업에 적극적으로 참여해 우리 경제에 활력을 불어넣겠습니다.
- 드네프르강의 기적을 이룰 팀코리아

▍'드네프르강의 기적'을 이룰 팀 코리아 출범
- 민·관·기업·학계가 유기적으로 소통하며 우크라이나 재건 사업 수주
- 정부 주도로 우크라이나 재건 전담 태스크포스(TF) 구성
- 기업·공공기관·NGO·국제기구와 협력하는 재건협력위원회 신설·운영
- ODA(공적개발원조) 및 금융 지원 확대
  : KOICA(한국국제협력단) 및 EDCF(대외경제협력기금)를 통한 지원 확대
  : 한국수출입은행, KOTRA 등을 통한 금융 지원 패키지 마련
- 재건 사업을 위한 예외적 여권 사용 제도 개선

▍국제사회와 협력 강화
- G7, EU, UN, 세계은행(WB) 등 국제기구와 협력하여 다자재건펀드(Multi-donor fund) 참여
- EU의 우크라이나 지원 프로그램(EU Recovery Plan)과 네트워크 구축
- 한-우크라이나 재건 컨퍼런스 개최 및 MOU 체결
  : 한-우크라이나 비즈니스 협의체 구성, G7 및 NATO 국가들과의 공동 프로젝트 추진

▍한국 기업의 우크라이나 재건사업 참여 확대 지원
- 키이우 교통마스터 플랜, 우만 스마트시티 마스터플랜, 보리스필 공항 현대화 등 재건, 키이우~폴 국경 철도노선 고속화, 부차 하수처리 시설 재건을 통한 기관 및 기업 해외진출 추진

▍우크라이나 재건 참여를 통한 인접국 비세그라드(체코, 슬로바키아, 헝가리, 폴란드) 국가 진출 교두보 구축

외교

실천 05

세일즈 외교 3.0시대를 맞아
AI·과학 인재 100명을 선발·배치해
AI 3대 강국으로 발돋움하겠습니다.

▎ **과학인재 외교관 100명 채용, 전면배치**
　- 외교부 내 '과학기술외교관' 선발 전형 신설 및 육성 추진

▎ **재외공관 '과학기술 전문관' 제도 전면 확대**

▎ **한미 AI 동맹 및 기술 협력 강화**
　- AI 반도체, 양자컴퓨팅, 사이버 안보 등 공동 연구 추진

▎ **한·중 AI 협력 및 기술 교류 강화**

▎ **글로벌 거버넌스 구축을 위한 국제 기구 및 다자 협력 주도**
　- 유엔(UN) AI 거버넌스, AI 정상회의, 퀀텀개발그룹 등 신규 소·다자 협의체 참여

▎ **글로벌 AI 윤리 및 규제 논의 주도 및 주변국과 협력체계 강화**
　- 'AI 윤리 가이드라인' 국제체제에 'K-디지털 규범' 원칙 융화

실천 06

개척자 외교를 통해
대한민국을 세계에 널리 알리겠습니다.

▎**함께 성장하는 K-ODA**
  - ODA 6조 8천억 시대 개발원조 실효성 및 모니터링 강화
  - 글로벌헬스, 교육, 디지털, 식량 분야 ODA 국제 협력 강화
  - 세계가 '오다', 국민이 공감하는 ODA 캠페인 추진

▎**손에 손잡는 700만 재외동포 :**
모국과 거주국을 잇는 든든한 연결고리 마련
  - 역사적 특수동포 및 소외동포 지원 강화 :
    사할린·고려인 동포, 원폭 피해동포, 파독 근로자 등
  - 재외동포의 날 제정, 올해의 재외동포 시상식 개최
  - 재외동포 장학사업 확대
  - 내 뿌리 찾기, 재외동포 정체성 함양 교육 강화
  - 지자체·동포사회 연계 프로젝트 추진

▎**글로벌 미래세대에 책임을 다하는 기후변화 외교 전개**
  - 주요국과 기후변화 동맹강화 및 파리기후협정의 창의적 활용
  - 무탄소 에너지(CFE) 등을 통한 탄소중립 모델 표준화
  - 국외감축 목표와 연계하는 그린 ODA

**국민과 함께
새롭게
대한민국**

남북관계

- 북한 핵·미사일 위협에 대한 억제력을 강화하겠습니다.
- 원칙을 지키며 비핵 평화 통일 여건을 조성하겠습니다.
- 유연한 대화를 통해 실질적 평화를 가져오겠습니다.
- 미래지향적인 통일한국 로드맵을 마련하겠습니다.
- 분단에 따른 고통과 불편을 해소해 나가겠습니다.

실천 01

북한 핵·미사일 위협에 대한 억제력을 강화하겠습니다.

▎한국형 3축 체계를 더욱 강화하여 선제적 억제능력 확보
- 1축, 킬체인을 보완하기 위해 미사일 수단 이외 사이버전자전 기술을 고도화
- 2축, 한국형 미사일 방어체계를 강화하기 위해 한국형 아이언돔을 확장하는 '스카이돔' 체계를 구축하고 레이저 요격무기를 추가 개발
- 3축, 대량 응징체계를 강화하기 위해 탄도미사일 등 보복 수단을 충분히 확보

▎한미동맹 기반 핵 확장억제 실행력 강화
- 미국 전략자산을 상시 주둔에 준하는 수준으로 전개
- 한미 핵·재래식 통합(CNI) 훈련을 내실화
- 한미방위조약에 '핵공격 보호조항' 추가 추진

▎핵추진 잠수함 개발 추진
- 북한의 탄도미사일 핵잠수함 개발에 대응 능력을 갖추기 위한 핵추진 잠수함 개발 추진

▎북한의 핵위협 가중 시, '전술핵 재배치' 또는 'NATO식 핵공유' 한미간 합의
- 전략사령부의 핵무기 관리, 통제 및 운영 능력 사전 준비
- 미국이 전술핵을 괌에 배치한 후 '한국 보호용'으로 운용하는 방식 검토

▎확고한 대북 방위태세 강화를 위한 굳건한 한미연합방위태세 확립
- 국방 위기관리 및 연합방위 능력향상을 위한 한미 연합훈련 강화 등
- 여단급 이상 대규모 연합 야외기동 훈련 확대

남북관계

▎우주·사이버·전자기 작전 능력 강화
- 군 정찰위성 전력화 완료, 미 조기경보위성 정보공유, 합동 우주조직 보강 등
- 사이버전, 전자전, 정보전이 분리되어 있는 기존 체계를 통합하고 전담 조직 및 병과 창설 추진

실천 02

원칙을 지키며 비핵 평화 통일 여건을 조성하겠습니다.

▌ 원칙을 지키며 회복되는 남북관계 정립
　- 북한 도발 불용 원칙에 따라 흔들림 없는 대응체계 확립

▌ 북한 비핵화의 일관되고 장기적인 추진
　- 북한의 완전한 비핵화를 일관되게 추구하되, 단계적·실용적 접근 병행

▌ 국제 비확산 체제 기여 확대를 통한 북한 비핵화의 국제적 동력 활성화
　- 북핵 문제 해결을 위해 주변국 관계 증진 및 국제 비확산 체제에서의 한국의 역할 강화 모색

▌ 자유민주적 평화통일을 위한 국내외 여건 조성
　- 국제사회와 함께 하는 통일 공감대 확산
　　(미·중·일·러 등 다양한 대화체)
　- 북한을 포함한 다자협력 구상을 통한 국내외 여건 조성

▌ '통일도 경제', 남북 모두 공동의 이익 창출이 가능한 호혜적 플랫폼 구축
　- 역사·종교·체육·문화 등 분야별 남북 상호이익이 되는 경협 추진

실천 03

유연한 대화를 통해
실질적 평화를 가져오겠습니다.

▎**조건 없는 남북대화의 추진과 북한-주변국 대화 촉진**
  - 미북 대화나 주변국 협력을 통해 대화 재개를 위한 동력 확보
  - 북중·북러와의 경쟁 구도를 보완 관계로 전환, 다양한 다자 대화체 구상을 통해 북한 참여 유도

▎**미북 대화 재개 시 이를 남북관계 회복의 기회로 활용해 후속 남북대화와 한반도 평화 보장으로 연결**

▎**실질적 평화를 담보하는 군사회담 추진**
  - 남북대화 재개 시 '대북·대남 적대시 정책' 상호 철폐 추진
  - 기존의 '9.19 군사합의' 등 형식적 합의보다는 실질적 행동(비방 중단, 이산가족 상봉, 경제교류 등) 이행에 중점

▎**남북 간 대화를 통한 현안 문제 해결 추진**
  - 당국 간 대화 정례화·체계화

▎**적대와 불신 해소, 긴장완화를 위한 제반조치 추진**
  - 군사훈련의 상호통보 및 군사적 신뢰 구축

실천 04

미래지향적인 통일한국 로드맵을 마련하겠습니다.

▌ 북한 주민의 기본적 인권 증진을 위해 국제사회와 함께 노력
　- 북한인권재단 조속 출범, 북한인권 증진 활동 적극 지원

▌ 비용 최소화·편익 극대화 기조하에, 통일 로드맵 마련
　- '통일'의 개념 전환 : 통일은 '비용'이 아닌 '성장동력'
　- 상황별 다양한 시나리오 마련 및 각 분야별 통합안 준비

▌ 동북아 평화와 세계 번영에 기여하고, 8천만 민족 모두 행복한 통일한국의 청사진

남북관계

실천 05

분단에 따른 고통과 불편을
해소해 나가겠습니다.

▎이산가족·국군포로·납북자·억류자 등의 생사확인 및 귀환 등 근본적 해결 추진
- (대내적) 의료·생계보장·복지서비스 등 수요자에 맞춘 생활지원 강화
- (국제적) 국제 인도 협력 통한 해결 모색(생사 확인 등)
- (남북간) 북한에 대해 적극적으로 문제 해결 및 호응 촉구

▎북한이탈주민의 주류사회 편입을 적극 지원
- 각 분야 성공사례 적극 발굴
- '북한이탈주민' 용어 변경 추진

▎접경지역 규제완화로 지역주민 경제적 불이익 해소 및 불편 경감
- 경제특구 지정 및 지원, 각종 규제 철폐

국민과 함께
**새롭게
대한민국**

국민안심 안전

재난 | 범죄
기후·환경 | 생활안전

국민과 함께
새롭게
대한민국

재난

- 대통령 직속 국민안전위원회 신설로 안전관리 컨트롤타워를 구축하겠습니다.
- 재난담당 공무원 및 민간인이 자긍심을 가지고 일할 수 있도록 하겠습니다.
- 대형산불로부터 국민의 생명과 재산을 보호하겠습니다.
- 산불 예방 등 기후위기에 대비할 첨단 인공강우 기술을 고도화하고 상용화하겠습니다.
- 노후 상하수관로를 집중 개선해 싱크홀 사고 불안을 해소하겠습니다.
- 지반탐사 등 싱크홀 대응체계를 정밀하게 구축하겠습니다.
- 12.29 여객기 참사와 같은 비극이 되풀이되지 않도록, 국가항공 건설 운영체제를 전면 개편하겠습니다.
- 해양사고 없는 안전한 바다를 위해 해양안전 투자를 대폭 확대하겠습니다.
- 하천지류 정비사업을 신속 추진하여, 기후변화로 인한 자연재난으로부터 국민안전을 지키겠습니다.
- 폭우·폭염·산불·홍수 등 긴급재난 발생에 맞춰 위험 예보 및 경보를 신속 대응 매뉴얼로 강화하겠습니다.
- 안심할 수 있는 사이버 공간과 인프라를 만들겠습니다.

실천 01

대통령 직속 국민안전위원회 신설로 안전관리 컨트롤타워를 구축하겠습니다.

▌국가 재난·재해·안전관리의 컨트롤타워 구축
- 국가적 재난 관리와 국민 안전 확보를 전담하는 국민안전위원회 신설
- 재난 예방·대비·대응·복구 등 총괄 기능 수행
- 자치경찰청, 소방청 등 재난관리 기관과 통합재난대응 체계 구축

▌재난 담당 부서를 재난 전문가 중심의 조직으로 개편
- 재난관리 전문인력 양성시스템 마련
- 부처, 지방자치단체 재난담당 책임자 개방직 전환 등 재난담당 직원 전문성 강화
- 재난 총괄 부처 - 재난 유관 부처 - 지방자치단체 간 인사 교류 활성화
- 재난부서 직원들에 대한 정기적·분야별 교육, 훈련 등 강화

재난

실천 02

재난담당 공무원 및 민간인이 자긍심을 가지고 일할 수 있도록 하겠습니다.

▍**소방·경찰·재난 담당 공무원 지원 강화**
- 응급조치 등에 대한 면책 규정 신설, 승진(가산점 부여) 등 보상 체계 강화
- 소방 및 경찰 위험근무수당 인상 및 재난담당 공무원 재난안전수당 지급
- 간병료 및 요양급여 지원 현실화 등 공상지원 강화 및 장기근속자 요양프로그램 제공

▍**재난 대응 및 구조활동 참여 민간인에 대한 지원과 피해자 보상 등 강화**
- 재난대응 민간 참여자에 대한 공무원재해보상법상 공무원 인정 제도 도입
- 공유재산 무상사용, 활동비 지원, 보험 가입 의무 등 지원

▍**재난 담당자·경찰·소방 등 재난공무원을 위한 권역별 심신 수련원(힐링센터) 신규 건립 및 종합적 이용 체계 구축**

실천 03

대형산불로부터 국민의 생명과 재산을 보호하겠습니다.

▍ 중·대형 헬기 대폭 확충으로 대형 산불 조기 진화시스템 구축
- 중·대형 산불 진화 헬기 대폭 확충, 산림청 헬기 보유 대수 확대 (70대, ~'30년)
- 고정익 항공기 및 대형 무인헬기를 활용한 대형산불 진화 체계 구축
- 산림청·소방청·지자체 협업 대형산불 조기 진화시스템 구축 운영

▍ AI, 드론 등 첨단장비를 활용한 산불 감시체계 강화
- 지자체 고성능 산불 진화 장비 확충
- 산불진화대원 복장·장비 보강 및 처우개선

▍ 임도 개설·확장으로 산림관리 및 재난 대응 효율화

▍ 산사태 등 산림 재난으로부터 국민의 생명과 재산을 보호
- 전국 산림재난 위험지도 구축으로 산림 재난관리 일원화와 신속 대응
- 산사태 취약지역 집중 관리, 주민 신속 대비 체계로 피해 저감
- 소나무 재선충병 발생 경로 사전 예측, 사전 예방 중심 방제, 특별방제구역 재선충병 내병성 수종(편백, 백합나무 등)으로 전환

실천 04

산불 예방 등 기후위기에 대비할 첨단 인공강우 기술을 고도화하고 상용화하겠습니다.

▎기후위기 시대를 맞아 경쟁력 있는 인공강우 상용화 기술력 선점으로 산불 예방과 대응을 넘어 신산업으로 육성
- 대규모 산불이 다발하는 영남·영동권의 경우, 겨울과 초봄 건조기에 습도 상승을 유도해 선제적 산불 예방 추진
- 인공강우 증설(증우)량 확보를 위해 다중항공기 운영기술을 개발하고, 속초~삼척 일대 산불 예방 효과 분석 등 지역별 자연·지리적 특성 고려
- 기후위기에 적극 대응할 수 있도록 신속한 연구개발과 활용도 증진

▎선진국 방식의 복합·연속 운영 기술 개발로 실용적 인공 증우량 확보
- 산불예방효과 확인을 통해 인공강우 상시운영 역량 강화
- 전용항공기 3대('25년 9월 1대 추가)에 추가로 지상실험기·드론 복합운영 등 전층실험으로 증우량 강화
- 인공강우에 따른 기상변화 영향에 대해서도 모니터링 강화
- 인공강우 효과분석체계 구축, 인공증우량 산정방법 개선

▎인공강우 기술 개발 현황과 중·장기 발전 계획 종합 검토

실천 05

노후 상하수관로를 집중 개선해 싱크홀 사고 불안을 해소하겠습니다.

▎30년 이상된 노후 하수관로 전면 정비 계획 수립
- 노후 하수관로의 전수 조사 추진 및 지방자치단체별 맞춤형 계획 수립
- 노후 하수관로의 정비 및 안전 진단을 위한 정부 재원 투입

▎노후 하수 차집관로 개량공사 검토 계획 수립
- 30년 이상된 노후 하수 차집관로의 불명수(하천수지하수) 유입 등을 진단하고 개량공사 지원
- 전국 19개소에 위치한 개방형 하수 차집관로 매설, 가림막 설치 등 조치

▎하수관 손상에 의한 지반침하에 대비한 상시관리 및 장기 개선계획 수립
- 매설 상하수관로 노후로 인한 침수, 식수·토양 오염 방지 보수
- 장마철 침수 피해 저감을 위한 노후 하수관 관리 체계 수립
- 스마트 미래도시 조성으로 하수관 유지관리·모니터링 시스템 설계

▎기후변화에 대응하고 상하수도 노후화에 대비할 AI·디지털 기술의 접목과 혁신기술 도입
- 시설 노후화에 대비하고, 지속가능한 관리 운영 계획 수립
- 국가의 상하수도 관리 책임성을 강화하고, 전문 연구기관 및 인력 육성
- 중앙정부와 지자체, 민간의 상하수도 운영관리 경험 공유를 통한 인프라 확충 개선책 마련

실천 06

지반탐사 등 싱크홀 대응체계를 정밀하게 구축하겠습니다.

▍**지반탐사관련 GPR 장비 지속 확충 및 기술개발 등 R&D 지원**
  - GPR장비(지하 5미터 이상 長深度 장비 포함)와 전문인력을 지속적으로 확충

▍**전국 광역지자체별 전담대응체계와 중앙부처(국토부) 차원의 지원체계 구축**
  - 국토안전관리원이 지하공간 특성상 다양한 요인(지하시설물 노후도, 지하수위 등)의 종합분석 및 관리를 통해서 전문성이 떨어지는 지자체들의 자료분석 업무 지원
  - 정부와 지자체의 역할을 종합적으로 지원할 수 있도록 국토안전관리원 산하에 '국가 지하안전 종합지원센터' 신설 추진

▍**일정 규모 이상의 신규 지하공사에 대해 관련 당국 간 정보 공유, 합동 점검, 사고 시 공동 대응을 위한 통합협의체 구축**

▍**교육 전문기관 지정 및 지반탐사 전문인력 양성사업 추진**
  - 관련학과 대학·대학원을 상대로 GPR탐사 이론 및 실습과정을 마련하여 새싹 전문가 양성
  - 업계 종사자를 대상으로 전문기관을 지정하여 지반·지질·탐사원리 이론교육, GPR 등 장비실습, 데이터 분석, 직무능력 인증제를 도입해 취업 연계 지원 등

실천 07

12.29 여객기 참사와 같은 비극이 되풀이되지 않도록, 국가항공 건설 운영체제를 전면 개편하겠습니다.

■ **고강도 항공안전혁신대책을 철저히 이행**
- LCC 정비역량 강화, 항공사 안전투자 확대, 고부가가치 항공 MRO 육성, 조류충돌 예방 강화, 방위각시설 개선 등

■ **국가 항공·공항 행정관리체제도 혁신**
- 현행 정부직속형에서 탈피하여 ICAO가 권고하고 대다수 OECD 국가들이 운영하는 완전독립형 또는 준 독립형 체제의 '국가항공안전청' 설립
- 국토부장관 산하 항공기·철도 사고조사위원회도 국가항공안전청 등으로 이관
- 국가항공안전청 산하에 현재 서울지방항공청, 부산지방항공청, 제주지방항공청 외에 호남지역 공항들을 직근에서 관할하는 호남지방항공청을 추가설치
- 수년간 적자인 지방공항을 대거 관할하는 한국공항공사와 만년 흑자기관인 인천국제공항공사를 통합한 통합공항공사를 설립하여 공항시설 안전투자역량 강화
- 재원분담을 전제로 지자체를 공항개발 및 관리운영에 참여시키는 방안 검토

■ **항공기 부품 관세부담 완화로 MRO산업의 가격경쟁력 확보 지원**
- 민간항공기 교역협정(TCA) 가입 추진
- 항공기 부품 교역 세율불균형 해소

재난

실천 08

해양사고 없는 안전한 바다를 위해 해양안전 투자를 대폭 확대하겠습니다.

▍**해양사고에 대비한 철저한 해양안전관리체계 구축**
- 여객선, 카페리 등에 상방향 물분사장치, 질식소화포 등 전기차 화재 대응장비를 보급
- 어선사고 취약 시간대·취약해역 집중관리인력 보강배치 및 어선안전감독관 확충
- 모든 어선에 구명조끼 착용 의무화 및 편리한 팽창식 구명조끼 무상 보급
- 어업인 질환 예방과 어선인명사고 저감을 위한 기자재·안전장비 연구개발 및 보급
- 사고에 안전한 대형·스마트형 어선 도입을 위한 어선펀드 조성
- 노후어선 현대화 사업 대출금리 인하 및 상환조건 완화
- 해상기상정보를 AI 등을 통해 분석, 선박별로 유의미한 맞춤형 해상안전정보를 제공
- 선사가 안전투자를 확대하도록 해운분야 안전투자 공시제도 도입
- 어선원 대상 안전교육 강화, 어선원 사고방지를 위한 특별법 제정

▍**연안개발시 침식·침수 영향 사전검토를 의무화하고, 연안·항만 방재연구센터를 건립**

▍**재해위험이 높은 해안가는 매입후 재해완충공간으로 조성하는 제도 도입**

실천 09

하천지류 정비사업을 신속 추진하여, 기후변화로 인한 자연재난으로부터 국민안전을 지키겠습니다.

- 기존 소규모 정비사업으로 홍수 대응이 곤란한 도심지 하천 등에 대해 저류지 조성, 대규모 준설 등 하천의 물그릇 확보

- 제방 높이는 확보되었으나, 홍수 시 붕괴·유실 가능성이 있는 노후제방에 대한 보강계획 수립·시행

- 국가-지방하천 합류 구간 중 국가하천 수위 영향을 받는 지방하천 배수영향구간에 대한 제방 축조 등 조속한 정비 추진

실천 10

폭우·폭염·산불·홍수 등 긴급재난 발생에 맞춰 위험 예보 및 경보를 신속 대응 매뉴얼로 강화하겠습니다.

- 폭우·폭염·산불·홍수 등 긴급 재난 발생 시 종합 매뉴얼에 따른 방재 컨트롤타워의 신속한 예보·경보 체계 확립

- 산불 전용 및 등급화, 위험지수 기반 예보 등을 통해 일정 위험 경보 시 소각, 캠핑, 단체성묘 금지 등을 구체적으로 조치

- 지방자치단체의 역할과 책임, 재난 대응 예방 체계와 매뉴얼을 구체적으로 명시
    - 위험 예보를 일상화
    - 주민들에게 신속한 정보를 제공
    - 산불로 인한 인명 및 재산 피해 최소화

실천 11

안심할 수 있는 사이버 공간과 인프라를 만들겠습니다.

▌**사이버 위협에 대한 상시적·지능적 대응**
  - 24시간 집중 모니터링 대상 확대, 실시간 정보 공유
  - AI 기반 사이버 침해 대응 시스템 구축
  - 직·간접적 피해 방지를 위한 부가서비스, 앱 제공
  - 주택, 중소기업 등의 사각지대(거실 월패드, IP 카메라 등) 해소

▌**전주기적 디지털 인프라 재난 관리**
  - 기간통신사업자, 플랫폼기업, 데이터센터 대상 안전 관리
  - 상시 모니터링 → 실시간 상황 전파 → 재난 시 로밍·와이파이 제공 등

▌**사이버 보안 펀드 확대**
  - 사이버 보안 분야 유망 스타트업 및 중소기업 육성

▌**SK텔레콤 USIM 정보 유출('25년 4월)에 따른 제도 개선**
  - 영향력이 큰 기업·기관이 보유한 시설, 정보 등을 재평가 → 주요 정보통신기반시설 지정 및 암호화 대상 정보 확대

▌**공공 및 민간의 정보보호 투자 확대**
  - 정부 및 공공기관 등의 정보보호 구매 예산('25년 7천200억원) 2배 수준 증액
  - 정보 공개 및 투자 미흡기관에 대한 권고 등을 통해 민간투자 유도

▌**정보보호 기술개발 및 인재양성**
  - 사이버 위협 대응, 제로 트러스트 기술 등 개발 및 실증
  - 매년 2만명 목표로 신규인력 양성 및 재직자 교육

**국민과 함께
새롭게
대한민국**

범죄

- 흉악범죄 강력 대응으로 국민의 일상을 지키겠습니다.
- 마약과의 전쟁에서 기필코 승리하겠습니다.
- 폭력 예방 및 피해자 보호를 위한 제도를 정비하여 안전한 나라를 만들겠습니다.
- 전세사기로부터 청년을 보호하겠습니다.
- 사이버 모욕죄를 신설해 실효성 있는 처벌로 국민을 보호하겠습니다.
- 해킹공화국 인증공화국 문제를 신속히 해결하겠습니다.

실천 01

흉악범죄 강력 대응으로
국민의 일상을 지키겠습니다.

▎흉악범죄 처벌 강화
- 강력범죄에 대한 형량 하한선을 높이고, 누범자에 대한 가중처벌 기준 재정비
- 강력범죄에 대해서는 촉법소년 연령 하향(만 14세 → 만 12세)
- 아동 대상 강력범죄는 형량 가중(현행 형량의 최대 2배까지 적용)
- '전자발찌 훼손', '스토킹 반복', '보복범죄' 등 재범 가능성이 큰 범죄에 대해 무관용 원칙 적용

▎치안 사각지대 없는 '전국 생활안전망' 구축
- 스마트 방범 인프라(지능형 CCTV 설치, 인공지능 순찰시스템 등) 확대 설치

▎민생침해범죄(절도, 사기, 보이스피싱 등)에 대한 실질적 피해보상 시스템 마련
- 민생침해범죄 관련 피해금 신속 동결·환급 시스템 구축

▎'범죄피해자 구조제도' 개선을 통해 피해자의 실질적 회복 지원

▎여성이 안심하고 거주할 수 있는 '여성안전주택인증제' 도입
- 출입자 감시 CCTV, 무인택배함 등 일정 기준 맞춘 주택에 대해 시행 중인 지자체 주택 인증을 국가 제도화하여 대학가, 다세대주택 밀집지역 등 여성 1인 가구가 많은 지역으로 확대
- 여성안전주택으로 인증 시 부동산 중개 애플리케이션 등을 통해 인증주택 공개

실천 02

마약과의 전쟁에서 기필코 승리하겠습니다.

▍마약 공급 차단 및 유통망 엄단
- AI·X-ray 기반 스마트 통관 시스템 확대와 국제공조를 통한 마약류 국내 밀반입 차단
- 사이버 마약수사 센터 신설, 다크웹·SNS 기반 마약 거래 추적 전담팀 운영
- 마약 유통책에 대한 자금추적 수사 강화 및 범죄수익 전액 환수
- 조직범죄 및 범죄단체법 적용을 통해 마약 유통책에 대한 무관용 처벌 원칙 확립
- 마약 유통사범 형 종료 후 전자장치 필요적 부착

▍마약 예방교육 강화
- 학교, 학원, 청소년시설 중심의 마약 예방교육 의무화
- 마약류 신고보상 대상 확대 및 보상금 증액

▍상습·재범 마약사범 처벌 강화
- 3회 이상 마약사범에 대해 가중처벌 및 약물검사 조건부 위치추적제 도입

▍마약사범에 대한 국가 치료와 재활 강화
- 시범사업 중인 마약사범 치료·재활 '조건부 기소유예' 모델 제도화
- 재범방지를 위한 다양한 프로그램 마련

실천 03

폭력 예방 및 피해자 보호를 위한 제도를 정비하여 안전한 나라를 만들겠습니다.

▎ 교제폭력·스토킹범죄·가정폭력 등 각종 폭력피해 보호 법체계 보완 및 예방 제도 정비
 - 교제폭력 피해자 보호 사각지대를 해소하기 위한 법 제정

▎ 딥페이크 범죄 예방을 위한 관련법 정비로 처벌 강화, 사전 탐지 강화, 원스톱 서비스 기능하도록 보호체계 정비

▎ (여성)폭력 범죄 피해자와 그 가족에 대한 2차 피해를 방지하기 위하여 폭력 사건 보도에 대한 권고기준을 수립하여 언론이 준수할 수 있도록 법적 근거 마련

▎ '여성' 피해자 지원 기능을 '피해자' 지원으로 명칭 변경
 - '여성긴급전화 1366' → '폭력긴급전화 1366' 등 명칭 변경, 남녀 피해자를 포괄할 수 있는 상담 인력 양성
 - '폭력피해여성' 주거지원 → '폭력피해자' 주거지원

범죄

실천 04

전세사기로부터 청년을 보호하겠습니다.

▍보증기관의 '보증보험 가능 매물 확인서' 사전 발급이 가능하도록 제도 정비
  - 보증보험 가입 여부를 계약 전에 확인할 수 있도록 해, 보증금 반환에 대한 불확실성을 해소
  - 청년 전세자금대출과 연계하여 대출 승인 절차 간소화

▍'전월세 안심 계약 도움 서비스' 고도화 및 전국 확대
  - 서울시 1인가구 대상, 무료 상담·계약 동행 서비스 질을 개선하고 전국 확대

▍'계약 주의사항 안내문+QR코드' 전국 공인중개사무소 부착 의무화
  - 계약 현장 테이블에 안내문 부착 의무화, 사기 위험 경각심 갖도록 환경 조성

▍공인중개사에게 '주택 임대차 표준 계약서' 설명 의무 부과
  - 표준 계약서의 핵심 보호 조항 및 특약 설명 의무화
  - 전자계약 시스템 활성화하여 최신 법령 반영된 표준 계약서 사용 촉진

실천 05

사이버 모욕죄를 신설해 실효성 있는 처벌로 국민을 보호하겠습니다.

▌사이버 모욕죄를 명문화하여 디지털 인격 침해로부터 국민을 보호
- 익명성과 비대면성에 기대어 타인을 조롱하고 모욕하는 사이버 언어폭력 급증, 특히 청소년·연예인·사회적 약자 등에 대한 반복적 모욕으로 인한 자살 등에 적극 대처
- 디지털 환경 특성을 반영한 별도의 규정을 두기 위해 형법이나 정보통신망법을 개정하여 '사이버 모욕죄'를 신설하고, 실질적인 처벌 기준을 강화함으로써 건강한 디지털 소통 환경 조성

▌사이버 모욕죄 법제화 및 엄중한 처벌기준 수립
- 형법 또는 정보통신망법 개정을 통해 온라인 공간에서의 모욕 행위를 별도로 정의하고, 사이버 특수성(반복성, 전파가능성, 집단성 등)을 고려한 전용 죄목 신설
- 사이버 모욕죄가 명문화되면, 온라인상 특정 행위(댓글, 게시물 등)와 피해 정도에 대해 별도의 형량, 처벌기준이 법에 적시될 수 있어 일반 모욕죄보다 가중처벌 기준 마련 가능
- 현행 모욕죄(벌금형 중심)에서 피해 중대성에 따라 징역형 도입 및 상한선 상향
- 상습 범행, 동시 다수 피해, 사망 등 중대한 피해 유발 시 가중처벌
- 사이버 명예훼손죄의 실효적 처벌을 위한 제도 개선

▌피해자 보호와 플랫폼 책임 강화 병행
- 사이버 모욕 피해자 전담지원센터 설치(법률·심리 상담, 증거수집 지원)
- 플랫폼 사업자에 대한 삭제요청 의무 강화 및 신속처리제도 마련

범죄

실천 06

해킹공화국 인증공화국 문제를 신속히 해결하겠습니다.

■ **분산신원인증(DID) 도입 확대로 주민번호에만 과도하게 의존하는 방식 탈피**
- 신원확인방식의 구조적 전환을 통해 개인이 본인 신원을 여러 방식으로 증명·통제
- 공공기관부터 민간까지 점진적 도입 확대

■ **웹사이트 보안 강화**
- 홈페이지 및 웹서비스의 보안 컨설팅 의무화
- 다중 인증(MFA) 및 행동 기반 위협 탐지 시스템 적용

■ **해킹 발생 시 '1시간 내 알림·7일 내 대응' 시스템 법제화**
- 개인정보 유출 시 기업이나 기관의 책임 있는 통지 의무 강화
- 피해자 보호 절차(모니터링, 신속 차단, 보상 기준 등) 정비

■ **민간 생체인증 연동**
- 민간의 생체인증 시스템(지문, 얼굴인식 등) 활용
- 생체인증·패턴인증 등 비밀번호 대체 기술 확산 지원

■ **설치 프로그램 '제로(0)' 정책**
- 추가 프로그램 설치 없이 브라우저 기반 보안 제공
- 기존 보안 프로그램 일괄 제거 로드맵 수립

■ **디지털 약자를 위한 지원책 마련**
- 고령자 및 취약계층을 위한 간편모드, 음성 안내, 오프라인 인증 연계 서비스 제공

국민과 함께
새롭게
대한민국

**국민과 함께
새롭게
대한민국**

기후·환경

- 기후변화 시대, 새로운 재난대응과 보상체계를 만들겠습니다.
- 기후재난으로부터 국민의 생명과 재산을 지키겠습니다.
- 기후위기 대동여지도를 그려 제대로 대응하겠습니다.
- K-해양 기후 예측 시스템을 구축하겠습니다.
- 현세대와 미래세대를 위해 깨끗한 바다를 조성하겠습니다.
- 미세먼지 30%를 감축해 편하게 숨 쉴 수 있는 대한민국을 만들겠습니다.
- 공업용수·깨끗한 먹는 물 확보를 위한 취수원 다변화 사업을 막힘없이 추진하겠습니다.
- AI 컴퓨팅 인프라를 구축해 멸종위기종을 체계적으로 보호하겠습니다.

실천 01

기후변화 시대, 새로운 재난대응과 보상체계를 만들겠습니다.

■ 광역 시·도별 지자체 - 소방 - 경찰 통합위기관리센터 구축
- 재난, 소방, 응급의료 등 재난 관련 부서 전용 청사 운용과 보고 체계 일원화
- 재난·소방·응급·경보·산불·사이버 등 합동상황실 운영 및 통합데이터 센터 구축

■ 자연재난·사회재난 전반에 대한 대응체계 전면 재검토와 개편
- 자연재난·사회재난 대응 매뉴얼(표준·실무·행동 매뉴얼), 재난문자 전면 개편
- 자연·사회 재해위험지역에 대한 전면 재검토 및 주민 대피 계획 재수립
- 여름철 인명피해 우려 지역, 급경사지, 겨울철 재해 우려 지역 전면 전수조사

■ IT를 이용한 사전 재난 예방 강화
- 산사태, 급경사지, 저수지 등 상시 계측관리 시스템 설치
- 하천 산책로, 해안 위험도로, 지하차도, 세월교 등 원격 차단 시스템 구축
- 지능형 CCTV 관제 체계 구축, AI 기반 관제지원시스템 등 재난 안전 인공지능 시스템 구축

기후·환경

▌**국민이 함께하는 생활 안전 협업 체제 구축**
 - 지역 현장 중심의 촘촘한 재난 협업 체제 구축
 - 지자체-읍·면·동-민간(이·통장 등) 협업 강화
 - 지역자율방재단(의용소방대) 역할 강화 및 지원체계 구축
   (교육, 우수사례공유 등)

▌**재난 피해자 국가 책임제 실시**
 - 초기 대피지원 강화, 공공보험 확대, 피해지원 단가 현실화
 - 재난안전 관리를 위한 손실보상체계 구축 및 국민재산권 보호
   (제한에 대한 보상 규정)

실천 02

기후재난으로부터 국민의 생명과 재산을 지키겠습니다.

▍기후환경부 중심으로 기후변화 대응 거버넌스 강화
- 환경부를 기후환경부로 바꾸고 기후변화 대응 컨트롤타워로 역할 강화
- 국가 표준 기후예측 시나리오를 기반으로 기후변화로 인한 다양한 분야의 리스크를 분석하고, 관련 기관과의 유기적 협력으로 선제적 대응방안 마련

▍과학적 분석을 통한 기후재난 조기경보 시스템 구축
- 인공위성 및 AI를 활용해 대형 산불, 국지성 폭우 등 기후변화로 인한 재난 발생의 위험성을 미리 예측하고, 선제적 예방 조치 시행
- 국가 기후변화 표준 시나리오를 바탕으로 분야별로 기후변화에 따른 영향 및 재난 발생의 위험성을 예측한 분야별 기후변화 예측 영향 시나리오를 작성하고, 이를 기후변화 대응 솔루션으로 구축, 전방위 활용

▍지역의 기후재난 대응력을 키워줄 기후자치예산 확대
- 지역마다 다양한 기후재난에 자율적으로 대응할 수 있도록 포괄보조금 지원
- 지방의 취약한 기후재난 대응 인프라 지원 강화

기후·환경

실천 03

기후위기 대동여지도를 그려 제대로 대응하겠습니다.

▌국민 체감형 '기후변화 상황지도' 구축 법적 근거 마련 및 고도화
- 기후변화 원인과 결과, 영향 등 분석을 통해 정교한 예측정보 제공
- 폭염, 한파, 호우, 가뭄 등 복합적인 극한기후 발생에 대한 기후지표 제공
- 기상청이 정부·지자체·공공기관으로부터 관련 자료 협조를 받을 수 있도록 체계 마련

▌대국민 서비스 제공을 통한 농어업 경쟁력 강화
- 농작물 생육환경 변화 예측을 통한 농업 생산성 증대
- 해양생태계 서식환경 변화 예측을 통한 수산업 대응력 강화
- 지역 맞춤형 기후 정보 제공을 통한 농업·해양·산림 기반 경제 활성화

실천 04

K-해양 기후 예측 시스템을 구축하겠습니다.

▎우리 바다의 특성을 감안한 신뢰도 높은 해양예측 시스템을 구축하고, 해양 기후변화 감시예측 정보를 생산
- K-해양예측 시스템 구축, 해양 관측자료 취합 및 해양기후모델 분석 등을 통해 12개 기후요소에 대한 과거 정보 및 미래 예측 정보(1~3개월 등)를 매월 생산
- 기존 생산된 시나리오를 통합하여 보다 신뢰도 높고 대표적인 해양기후 장기 예측 시나리오 통합생산(해수면, 해수온, 염분, 해류)

기후·환경

실천 05

현세대와 미래세대를 위해
깨끗한 바다를 조성하겠습니다.

■ 해양쓰레기 등 폐기물을 예방, 수거, 처리 전단계에 걸쳐 관리 강화
- 육상쓰레기의 해양 유입 차단시설 설치
- 주요 어항에 폐어망·어구 집하장 설치, 광역 거점 집하장 설치
- 방파제 및 도서지역 등 사각지대 수거 확대

■ 바다쓰레기의 대부분인 폐어구 관리체계 강화
- 불법어구는 즉시 철거하고, 감척어선을 활용한 불법·폐어구 상기 수거체계 구축
- 폐어구 회수 촉진을 위한 어구보증금제 확대 및 어구보증금제 회수 관리장소 대폭 확충
- 폐어구 수거·처리를 위해 어선 사용시 유류비 지원

■ 해양에 특화된 영향평가를 담당하는 해양영향평가센터 구축·운영

■ 면적이 1천㎢ 이상되는 대형 해양보호구역 지정

실천 06

미세먼지 30%를 감축해 편하게 숨 쉴 수 있는 대한민국을 만들겠습니다.

▍경유 차량, 건설·농기계 등의 매연저감 계획 구축
  - 생계형 경유 화물차 등에 매연저감장치 부착(DPF) 및 유지비용 지원
  - 전국 4등급 이하 노후 경유차에 폐차 지원 및 매연저감장치(DPF) 부착 제도화

▍소규모사업장에 대기오염방지시설 설치 지원

▍어린이집·초중고·노인요양시설 등에 대한 공기정화설비 지원

▍국민건강을 최우선으로 대기환경 정책 수립

기후·환경

실천 07

공업용수·깨끗한 먹는 물 확보를 위한 취수원 다변화 사업을 막힘없이 추진하겠습니다.

▌기후 변화로 인한 주요 국가산단의 공업용수 부족 현상 해결 방안 마련
  - 주기적 가뭄으로 생활·공업용수 부족한 경우 기존 댐의 다목적댐 전환 적극 검토
  - 하수처리수 공업용수 활용 등 물순환 체계 구축해 공업용수 부족 문제 해결
  - 「물환경보전법」 등 개정으로, 폐수 불법 배출 등 물 재사용을 저해하고 환경 오염을 유발하는 행위 적극 대응

▌전국적 취수원 다변화 사업 논의 통한 비전 제시
  - 팔당호에 의존하고 있는 수도권의 취수원 다변화 추진으로 식수원 물안보 취약성 보완 및 안정적 물공급 루트 확보
  - 「낙동강취수원다변화특별법」 통과를 적극 추진하고, 합의가 이뤄진 지역부터 사업 우선 실시
  - 취수지역·주민 등 사회적 갈등 조율하기 위한 적극적 소통 기구 마련

실천 08

AI 컴퓨팅 인프라를 구축해 멸종위기종을 체계적으로 보호하겠습니다.

▍AI 기술을 활용한 생태계 복원으로 기후위기 대응
- AI 개발사업 추진을 통해 멸종위기종 보전과 복원, AI 디지털 기반 활용 영역을 확대해 미래사회를 이끌어갈 첨단산업 청년일자리 창출
- 드론, GPS 등 위치기반 시스템 활용을 통해 산악지형, 멸종위기종 개체수 파악, 서식지 파악 등 행동권 및 계절별 이용특성 확인을 통해 멸종위기종 보호 및 추적관찰
- 국제적 멸종위기종을 포함한 국내 멸종위기종 관리 토대 구축
- 기술집약형 청년 일자리 활성화 및 지원, 멸종위기종 보호 및 추적 관찰

▍기후변화와 생물다양성 감소 추세에 대비한 보다 적극적인 대비

▍위기 생태계 복원을 통해 인간 생태계에 미치는 건강 및 복지의 범주를 회복

국민과 함께
새롭게
대한민국

생활안전

- 국가 식량안보를 책임지겠습니다.
- 안심하고 드실 수 있는 수산물을 안정적으로 공급하겠습니다.
- 안전한 생활화학제품 관리로 국민건강을 지키겠습니다.
- 가축전염병 발생을 최소화하겠습니다.

실천 01

국가 식량안보를 책임지겠습니다.

❙ 2030년 곡물자급률 25%, 식량자급률 55% 달성
  - 쌀 자급은 지속하되, 밀·두류·조사료 자급률 대폭 상향
  - 매년 기후변화, 국제 곡물가 변동에 대응한 식량안보 전략 수립
  - 해외 곡물 유통망 확보 및 안정적인 국내 반입 체계 마련

생활안전

실천 02

안심하고 드실 수 있는 수산물을 안정적으로 공급하겠습니다.

▎철저한 수산물 안전 검사체계 구축
- 방사능, 노로바이러스 등 분석 장비 확충 및 안전검사 확대, FDA 수역 수준의 해역 안전관리를 모든 해역으로 확대, 후쿠시마 인근 8개현 수산물에 대한 수입금지 지속 시행

▎위생적인 수산물 선진 유통인프라 구축
- 저온·친환경 설비를 갖춘 권역별 거점위판장 조성 및 저온 위판 체계로 전환, 위판장 현대화 확대 및 자담비율 축소
- 수산물 전자유통 플랫폼 구축, IT기반 선상 위판거래 시스템 구축
- 양식장 직배송 시스템 도입
- 산지와 소비지를 직접 연결하는 신선수산물 직매장 확충
- 국내 최대 부산공동어시장 현대화 사업 추진, 인천 수산물유통단지 건립
- 수산식품 유통·수출 공사 설립, 모든 수산물 이력제 실시

▎적극적 수급관리로 수산물 물가 안정
- 수산물 생산·소비 동향을 실시간으로 관리하는 수산물 수급분석 센터 설치
- 명태, 오징어 등 국내 생산 저조 품목은 주요 해외 생산국에 대규모 공급기지 조성
- 권역별 대규모 비축기지 조성 및 정부 비축·민간 수매 확대
- 정부 수매 대상품목에 양식어류 등 추가
- 온누리상품권 환급행사 예산 확대
- 수산물 홍보를 위한 시식회, 각종 행사 예산 확대

▎군 급식에 품질 좋은 국내산 수산물 안정적 공급체계 유지

실천 03

안전한 생활화학제품 관리로 국민건강을 지키겠습니다.

▍생활화학제품 안전성 확보 및 인체·환경 피해 예방을 위한 법적 근거 마련
- 국가, 제조·수입·판매자, 소비자의 책무 신설
- 시장감시 수행기관의 시장감시 역할 규정 및 시정권고 역할 부여
- 위반행위 경중에 따른 규제 수준 합리화
- 생활화학제품 안전약속 이행협의체 확대를 통한 정부·기업·시민사회 민관협업 강화

▍국민건강 및 환경을 보호, 생활환경 공공 안전성 강화
- 부적합한 생활화학제품 불법 유통 근절을 통해 소비자 피해 예방
- 기업의 친환경 제품 개발 촉진 및 지속가능한 산업구조 구축
- 소비자 정보 제공 확대를 통한 유해 제품 유통 차단

생활안전

실천 04

가축전염병 발생을 최소화하겠습니다.

▌민·관 협업 기반 선제적 가축방역 시스템 구축으로 전염병 발생 최소화
- 구제역, AI, ASF 등 주요 가축질병 위기관리 매뉴얼(SOP) 점검·보완 제·개정
- 살처분 농가 살처분 보상금 현실화
- 농장 소독, 종사자 교육, 백신 일제접종 및 모니터링 등 취약 농가 관리 강화
- 국경검역, 위험시기 특별방역대책기간 운영 등 취약 분야 방역관리 강화
- 신규 유입 우려 전염병(가성우역, 아프리카마역) 백신 개발·비축 등 사전 대비 강화

▌식약처·질병관리청 등과 연계 인수공통전염법 예방 및 대응 시스템 구축

▌가축위생방역지원본부 기능·역할 강화, 인력·예산 확충으로 사전 가축방역 강화

국민과 함께
새롭게
대한민국

빈틈없는 복지

복지 | 출산·육아
아동·청소년 | 어르신
장애인 | 다문화 | 반려동물

국민과 함께
새롭게
대한민국

복지

- 외로움·고립·단절을 다 함께 해결하겠습니다.
- 전국민의 마음건강을 지키고 지원하겠습니다.
- 마약·도박·알코올 등 중독을 예방하고 치료회복 서비스를 강화하겠습니다.
- AI·블록체인 기반의 복지통합 플랫폼을 구축하여 자기주도적 복지시스템을 구축하겠습니다.
- 자궁경부암 백신 등 무료 국가예방접종을 확대하겠습니다.
- 중증 희귀질환 환자의 혁신적 치료 환경을 조성하겠습니다.
- 필수의약품을 안정적으로 공급하여 국민 불안을 해소하겠습니다.
- 아파도 소득을 보장받는 상병수당을 전국적으로 확대하겠습니다.
- 장기기증을 활성화하고 장기이식 필수비용 부담을 줄이겠습니다.
- 사회복지사 처우를 대폭 개선하겠습니다.
- '사회이동성 밸류업 지수'를 만들어 계층 사다리를 복원하겠습니다.
- '다정한' 배려가 존경받고 보상받는 사회를 만들겠습니다.
- 가족이 아니어도 법적 보호자가 될 수 있는 제도를 만들어 국민 누구나 위기상황에서 보호받을 수 있게 하겠습니다.
- 노후 임대아파트와 복지관을 리모델링하여 주거복지 수준을 높이겠습니다.
- 전국민 건강지갑(헬스세이브통장)을 도입해 국민 건강을 책임지겠습니다.
- 취약계층의 식품 접근성을 향상시키겠습니다.

실천 01

외로움·고립·단절을 다 함께 해결하겠습니다.

▌ **사회적 고립·단절 해결을 위해 대통령 직속 '다정한사회 위원회' 설치**
- 관련 부처별 전담 조직을 설치하여 개인을 지원하고 사회적 연대를 촉진하는 역할
- 국가적 차원에서 부처 간 활동을 조율하고 연구와 통계 기반 마련

▌ **지역 사회와의 연계 강화**
- 지자체와의 협력을 통해 고립된 사람들 발굴과 필요한 지원 제공하는 프로그램 운영하여 지역 사회의 유대감을 강화하고 고립 예방에 기여

▌ **정신건강 상담 및 지원 프로그램 확대**
- 고립된 개인들의 정신적 지원

▌ **사회적 고립 문제 전담 인력 확대**
- 학교·의료·정신건강 사회복지사 법적 배치 확대 통한 대응 및 지자체가 부담하는 신규 사회복지전담공무원 인건비 지원

▌ **고립은둔청년, 가족돌봄청년, 자립준비청년을 지원하기 위한 청년미래센터 확대**

복지

실천 02

전국민의 마음건강을 지키고 지원하겠습니다.

▎자살 유발 및 유해 환경을 개선하고 과학적 자살예방 기반 구축

▎정신응급 현장대응 강화 및 치료환경 개선 등 인프라 확대

▎아동·청년 마음건강 지원 및 확대
  - 정신적 문제 조기 예방 및 치료
  - 정신건강 지원 위한 가족 상담 프로그램 운영

▎정신질환자 지역사회 복귀를 위한 복지지원 확대

▎지역사회 정신건강 치료 개발을 통해, 지자체 정신건강 정책 평가 및 인센티브 부여

▎정신건강 전문요원 수련·양성제도 개선 및 심리상담 서비스 제공인력 자격 관리, 공시제도 추진

실천 03

마약·도박·알코올 등 중독을 예방하고 치료회복 서비스를 강화하겠습니다.

▌생애주기별 중독선별과 조기개입 체계 구축
- 마음건강서비스, 정신건강 검진 서비스 등에 청소년 중독문제에 대한 선별항목 추가
- 아동, 청소년기의 사행성 게임, 온라인 도박 중독문제, 청년기의 알코올과 마약 등 흔히 발생하는 문제에 대한 선별과 일차 상담 제공 체계 구축

▌정신건강중독상담 전문인력 양성
- 정신건강 전문요원에 중독상담 부분을 추가하고 치료보호 기관, 중독관리통합지원 센터 등 실무자를 중심으로 약물중독상담 및 프로그램 수행을 위한 교육프로그램 개발

▌중독치료전문병원 지정 및 중독재활과 의무 연계제도 도입

▌「중독치료회복지원법」 제정
- 중독성 질환에 대한 조기개입, 치료기술 개발, 치료지원, 회복서비스 지원

복지

실천 04

AI·블록체인 기반의 복지통합 플랫폼을 구축하여 자기주도적 복지시스템을 구축하겠습니다.

- 사회복지사업법, 개인정보보호법 등 법령을 개정하여 AI·블록체인 기반의 복지통합 플랫폼을 구축하여 개인 필요와 정보를 활용한 최적의 맞춤형 복지솔루션 제공

- 현행 단순히 '알려주는' 복지시스템을, 개인의 복지요구 및 개인정보를 입력하면 chat-bot 등 활용하여 '개인맞춤형으로 받을 수 있는 복지 선택지들을 제공하는' 시스템으로 변경

실천 05

자궁경부암 백신 등
무료 국가예방접종을 확대하겠습니다.

▎HPV(사람유두종바이러스/자궁경부암) 백신 건강보험 적용으로 비용 부담 경감
  - 고위험군인 26세 이하 남녀로 무료 접종 대상을 확대

▎국가예방접종 추가 및 지원 대상 확대
  - 영유아 대상 호흡기세포융합바이러스(RSV) 국가예방접종 도입
  - 인플루엔자(독감) 국가예방접종 지원사업 대상 기존 대상자에 더해 만 62~64세 고령자, 만 13~18세 청소년 추가 지원 확대
  - 고령층 독감 예방을 위해 고용량 인플루엔자 백신 도입 추진
  - 어르신 폐렴구균 감염증 예방을 위한 백신 지원 확대
  - 대상포진 백신 65세 이상 국가예방접종 신규 지원

실천 06

중증 희귀질환 환자의 혁신적 치료 환경을 조성하겠습니다.

▍혁신치료 기법에 대한 신속한 급여 적용
- 항암제, 중증 및 희귀질환 치료제·사용의료기기 신속 급여 지원
- 환자 중심의 맞춤형 연구 및 치료제 개발 지원

▍환자의 접근성 높이기 위한 선등재-후평가 제도 확대
- 치료제를 우선 먼저 환자에게 확대 적용하고 후평가 제도

▍중증, 희귀질환자 치료부담 완화
- 대체약재가 없는 고가 항암제에 대해 건강보험 급여 우선순위 조정
- 중증, 희귀질환 치료비 지원 등을 위한 별도기금 등 재정 운영 검토
- 재난적 의료비 지원금 상향 추진
- 특정 암종에 기허가되었더라도 새로운 적응증의 건강보험 적용을 위한 '다년도 다적응증 계약', '적응증별 약가제도' 등 다양한 급여모형 검토

▍초고위험군 치료약제 급여기준 개선
- 심근경색·심뇌혈관질환 재발방지 위한 산정특례 확대

▍1형 당뇨병 환자의 환자교육 체계 마련 및 치료부담 완화
- 현재 재택의료시범사업으로 수행되고 있는 1형 당뇨병 환자 교육을 대상과 빈도를 확대하고 건강보험 본사업으로 전환
- 1형 당뇨병 건강보험 지원 기준과 대상을 전 연령에게 동일하게 적용

▍신약·의료기기 가치에 합당한 보상을 위한 혁신성과 보상체계 마련
- 국내 제약사들의 신약개발에 따른 인센티브 체계 마련
- 국내외 혁신 신약·의료기기에 대한 충분한 가치의 가격 반영

실천 07

필수의약품을 안정적으로 공급하여 국민 불안을 해소하겠습니다.

▌의약품 수급 불안정 감지 시스템 구축
- 수급 불안정 의약품 생산 및 수입 지원
- 의약품 수급 불안정 상황에 대응하여 의약품 수급관리 위원회 설치

▌정부 주도 공적 전자처방전 구축·관리
- 정부 주도로 병의원·약국과 건보 가입 국민을 잇는 공적 전자처방 전송시스템을 구축하여 국민이 안심하고 처방·조제를 받고, 민감 의료정보 보호

▌블록버스터 신약 개발을 위한 혁신성장 생태계 구축
- 한국형 ARPA-H 및 블록버스터 신약 창출을 위한 메가펀드 확대(5조원)
- 디지털 전환 및 AI·빅데이터 등 신기술 융합모델 개발 및 전문인력 확보지원
- 연구개발 혁신신약에 대한 약가 보상체계 개선
- 글로벌 경쟁력 강화를 위한 환급제(이중약가제도) 적용대상 확대

▌국가비축의약품 품목 및 수량 확대, 제약사 적정 제고 확보

▌필수의약품 생산·제조 시설의 설비 자동화 지원, 비축 확대
- 생산 인프라 구축 지원 및 필수의약품 국가비축물량 확대
- 퇴장방지의약품제도의 국가필수의약품제도 연계로 원가보전 지원

복지

▍ 소아·노인 등 대상 필수의약품의 개발·제조 인센티브 강화
  - 소아 및 노인용 필수의약품 개발 시 신속심사 적용 및 약가 가산 부여
  - 필수 백신원료 의약품 국산화 및 자급화 기술개발 지원

▍ 생물테러 대응 능력 강화를 위한 두창, 탄저 백신 비축
  - 두창, 탄저 높은 전파력과 치명율로 인해 백신 비축 상시 준비
  - 러시아-우크라이나 전쟁 지속과 최근 미국의 자국 우선주의 정책이 펼쳐짐에 따라 의약품·백신 비축 및 자국화 필요

실천 08

아파도 소득을 보장받는
상병수당을 전국적으로 확대하겠습니다.

- 비업무적인 질병이나 부상으로 근로능력을 상실한 근로자에 대해 소득을 보장하는 상병수당 시범사업을 전국으로 확대

- 국민건강보험 직장가입자 및 계약직, 일용직 등 모든 직장가입자에게 혜택이 제공되도록 지속적 제도 개선

복지

실천 09

장기기증을 활성화하고
장기이식 필수비용 부담을 줄이겠습니다.

▍ 장기이식 비용의 건강보험 급여화 확대
  - 장기이식 소용비용에 관한 실태조사를 실시하여 체계적으로 단계적 급여화

▍ 장기기증에 대한 인식 개선 및 장기기증자 예우를 위한 장기이식법 개정

실천 10

사회복지사 처우를 대폭 개선하겠습니다.

▌사회복지사들의 근무 환경과 보상 개선
- 사회복지시설 종사자의 인건비 매년 일정 비율 인상
- 비정규직 사회복지사들을 정규직 전환할 수 있도록 지원 프로그램 마련하여 안정적인 고용 보장 노력
- 사회복지사들의 전문성 강화를 위한 지속적 교육 및 훈련 프로그램 제공
- 사회복지사들의 직무 스트레스를 효과적 관리할 수 있도록 정신 건강 지원 프로그램 마련
- 사회복지사들의 근무환경 개선과 복지 서비스의 질을 높이는데 기여

▌사회복지사들의 다양한 현장 근무하며 쌓은 경력 인정 지원
- 사회복지시설 근무경력, 유사경력 등

▌사회서비스 지원 및 진흥에 관한 법률을 제정하여, 사회서비스의 공급 확대 및 품질 관리를 위한 체계적 지원 기반 마련
- 생애주기별 고품질의 사회서비스 공급을 위하여, 새로이 재개되는 사회서비스의 제공을 위한 기술 개발 지원
- 사회서비스 기관의 품질 평가를 통한 양질의 서비스 제공 독려

복지

실천 11

'사회이동성 밸류업 지수'를 만들어 계층 사다리를 복원하겠습니다.

▍**사회이동성 지수를 개발해 현황을 점검하고 개선할 인프라 마련**
  - 청년들이 어떤 경제적 배경에서 출발했는지가 인생 전반의 과정을 얼마나 결정해버리는지를 측정
  - 어떤 항목으로 지수를 만들지 각계의 의견을 폭넓게 수렴하는 과정에서 공감대 형성

▍**교육과정과 노동시장에서 청년들이 구조적 함정에 고착화되는 정도와 원인을 파악해 대처**
  - 평판이 좋은 학교를 가지 못하면 노동시장 진입이 얼마나 어려운지, 비정규직으로 직장생활을 시작하면 정규직 전환이 얼마나 어려운지, 지방에서 수도권으로 청년들이 유출돼 지방의 정주여건이 얼마나 더 악화되는지, 명문대학은 얼마나 계층적 다양성을 구현하며 학생을 선발하는지 등

▍**항목별 목표를 설정하고 달성 여부를 꾸준히 점검하면서 사회이동성 진전도와 정책적 노력의 필요성을 국가공동체가 공유**

실천 12

'다정한' 배려가 존경받고 보상받는 사회를 만들겠습니다.

▎'다정한' 사회 기여에 대한 포괄적 보상 제도 도입

- 돌봄, 복지, 공동체 봉사 활동 등 생활 밀착형 '다정한' 사회 기여 활동을 제도적으로 인정하고, 이를 국가 공헌으로 평가해 일정 포인트 부여하는 디지털 '사회 기여 이력제'를 도입
- 병역과 같은 특정 의무 중심이 아니더라도 돌봄, 봉사활동 등 국가 유지에 필요한 다양한 기여가 실질적 혜택으로 이어지도록 제도화
- 부여된 포인트는 공공기관 채용, 청년 주택청약, 대출 우대 등에서 가점으로 적용해 선한 영향력이 자연스럽게 확대되도록 부드럽게 개입(넛지)
- 공론을 수렴해 어떤 활동들을 어느 정도로 보상할 것인지를 정하고 민간기업과 협력하여 '다정한' 사회 기여를 사회적 영향력으로 환산할 수 있는 인증시스템 개발

실천 13

가족이 아니어도 법적 보호자가 될 수 있는 제도를 만들어 국민 누구나 위기상황에서 보호받을 수 있게 하겠습니다.

▌ **신뢰 기반 '지정돌봄인 등록제' 도입**
- 혈연이나 혼인 관계에 기반하지 않아도 신뢰 관계에 있는 지인이나 공동체 구성원을 법적 보호자로 등록할 수 있는 제도를 도입해, 1인 및 비혼 가구, 고립된 노년층의 긴급 상황 대응력과 심리적 안전망 강화
- 등록된 '지정돌봄인'은 병원·경찰·응급기관 등에서 치료 동의, 정보 접근, 보호 요청 등의 권한을 부여받아 위기 시 생명권과 의사결정권 보호에 있어 실효적 역할 수행
- 사적인 돌봄 책임을 사회적 권리로 전환하고 가족 외에도 다양한 사회적 관계에 제도적 돌봄 역할을 부여
- 돌봄이 '희생'이 아니라 '기여'로 존중받는 환경을 조성하고, 등록 절차의 투명성과 악용 방지를 위한 심사 기준을 마련해 제도에 대한 신뢰도 확보

실천 14

노후 임대아파트와 복지관을 리모델링하여 주거복지 수준을 높이겠습니다.

▌ 노후임대주택의 재정비와 리모델링 사업 확대
- 주거취약계층의 주거품질 개선을 위한 재정비 사업 활성화 및 재정 지원 근거 마련
- 고령자를 위한 맞춤형 공간으로 탈바꿈하기 위한 리모델링 사업 확대
- 노후복지관에 대한 정밀안전진단 지원 및 리모델링 사업 시 정부 예산 지원

▌ 노후 공공임대주택의 분양전환을 통해 재건축을 유도하고, 주택 공급을 확대하여 주거환경 개선

실천 15

전국민 건강지갑(헬스세이브통장)을 도입해 국민 건강을 책임지겠습니다.

▍전국민 건강지갑(헬스세이브통장) 도입
- 매년 일정 금액을 적립하고 필요 시 의료비(본인부담금, 비급여 항목, 만성질환, 의료기기 구입 등)로 사용
- 연간 납입액에 따라 세액공제(300만원 한도-소득금액별 차등)
- 70세 이후 연금 전환 가능

▍건강바우처 연계로 효율적 의료이용 환경 구축
- 건강바우처(연간 의료 이용량이 현저히 적은 국민 대상으로 건보료를 환급하는 제도)를 가입자 전체로 확대하고 건강바우처 인센티브를 전국민 건강지갑과 연계

▍비급여 및 예방의료 등에 접근성이 낮은 취약계층 의료사각지대 해소
- 건강지갑 연간 50만원 전액 보조 및 소득분위별 1:1 정부 매칭 지원

실천 16

취약계층의 식품 접근성을 향상시키겠습니다.

▎ **농식품바우처 지원 대상과 금액, 품목 확대로 취약계층의 식품 접근성 향상**
- 지원 대상에서 생계급여 수급자 중 청년을 추가
- 지원 금액을 매년 물가상승률을 반영하여 단계적 인상 추진
- 지원 품목에서 국산 농축산물을 주로 사용한 농식품 가공품으로 확대

**국민과 함께
새롭게
대한민국**

출산·육아

- 공공예식장 확대 및 품질관리 지원으로 결혼준비를 적극 돕겠습니다.
- '깜깜이 스드메' OUT! 예비부부의 억울함을 없애드리겠습니다.
- 결혼 페널티를 결혼 메리트로! 신혼부부 대상 주택 대출 소득 기준을 대폭 상향하겠습니다.
- '우리아이 첫걸음 계좌'로 아이의 내일을 준비하겠습니다.
- 아이돌봄서비스 지원을 전면 확대하겠습니다.
- 임신부터 육아까지 엄마 곁을 든든히 지키겠습니다.
- 아이를 기다리는 난임부부의 힘이 되겠습니다.
- 난임치료를 위한 유급 휴직기간을 확대하겠습니다.
- 다태아(쌍둥이 포함) 가구에 대한 지원을 확대하겠습니다.
- 한부모가족의 안정적 자녀 양육 환경을 조성하겠습니다.
- 기업 육아휴직 사용 현황을 공시 의무화하겠습니다.
- 워킹맘·워킹대디의 부담을 덜어드리겠습니다.

실천 01

공공예식장 확대 및 품질관리 지원으로 결혼 준비를 적극 돕겠습니다.

▌**공공예식장 인프라 확충 및 지역 맞춤형 모델 도입**
- 지자체 공공시설(시청, 박물관, 공원 등) 대상 예식장 인프라 조성 예산 지원

▌**'전국 통합 예식장 예약 플랫폼' 구축 및 지역 간 균형 품질관리 지원**
- 전국 공공예식장 예약·정보 열람용 중앙 디지털 플랫폼 운영으로 예약 투명성 및 예비부부의 이용 편의 제고
- 품질 관리 및 지역 간 균형 지원 : 인기 및 비인기 지역·시설 간 격차 해소를 위한 운영 매뉴얼 및 질적 기준 제시, 현장 컨설팅 및 인증제 도입 검토

출산·육아

실천 02

'깜깜이 스드메' OUT!
예비부부의 억울함을 없애드리겠습니다.

▎결혼서비스업(결혼식장 대여업 및 웨딩플래닝 관련업) 소비자 보호대책 마련
- 표준계약서 마련 및 사용권장 등 소비자 구제 장치 마련(가격표시제, 일정 규모 이상 사업장의 보증보험 가입·영업보증금 예치 등)
- 허위·과장 광고 금지 및 감독 방안 마련

▎스드메 업체 표준약관 이행 관리
- 지자체 공공예식장 운영 가이드라인에 스드메 표준계약서 및 약관을 포함시켜 관리·감독 지원

실천 03

결혼 페널티를 결혼 메리트로! 신혼부부 대상 주택 대출 소득 기준을 대폭 상향하겠습니다.

▌디딤돌대출 신혼부부 소득 기준을 부부합산 연 소득 8,500만원 이하에서 1억 2천만원 이하로 상향 조정

▌버팀목 전세자금 대출 신혼부부 소득 기준을 부부합산 연 소득 7,500만원 이하에서 1억원 이하로 상향 조정
- 소득 기준 상향 조정을 통해 신혼부부들의 주거 비용 부담을 완화하고, 주거 안정성을 높이는 데 도움
- 결혼과 출산을 기피하게 만드는 제도적 불이익을 해소함으로써, 청년층의 결혼 및 출산 결정에 긍정적인 영향 도모

▌신생아 특례 디딤돌 대출 및 버팀목 대출 기간 연장

출산·육아

실천 04

'우리아이 첫걸음 계좌'로
아이의 내일을 준비하겠습니다.

▌ '우리 아이 첫걸음 계좌'를 신설, 0~17세의 모든 아동(가족)이 매월 일정 금액을 저축하면, 정부가 동일 금액을 지원하여, 만기 시 약 5천만원의 자산형성을 지원
  - 0~1세 기간에는 월 20만원, 그 이후에는 매월 10만원까지 정부 지원

▌ 만기 시, 5천만원의 자산형성 계좌를 교육비, 주거마련 등 사용 가능
  - 중도인출은 긴급한 수술 등 예외적 사유만 인정
  - 만기 후 본인 희망 시 국민연금 또는 주택청약저축으로 이전 가능

▌ 취약계층 아동의 아동발달지원계좌(디딤씨앗통장)도 지원 폭을 늘려 아동이 10만원까지 저축하면, 1:3으로 매칭하여 정부에서 30만원까지 지원토록 변경

실천 05

아이돌봄서비스 지원을 전면 확대하겠습니다.

■ **아이돌봄서비스 정부 지원을 민간 아이돌봄까지 전면 확대**
- 기본지원 서비스가 필요한 모든 가구에 민간 아이돌봄 서비스 이용 바우처 지급
- 소득·자녀수·한부모·지역 등 여러 여건을 고려하여 추가 바우처 지원

■ **아이돌봄서비스 민·관 통합앱 구축**
- 정부 아이돌봄서비스 앱을 고도화해 민간 업체도 링크

■ **기업의 돌봄 지원 유연화**
- 기업의 직원 자녀 돌봄 지원 의무를 직장어린이집에 한정하지 않고, 아이돌봄서비스 바우처 제공 등으로 선택권 확대
- 직장어린이집 미충원 자리를 타기업과 지역에 적극 개방

■ **아이돌봄서비스 비용지원 확대 및 지원형태 다양화**
- 아이돌봄서비스 본인부담금에 대한 세제 혜택
- 시간제 지원 확대 등 대상별 맞춤형 지원 강화
- 보육 인프라 취약 지역의 아이돌봄서비스 공급 확충 및 추가 수당 지급

출산·육아

실천 06

임신부터 육아까지 엄마 곁을 든든히 지키겠습니다.

▎ **모자보건소, 모자보건형 보건지소, 모자보건센터 확대 추진**
  - 건강 클리닉, 건강키움방, 영양키움방 등 임신·출산·육아 등 관련 생애주기별 건강부모교육 사업 등 진행

▎ **모자보건 특화 보건지소(건강증진센터)를 허용하도록 법 개정 마련**
  - 보건소 및 건강증진센터 기자재 구입 예산을 도시형 보건(지)소에도 교부가능토록 예산 확보

▎ **산후조리원 시설·서비스 수준 및 종사자 전문성과 평가 실시 및 공표 의무화에 대한 산후조리원 감염병 관리 강화**

▎ **국가 신생아선별검사 항목 확대 추진**
  - 척수성근위축증 등

실천 07

아이를 기다리는 난임부부의 힘이 되겠습니다.

■ **의학적 치료로 인해 불임이 예상되는 분들의 생식세포 동결·보존 지원**
- 항암치료, 유착성자궁절제, 난소·고환 등 절제 등 의학적 사유로 영구적 불임이 예상되는 남녀에 대해, '25년 5월부터 생식세포 채취 및 동결에 대한 본인 부담비용의 50% 이내 지원(여 최대 200만원, 남 최대 30만원)
- 의학적 타당성 등 고려, 향후 건강보험 급여항목 포함 추진

■ **난임·임산부심리상담센터 확대 설치(권역상담센터 9개소 → 17개소)**
- 난임 및 산전·후 우울증을 겪는 부부 등의 심리·정서적 지원을 위해 상담센터 확대 설치

■ **임신 사전건강관리(가임력 검사) 지속 추진**

■ **난임부부 시술비 지원사업 계속 수행**

실천 08

난임치료를 위한
유급 휴직기간을 확대하겠습니다.

▍난임치료 휴가를 받는 근로자의 법정 휴가기간 전부(6일)를 유급으로 전환
  - 난임 법정 휴가 6일을 시간 단위로 활용 가능하도록 유연화

▍유급 전환에 따른 중소기업의 부담 해소를 위해 고용보험에서 일정 수준 비용 보조

▍난임 휴가 승인률이 높은 중소기업에 인센티브 제공

실천 09

다태아(쌍둥이 포함) 가구에 대한 지원을 확대하겠습니다.

▌**다태아 출산 시 임신출산비를 30% 추가 지원**
  - 다태아의 경우, 조산 등으로 인해 의료비 부담이 단태아보다 높은 경우가 많고, 자녀 양육 시에도 추가적 도움이 필요한 경우가 많아 다태아 출산 지원 확대

출산·육아

실천 10

한부모가족의 자녀 양육 환경을 안정적으로 조성하겠습니다.

- 양육비 복지급여대상 확대로 한부모가정 자녀의 안정적인 양육환경 조성

- 한부모가정 지원을 위한 증명서 발급기준 완화

- '양육비 선지급제'의 안정적인 정착

실천 11

기업 육아휴직 사용 현황을 공시 의무화하겠습니다.

▍민간기업을 대상으로 매년 근로자의 육아휴직 현황을 공시토록 의무화(300인 이상 기업 우선)
- 정부의 적극적인 육아휴직 사용 장려 정책에도 불구하고 일부 민간기업의 육아휴직 사용이 저조한 상황을 고려

실천 12

워킹맘·워킹대디의 부담을 덜어드리겠습니다.

- 초단시간 근로자 등 고용보험을 적용받지 못한 부모가 육아로 인해 소득이 감소한 경우, 육아휴직 수당 시범 도입
    - 피보험단위기간 180일 수급요건 미충족자, 초단시간 근로, 4인 이하 농어업 등, 특수형태근로종사자, 프리랜서, 자영업자(1인 사업자)를 대상으로 우선 검토

- '시간 반반 육아 제도' 도입으로 평소 근무 시간의 절반을 근무하며 육아휴직 기간을 보낼 경우, 휴직 기간을 2배로 연장

- 가사도우미 이용 지원 (가칭)'부모 힐링바우처' 지급으로 워킹맘 가사 부담 완화
    - 다자녀(2명 이상) 부모에게 월 2회(재정여력에 따라 유동적) 가사도우미 이용 지원

국민과 함께
**새롭게
대한민국**

**국민과 함께
새롭게
대한민국**

아동·청소년

- 미디어 선정성·폭력성으로부터 다음 세대를 지킵니다.
- 맘껏 배우고 신나게 가르칠 수 있는 안전한 학교를 만들겠습니다.
- 반사회적 아동학대 범죄를 근절하겠습니다.
- 위기청소년, 방치가 아닌 동행으로 한 아이도 놓치지 않는 사회를 만들겠습니다.
- 보호아동을 위해 아동복지시설의 질을 확 높이겠습니다.
- 전국 어디서나 걸어서 10분,
  장난감도서관·실내놀이터 전국 확대
- 우리 아파트 놀이터, 이제 새로워집니다.
  - 노후 놀이터 리모델링 사업

아동·청소년

실천 01

미디어 선정성·폭력성으로부터 다음 세대를 지킵니다.

▍청소년에 대한 폭력적·선정적 콘텐츠 노출 차단을 위한 기술적 대안 마련 및 AI 활용 점검
- 「미디어통합혁신법」 제정을 통해 폭력적 선정적 콘텐츠 노출 시 과태료 부과 등
- AI 활용한 폭력적·선정적 콘텐츠를 적발하는 한편, 암행 조사 등을 병행해 효과적 차단

아동·청소년

실천 02

맘껏 배우고 신나게 가르칠 수 있는 안전한 학교를 만들겠습니다.

- **아이들의 학습권과 교권의 조화**
  - 교원·학부모·교육청의 소통 방안 개선 지속 추진
  - 교원이 아동학대로 신고되어 조사·수사 진행 시 교육감이 정당한 생활지도의 의견을 제출한 경우에 한해 불송치 가능

- **학부모, 교원 등 학교 구성원의 의견 수렴 절차를 걸쳐 학내 사각지대 중심으로 CCTV 설치 추진**

- **학교전담경찰관(SPO) 단계적으로 증원**

- **학교폭력 전담조사관의 현장 안착 적극 지원**

아동·청소년

실천 03

반사회적 아동학대 범죄를 근절하겠습니다.

▌아동학대 예방 시스템 구축
- 아동학대 예방 예산 확대 및 인프라 확충
- 아동학대 고위험군, 잠재위험군 지원 확대
- 아동학대 관련 종사자 포함 예방 및 인식증진을 위한 교육 및 캠페인 확대
- 학대예방경찰관 및 학대전담공무원에게 면책특권 부여, 인원 확대 및 전문화
- 아동학대 등 신고의무자에 의료기관 종사 간호조무사를 포함하는 법 개정

▌아동인권을 우선으로 하여 분리 조치 시행 및 아동보호시설 확대
- 전 시군구 지자체에 아동보호전문기관 설치, 아동학대 전담공무원 증원 및 처우 개선해 모든 시군구 24시간 근무체제 확립

▌아동학대 처벌강화 및 재학대 방지 대책 마련
- 「아동학대처벌법」에 '상습학대범죄' 조항 신설, 비속 살해도 존속 살해처럼 가중 처벌, 상습학대범죄의 경우 친권 박탈 고려

아동·청소년

실천 04

위기청소년, 방치가 아닌 동행으로 한 아이도 놓치지 않는 사회를 만들겠습니다.

▍학교·가정 밖 청소년 조기발견 및 자립 지원
- 위기청소년 실태조사 및 온·오프라인 정보연계를 활성화하여 선제적으로 위기 청소년 파악
- 학교에 다니지 않는 청소년들이 온라인으로도 학습하고 학력과 자격을 인정받을 수 있도록 기회를 확대
- 학교밖 청소년 자립·취업지원 서비스 강화
- 정서적·행동적 어려움을 겪는 청소년은 병원 연계 치료를 통해 건강하게 성장할 수 있도록 지원함

▍상담멘토 프로그램 확대 및 교육 강화

실천 05

보호아동을 위해 아동복지시설의 질을 확 높이겠습니다.

▌ 아동복지시설 종사자 배치 기준을 개선하여, 아동에 대한 적절한 서비스 제공
  - 종사자당 보호 양육 아동의 비율을 줄여, 양질의 서비스 제공
  - 특수욕구아동(경계선지능, ADHD 등) 아동 2명당 종사자 1인 배치 추진

▌ 아동복지시설 보호아동의 특성변화를 감안하여, 전문 아동돌봄이 가능하도록 아동복지시설의 기능 전환 추진
  - 아동초기보호센터 시범사업을 '25년도 1개소에서 10개소로 확대 추진
  - 시범사업 모델 : ① 아동초기보호센터 ② 원가정 복귀시설 ③ 자립준비 전문시설 ④ 특수아동시설 ⑤ 영아·신생아 전문시설

아동·청소년

실천 06

전국 어디서나 걸어서 10분, 장난감도서관·실내놀이터 전국 확대

▌공공 실내놀이터와 장난감도서관 통합 시설 전국 확대 설치
- 비 오는 날에도 아이가 마음껏 뛰놀 수 있는 생활밀착형 공공 놀이복지 공간을 전국적으로 확충
- 실내놀이터와 장난감도서관을 한 곳에 통합 설치하여 공간 활용도는 높이고, 운영비는 절감하며, 보육 만족도는 극대화
- 전국 어디서나 '걸어서 10분 내 육아 지원 인프라' 구축을 목표로 단계적 확대 추진

▌유휴 공공·민간 공간을 활용한 실효적 입지 선정
- LH 및 공공임대주택 단지 내 커뮤니티센터 등 공용공간을 실내놀이터로 전환
- 민간 아파트도 입주민의 동의와 지역민 누구나 이용할 수 있는 개방 조건으로 지원 가능
- 주민센터, 육아종합지원센터, 도서관, 복지관 등 지자체 유휴공간을 리모델링하여 복합 놀이공간으로 조성 확대
- 기차역·터미널 등 교통거점 시설 내 유휴공간을 활용한 이동하는 가족 대상 놀이존 설치

▌전국 확산을 위한 설치·운영매뉴얼 수립 및 국비 지원
- 실내놀이터와 장난감도서관의 안정성, 창의성, 접근성을 모두 충족하는 표준 설계 지침 및 통합 운영매뉴얼 수립
- 장난감도서관, 공공 실내놀이터 조성을 위한 국비 지원

실천 07

우리 아파트 놀이터, 이제 새로워집니다.
- 노후 놀이터 리모델링 사업

■ **15년 이상 경과 아파트 단지 실외놀이터 리모델링**
- 노후화되고 안전기준에 미달하거나 창의성 부족 상태인 아파트 단지 놀이터의 리모델링 수요 큼
- 전국의 노후 아파트 단지 내 위험하고 방치된 실외놀이터를 안전하고 창의적인 공간으로 전면 교체
- 놀이 시설, 바닥재, 그늘막, CCTV 등 포함한 통합 리모델링

■ **놀이터 리모델링 예산의 정부 지원**
- 아파트 관리비로 감당하기 어려운 노후 놀이터 개선 비용을 지자체 여건에 따라 국고 보조금 매칭 지원

■ **노인과 부모 세대까지 함께 이용할 수 있는 '세대통합 커뮤니티 공간' 추가**
- 기존 놀이터에 그늘 벤치, 바둑·장기 테이블, 지압보도 등 노인 휴게시설을 함께 설치하여 어르신들의 휴식 공간으로 기능 강화
- 유모차 전용 쉼터, 보호자 대기존 등 부모를 위한 편의시설 함께 배치하여, 전 세대가 함께 머물고 소통할 수 있는 '세대공존형 커뮤니티 공간'으로 확장

국민과 함께
새롭게
대한민국

어르신

- 어르신이 일을 하셔도 연금 손해가 없도록 하겠습니다.
- 다양한 노인일자리 사업을 확대하겠습니다.
- '삶의 품위있는 마무리'를 적극적이고 체계적으로 지원하겠습니다.
- 치매 노후 걱정 안하시도록 후견인제도와 신탁제도를 정착시키겠습니다.
- 간호간병통합서비스 등으로 간병비 부담 완화하겠습니다.
- 가족 간병의 어려움을 덜어드리겠습니다.
- 통합의료·복지 돌봄 체계를 구체화하겠습니다.
- 치매 어르신을 돌보는 가족의 어려움을 해소하겠습니다.
- 치매관리 주치의를 전국 확대하겠습니다.
- 치매 안심하우스를 확대 공급하겠습니다.
- 동네 어르신들이 함께 식사하실 수 있도록 경로당 부식비를 더 지원하겠습니다.
- 어르신 임플란트 지원을 확대해 건강한 노후를 보장하겠습니다.
- 신체보장구(안경)를 지원하여 국민건강과 복지를 증진하겠습니다.
- 어르신의 버스비 부담을 덜어드리겠습니다.

실천 01

어르신이 일을 하셔도
연금 손해가 없도록 하겠습니다.

▌근로소득에 따른 노령연금 감액제도 폐지
- 노령연금 감액제도 완화·폐지로 노령 인구의 경제활동을 증진하여 노후 소득보장 및 경제적 자립 지원
- 국민연금 가입자들이 불이익을 받을 수 있는 구조 개선

▌기초연금 인상
- 기준중위소득 50% 이하인 취약계층 대상 월 40만원 단계적 인상
- 기초연금 받아도 생계급여에서 전액 삭감하지 않도록 제도 개선

어르신

실천 02

다양한 노인일자리 사업을 확대하겠습니다.

- 초고령사회, 베이비붐 세대의 노년기 진입 등을 고려한 노인일자리 종합계획 및 관련 법령 개정

- 어르신의 건강한 노후생활과 소득보충을 지원하기 위해 노인일자리 사업 확대

- 정부 지원을 확대해 조부모의 돌봄에 대한 경제적 보상 제공

실천 03

'삶의 품위있는 마무리'를 적극적이고 체계적으로 지원하겠습니다.

- 삶의 마지막에서 발생하는 과도한 연명의료, 자녀·배우자의 간병부담, 호스피스 접근성 제약 등을 체계적으로 개선
  - '삶의 마무리' 과정에 대한 국민의 두려움 해소

- '품위있는 마무리' 법을 제정
  - 연명치료, 장례방식, 치매 발병 시 후견인 약정, 상속 관련 유언장 작성 등 자기 삶의 마무리에 관련된 많은 문제들을 미리 결정할 수 있도록 행정적 지원과 인프라 확대

- '삶의 품위있는 마무리' 관련 인프라 확대와 각종 지원에 대한 국가적 계획(5년 단위)을 마련하고 매년 진행보고서를 작성

- 호스피스 대상과 시설기반 확대해 국민들의 호스피스 선택권 보장

- 말기환자를 간병하는 가족들을 위해 안정적 수입과 직업을 유지할 수 있도록 고용서비스와 복지서비스 연계

- 말기케어에 종사하는 인력을 위한 다학제적 훈련과 교육을 확대하고 환자의 영적 돌봄을 활성화

실천 04

치매 노후 걱정 안하시도록
후견인제도와 신탁제도를 정착시키겠습니다.

- 치매 어르신의 경제적 학대를 예방하기 위한 제도적 안전장치들의 실효성을 높이거나 도입

- 업무 처리 또는 재산 관리 등을 도와주는 '공공후견인' 인력을 적극 양성

- 법정이 대리인을 선임하는 '법정후견인' 활용 제고

- 본인이 스스로 대리인을 지정하고 법원이 이를 추후 승인하는 '임의후견인' 제도 안내를 강화하고 행정적 지원

- 치매 또는 장애 어려움을 겪는 어르신들의 재산을 관리·보호하는 공공신탁제도 도입·민간신탁 활성화

실천 05

간호간병통합서비스 등으로 간병비 부담 완화하겠습니다.

- 중증환자 간호간병통합서비스 확대를 지속적으로 확대

- 장기요양 재택서비스 방문간호를 활성화

- 요양병원에 입원한 중증 환자에게 간병서비스 제공
  - 요양병원 간병비 단계적 급여화로 환자와 보호자 부담 완화

어르신

실천 06

가족 간병의 어려움을 덜어드리겠습니다.

- 가정에서 환자 등 가족을 돌보는 경우, 가족에게 최소 월 50만원 지급(65세 이상 배우자는 100만원 지급)해 가족 간병 부담 완화
  - 노인장기요양보험법상 가족요양비 제도와 가족인요양보호사 특례를 통합
  - 가족요양비 제도를 개선, 도서·벽지에 한정하지 않고, 가족인요양보호사 특례를 개선, 요양보호사 여부와 무관하게 지원

- 다만 가정 내 돌봄의 질을 모니터링하기 위해 주 1회 주간보호시설 이용 의무화

실천 07

통합의료·복지 돌봄 체계를 구체화하겠습니다.

▎**어르신 통합돌봄 지원체계 전국 확대**
- 일상생활 유지에 어려움이 있어 복합적인 지원이 필요한 노인·장애인 등이 살던 곳에서 건강한 생활을 유지할 수 있도록, 다양한 서비스를 통합적으로 제공
- 통합돌봄 지원체계 전국 시행('26년 3월)을 차질없이 준비하여 시범사업 지역을 확대
- 개인별 맞춤형 지원이 가능하도록 행복이음·희망이음 등 통합행정지원시스템을 차질없이 구축
- 맞춤형 영양서비스로 효과적인 통합돌봄 체계 완성

▎**요양시설 내 의료서비스 확대**
- 요양시설 내 간호사, 간호조무사 야간 및 주말에도 간호인력 배치하여 의료서비스 강화

▎**찾아가는 의료서비스 재택진료(왕진)**
- 질병이나 부상으로 거동이 불편한 환자의 경우 의료진이 직접 방문해 의료서비스(구강관리 포함)를 받을 수 있도록 법적·제도적 근거마련
- 거점병원 재택의료센터 신설하여 의원급 의료기관들 참여 유도
- 재택진료 서비스를 통해 노인 의료비 부담 완화와 의료취약계층의 접근성 향상
- 전 국민 간호돌봄체계 구축을 위한 지역통합방문간호센터 설치 추진

어르신

생애말기 환자 발굴부터 돌봄까지 연계·통합 지원
- 생애말기 돌봄 정책 재택의료센터 설치
- 권역별 호스피스센터 간의 연계 지원 확대
- 갑작스럽게 입원이 필요한 경우 연계, 퇴원 후에도 돌봄이 끊기지 않고 연속적인 통합체계 구축, 집에서도 생애 마지막을 안심하고 준비할 수 있도록 지원

실천 08

치매 어르신을 돌보는 가족의
어려움을 해소하겠습니다.

▎치매 노인 주간 보호서비스(데이케어센터) 이용 가능 시간 확대
  - 가족·자녀 등이 안심하고 생업에 전념할 수 있고, 퇴근 시간에 따른 돌봄 공백 최소화를 위하여 하원시간을 2시간 연장

실천 09

치매관리 주치의를 전국 확대하겠습니다.

▎치매관리 주치의 확대 추진
- 치매와 복합 건강문제를 꾸준히 관리할 수 있는 치매관리 주치의 제도 확대 추진
- 인력·장비·시설을 갖춘 요양병원을 치매안심병원으로 지정
- '지역사회 치매전문의원(외래+낮병동)' 확산

▎치매전문요양시설 도입
- 장기요양법에 전문요양시설을 추가하고 치매전문장기요양시설, 호스피스전문장기요양시설 설치·확대

실천 10

치매 안심하우스를 확대 공급하겠습니다.

▎치매 안심하우스 확산·공급
- 공공주택 공급 시 치매 어르신 가족과 이웃이 안심하고 함께 살 수 있는 안심공공주택 공급

▎재가 치매어르신을 위한 주택개조 컨설팅을 위한 치매모델하우스 운영
- 치매어르신께서 자택에서 생활하는 데 불편한 점 등 개선해야 할 내용을 설명해 주고, 필요한 집 수리방법, 안심용구 설치 등을 위한 컨설팅 지원
- 장애인·노인·저소득층 주택개조사업처럼 치매어르신 주택개조사업 비용 지원
- 살던 곳에서 계속 일상 생활을 하고 죽음도 살던 곳에서 맞이할 수 있도록 지원

실천 11

동네 어르신들이 함께 식사하실 수 있도록 경로당 부식비를 더 지원하겠습니다.

▌경로당 급식을 주 7일까지 단계적 확대

▌경로당 부식비 지원 이외에 식사 준비 인건비 지출 가능하도록 제도 정비

실천 12

어르신 임플란트 지원을 확대해 건강한 노후를 보장하겠습니다.

- 임플란트 지원을 확대해 통해 어르신들이 건강한 치아로 행복한 노후 보장

- 어르신 임플란트 시술 확대 지원
  - 현재 임플란트 2개에서 4개까지 건강보험 급여 확대 지원

- 국가구강검진에 '파노라마 촬영' 단계적 지원
  - 치아 전체를 찍는 X선 촬영으로 정확한 진단

어르신

실천 13

신체보장구(안경)를 지원하여 국민건강과 복지를 증진하겠습니다.

- 시력교정이 필요한 사람들에게 경제적 부담을 덜어주기 위하여 안경 지원 확대
  - 안경 구매 시 건강보험 적용, 일정 주기 지원
  - 시중 안경테 및 렌즈의 가격 상이함을 감안, 최소 구입비 상당의 정액 지원

실천 14

어르신의 버스비 부담을 덜어드리겠습니다.

▌ **65세 이상 어르신 대상 '버스 무임승차 제도' 도입**
  - 평일 오전 9시~오후 5시 무임승차 허용하되, 러시아워인 평일 오전 7시~9시와 오후 5시 이후는 유임승차

국민과 함께
새롭게
대한민국

장애인

- 장애인이 직접 참여하고 중심이 되는 장애인 정책을 만들겠습니다.
- 장애인 복지 예산을 확대하고, 개인 맞춤형 복지로 자기 결정권이 존중받는 체계를 만들겠습니다.
- '사회보장' 중심에서 '좋은 일자리' 중심으로, 장애인의 사회참여를 지원하겠습니다.
- 장애인 등 모두가 함께 소통하며 이용할 수 있는 one-stop 생활지원센터를 설치하겠습니다.
- 장벽이 없는 의료환경과 일상의 연결을 통해, 장애인의 건강권을 보장하겠습니다.
- 발달장애아동이 겪는 어려움을 함께 해결하겠습니다.
- 고령 장애인에 대한 지원을 확대하겠습니다.
- 경계선 지능인의 교육·고용·일상 생활을 지원하겠습니다.

실천 01

장애인이 직접 참여하고 중심이 되는 장애인 정책을 만들겠습니다.

▌UN장애인권리협약 등 글로벌스탠다드에 맞춰, 장애인지 정책 운영체계 구축
 - 교육, 노동, 복지, 주택, 교통, 금융, 문화, 체육 등 생활의 모든 분야에서 장애 친화적 환경을 구축할 수 있도록 국가의 주요 정책에 대한 장애 영향 요소 반영
 - 주요 예산 사업에 장애 중심 관점이 반영되도록, 국민참여 예산 논의 과정에서 장애인 참여 확대

▌장애인 정책심의위원회 기능 강화
 - 장애인정책심의위원회를 확대·개편해, 장애인 당사자 의견 적극 반영

실천 02

장애인 복지 예산을 확대하고, 개인 맞춤형 복지로 자기결정권이 존중받는 체계를 만들겠습니다.

｜ 장애인 개인예산제 확대
- 개인 예산제를 통해, 장애인이 자신의 필요에 맞는 서비스를 선택하여 자율성과 자기주도성 제고
- 장애인의 다양한 요구를 반영한 맞춤형 서비스를 제공하여 삶의 질 향상
- 장애인의 적극적 사회 참여 기회제공을 통한 사회적 통합 촉진

｜ 범부처 바우처 통합 운영을 통한 '장애인 개인예산제' 확대 추진
- 향후 통합바우처 플랫폼을 구축하여, 현재 부처별로 분산된 장애인 지원서비스를 개인계좌 형식으로 통합하는 방안 추진

｜ 장애아동의 재정적 자립지원을 위한 공공신탁 사업 확대

실천 03

'사회보장' 중심에서 '좋은 일자리' 중심으로, 장애인의 사회참여를 지원하겠습니다.

▍장애인 재정지원일자리를 양질의 안정적 직무로 확대
- BF(Barrier-Free) 인증 및 사후 관리 관련 직무 확대
- 공공기관 연계형 일자리 확대
- 공공부문 장애인 의무고용 추가 확대 및 유연한 장애인 근로환경 조성

▍장애인 창업 및 장애인 기업 지원 강화
- 자회사형 장애인 표준사업장 설치 확대
- 자회사형 장애인 표준사업장 생산품의 단계적 공공기관 우선구매 의무화
- 장애인 기업 육성전담 부서 설치

▍장애물 없는 생활환경(BF) 조성
- 디지털 접근성 제고
- 소규모 민간 편의시설의 BF 시설 설치 비용 지원 추진

▍장애인 이동친화적 교통 편의시설 인프라 확대
- 중증장애인 콜택시 차량 증차 및 배치 효율화
- 이용 가능한 차량 수 확대를 위한 민간 대형택시 확대 운용
- 대기 예상 시간 확인할 수 있도록 앱이나 온라인 예약 시스템 고도화

장애인

실천 04

장애인 등 모두가 함께 소통하며 이용할 수 있는 one-stop 생활지원센터를 설치하겠습니다.

▍문턱 없이 이용하는 장애인 원스톱 생활지원센터 설치
- 장애인 전동휠체어 수리와 충전 등이 가능하면서 동시에 휴식·여가 공간을 확보하여 장애인 간 소통의 기회를 제공하고, 이를 통해 사회적 관계 형성 및 고립감 해소를 도모하는 one-stop 생활지원센터 추진
- 양질의 환경에서 존중받으며 장애인들의 삶의 질 향상에 기여

▍장애인 비율이 일정 이상인 지자체 설치 의무화 추진
- 장애인보조기기법상의 국가의 책무를 현실화하여 설치에 따른 국고지원
- 장애인 편의시설을 확대하여 장애인 권리 및 복지 증진

실천 05

장벽이 없는 의료환경과 일상의 연결을 통해, 장애인의 건강권을 보장하겠습니다.

▌ 장애인건강주치의제 활성화 : 등록 주치의 3천명으로 확대
 - 장애인 건강주치의의 진료수가를 과감하게 인상하여 제도 활성화

▌ 장애인이 안심하고 이용할 수 있는 의료기관 확충
 - 지역장애인보건의료센터를 70개소까지 확충('25년 19개소)
 - 장애친화 건강검진 기관 확대로, 장애인의 건강검진 수검률을 제고

▌ 장애인의 안전한 임신·출산을 지원하는 장애친화 산부인과 확충

실천 06

발달장애아동이 겪는
어려움을 함께 해결하겠습니다.

▎발달장애 영유아 조기 발견 및 조기 개입 체계 구축
- 영유아 건강검진을 통해 발달지연이 의심되는 아동이 발견된 경우, 정밀진단, 가족상담, 조기중재로 연계될 수 있도록 정보 통합
- 정밀진단으로 연계되지 않은 아동은 보건소·발달지원센터를 통해 순회 방문, 가정중심의 개입이 가능하도록 지원 체계 구축
- 지역장애아동지원센터 설치

▎영유아 통합교육 환경 보장을 위한 교육지원체계 강화
- 유치원 방과후 과정에 특수교육대상 유아의 참여를 보장하기 위한 운영지침 마련 및 예산 지원 추진

실천 07

고령 장애인에 대한 지원을 확대하겠습니다.

▎장애와 고령으로 이분화된 사각지대 해소
- 사회 전반적인 노인연령 상향 논의 등을 감안, 65세 이상 장애인도 활동지원서비스 이용이 가능하도록 제도개선 추진
- 중고령 장애인의 경우, 신체노쇠에 대한 장기요양 서비스보다 활동지원 서비스에 대한 지원 확대

실천 08

경계선 지능인의 교육·고용·일상 생활을 지원하겠습니다.

❙ 느린 학습자 '경계선 지능인' 지원
- 학습 및 사회 적응에 어려움을 겪으나, 장애에 해당하지 않아 제도적 사각지대에 속하는 경계선 지능인을 위해 지원 법률 제정
- 교육·복지·고용 등 다양한 영역에서 맞춤형 서비스 지원

❙ 경계선 지능 '청년'을 적극 지원
- 청년기 취업기회 및 일경험 부족으로 대부분 실직 상태에 머무는 경계선 지능 '청년'의 개인 맞춤형 취업 지원 서비스 제공

국민과 함께
**새롭게
대한민국**

국민과 함께
새롭게
대한민국

다문화

- 다문화가족의 안정적 정착과 문화다양성 이해 확대를 지원하겠습니다.

실천 01

다문화가족의 안정적 정착과 문화다양성 이해 확대를 지원하겠습니다.

▌**다문화가족 자녀 돌봄 지원 강화**
  - 아이돌봄서비스 비용 추가 지원 대상에 다문화가족 추가
  - 다문화가족 자녀 언어발달 지원 확대

▌**다문화청소년 교육 및 진로지도 지원**
  - 다문화가족 방문교육 확대(부모교육, 자녀생활서비스, 한국어교육 등)
  - 다문화청소년 대상 상담, 진로설계 지원 센터 확대

▌**다문화청년 인재양성 및 다문화 이해 교육 확대**
  - 다문화 아동·청소년의 이중언어 능력을 개발하여 미래·글로벌 인재로 성장할 수 있도록 지원 강화
  - 글로벌 시대 문화융합을 통한 다문화 수용성 교육 및 프로그램 확대

국민과 함께
새롭게
대한민국

반려동물

- 더 이상 마음 졸이며 동물병원 청구서 받아보지 않도록 부담을 확 덜겠습니다.
- 펫 파크와 펫 위탁소를 확대하고 반려동물 연관 산업을 육성하겠습니다.

실천 01

더 이상 마음 졸이며 동물병원 청구서 받아보지 않도록 부담을 확 덜겠습니다.

▍**동물병원 제공 모든 의료서비스 항목 표준화 및 비용 온라인 게시 의무화**
- 현행 공개 대상 항목을 전체 의료서비스로 확대해 비용 불확실성을 줄이고 가격 경쟁을 유도
- 동물병원에서 제공하는 모든 의료서비스 목록을 비교 가능한 표준 형태로 작성케 하고, 서비스 가격의 온라인 게시를 의무화해 병원에 방문하기 전에 진료 비용을 비교할 수 있도록 함
- 반려동물 인구의 알권리 강화, 과잉 진료 우려 경감, 진료비 가격 인하 통로 마련

▍**반려동물 진료비용 경감을 위한 제도적 기반 마련**
- 펫보험 상품을 다양화하고 보장 범위와 지원 조건 개선
- 반려동물 진료기록 공개 의무화

실천 02

펫 파크와 펫 위탁소를 확대하고 반려동물 연관 산업을 육성하겠습니다.

▌펫 파크 및 펫 카페 조성 확대
- 산책로, 놀이터, 카페 등 운영시설 및 공간 마련, 가족 단위 방문 시설로 운영
- 펫 파크, 공공화장실 등 공공장소 반려견 목줄 거치대 설치

▌반려동물 펫 위탁소 운영 확대로 펫(반려) 가구의 장기 외출 걱정 해소
- 특광역시와 시군 지자체 펫 위탁소 설치 운영, 운영비 지원
- 저소득층·취약계층 펫 위탁소 이용료 할인 지원
- 입소 기간 중 동물 등록, 건강, 행동 발달 상황 점검 지원

▌반려동물 등록률을 높이고 행복한 양육 생태계 조성
- 펫보험 상품을 다양화하고 보장 범위와 지원 조건 개선
- 비문(鼻紋) 안면인식 등 생체 정보 활용 반려동물 등록 방식 개선
- 맹견 사육허가제(동물 등록, 책임보험 가입, 중성화 수술 요건 완화 등) 안착

▌유기동물 입양 지원으로 자연사·안락사 최소화
- 유기동물 입양 가구 친화 교육 훈련, 진료·사료비용 및 펫보험 가입 지원
- 유기동물 입양 플랫폼 운영, 동물보호센터 유기동물 현황·입양 정보 제공

▌길고양이 중성화사업지원 확대 및 지원 조건 개선
- 국비 지원 비율 상향, 지원단가 상향으로 지자체 부담 완화

▎반려동물 연관 산업 육성 및 지원 법률 제정
- 의료·펫푸드·미용·용품·장례 등 펫 연관 산업 육성
- 반려동물 전문의약품 연구개발 및 수출 지원
- 반려동물 연관산업 육성 지원 법률 제정
- 반려동물의 날 제정 추진
- 반려동물 동반 출입 제한(식품위생법) 등 반려동물 양육 관련 법령 개정 추진

▎반려동물과의 아름다운 작별 지원
- 펫로스 증후군 극복 위한 심리치료 지원
- 공공 차원의 장례시설 신설 추진

▎국민 공감대 확산과 관련 업계 전·폐업 지원으로 개 식용 종식 이행 ('27년 2월)

튼튼 뿌리경제

소상공인 | 중소기업

**국민과 함께
새롭게
대한민국**

소상공인

- 대통령 직속 (가칭) '소상공인 자영업자 지원단'을 설치하겠습니다.
- 캐시백 등 과감한 소비 촉진으로 소상공인 매출을 증대하겠습니다.
- 소상공인을 위해 전문은행을 만들겠습니다.
- 소상공인에게 힘이 되는 금융을 제공하겠습니다.
- 소상공인 사업자금을 안정적으로 공급하겠습니다.
- 소상공인의 비용 부담을 완화하는 바우처를 지원하겠습니다.
- 소상공인 상가 임차 애로를 해결하겠습니다.
- 플랫폼시장의 공정경쟁 촉진 및 이용자 권익보호를 강화하겠습니다.
- 소상공인만을 위한 특화된 서비스를 제공하겠습니다.
- 외국인근로자 활용을 확대해 소상공인 구인난을 해결하겠습니다.
- 재난 피해를 입은 관광업 소상공인을 돕겠습니다.
- 전통시장을 지역 유통의 중심지로 만들겠습니다.
- 소공인의 경쟁력을 강화하고 성장을 돕겠습니다.
- 5인 미만 사업장에 근로기준법 적용을 확대하겠습니다.
- 여성 소상공인이 안전하게 일할 수 있도록 하겠습니다.

실천 01

대통령 직속 (가칭) '소상공인 자영업자 지원단'을 설치하겠습니다.

▎소상공인들의 다양한 요구에 대한 정부 차원의 통합 대처 및 위기 상황에서의 신속 대처가 가능하도록 전방위적인 지원 시스템 구축

소상공인

실천 02

캐시백 등 과감한 소비 촉진으로 소상공인 매출을 증대하겠습니다.

▎ **전통시장과 골목상권에서의 전통시장상품권 활용도 제고**
- 골목상권까지 전통시장상품권 사용 확대(골목형 상점가 확대)
- 디지털 전통시장상품권 결제액의 최대 10%를 디지털 전통시장상품권으로 환급

▎ **소상공인 점포에서의 소비 활성화 추진**
- 전통시장 신용카드 소득공제율을 40%에서 50%로 확대, 일몰기한 3년 연장
- 소상공인 점포에서 사용한 신용카드 지출에 캐시백 제공
- 온누리상품권 활성화 : 5.5조원에서 6조원으로 증액

▎ **2개의 중소기업 전용홈쇼핑, '홈앤쇼핑', '공영홈쇼핑'을 통해 중소기업·소상공인 특화 T커머스 채널 신설하여, 소상공인의 새로운 판매망으로 활용**

▎ **소상공인 상품 소비 촉진 캠페인 지원**

▎ **정부-카드사-지자체 연계 통합 소비 포인트 시스템 구축**

▎ **디지털 기반 내수 활성화 통합 플랫폼 구축 지원**

실천 03

소상공인을 위해 전문은행을 만들겠습니다.

▌**소상공인 전문 국책은행 설립**
  - 소상공인 전문 국책은행을 설립해 현재 서민금융진흥원, 신용회복위원회, 지역신용보증재단, 소상공인진흥공단 등에 분산된 서민금융 기능의 통합 조정

실천 04

소상공인에게 힘이 되는 금융을 제공하겠습니다.

▎소상공인 금융부담을 낮추는 새출발기금 역할 대폭 확대

▎소상공인 기업한도 대출에 대하여 가계대출과 같이 각종 수수료 전면 폐지

▎매출액 급감 소상공인에 대한 생계방패 특별융자

▎경영안정자금 지원 확대로 위기 극복, 재기지원

▎자영업 금융 플랫폼 통합체계 구축

▎소상공인 맞춤형 금융상품 및 신용평가 체계 혁신

▎소상공인 생애주기별 자금지원 패키지화

▎PG 수수료 합리화 추진

실천 05

소상공인 사업자금을 안정적으로 공급하겠습니다.

▌ 떼일 걱정 없는 판매대금 회수 시스템 구축
  - 중진공 또는 소진공을 통한 소상공인매출채권 팩토링 운영 추진

▌ 지역신보 및 소진공을 통해 연간 30조원(보증 20조원, 자금 10조원) 제공
  - 지역신보·중앙회에 대한 정부 출연 확대 및 은행권의 출연요율 상향 추진
  - 소진공 정책자금의 직접대출을 단계적으로 90%까지 확대

▌ 대출금리 부담 완화를 위해 온라인·원스톱 대환대출 서비스 대상에 개인사업자 포함

실천 06

소상공인의 비용 부담을 완화하는 바우처를 지원하겠습니다.

▍소상공인 부담경감크레딧 및 구매전용 신용카드를 바우처 형태로 지급
- 저소득 소상공인에게 소상공인 부담경감크레딧을 지급하여 공과금, 보험료, 전기료 등 영업비용을 50만원 한도 지원
- 중저신용(신용점수 595~839) 소상공인 대상으로 보증부(지신보 보증) 구매전용 신용카드 발급(1천만원 한도, 6개월 무이자 등) 지원

▍산재보험 및 화재보험 가입 지원
- 영세 소상공인에 대해 현재 지원 중인 고용보험 외에 산재보험에 대하여도 지원
- '풍수해보험'과 같은 공적보험으로서의 소상공인 화재보험 지원

▍소상공인 국세 카드 납부 대행 수수료 면제
- 영세 소상공인이 국세를 카드로 납부할 경우 지방세와 같이 납부대행수수료를 면제

▍여건이 형성될 때까지 장애인 키오스크 설치 의무화 유예

실천 07

소상공인 상가 임차 애로를 해결하겠습니다.

▎**임차상가 관리비 투명화 시스템 구축 및 상가 임대차 보호 대상 확대**
- 50세대 이상 오피스텔, 상가로 국한된 관리비 투명성 대상을 단계적으로 모든 상가건물에 대해 확대 적용, 관리비 운영·결정에 임차인 등의 참여를 보장
- 상가건물 임대차 보호법상 적용대상이 되는 환산 보증금 제도 폐지

소상공인

실천 08

플랫폼시장의 공정경쟁 촉진 및 이용자 권익보호를 강화하겠습니다.

▎소수의 독과점 플랫폼의 반경쟁행위 차단을 위한 플랫폼 경쟁촉진 입법 추진

▎다양한 거래 유형의 플랫폼에 대응하는 소비자 피해 예방 및 신속한 피해 구제 강화
- 해외 사업자의 국내대리인 지정 의무화, 동의의결제도 도입
- 해외 플랫폼을 통한 위해·미인증 제품의 소비자 유통 차단 장치
- 개인 간 전자상거래(C2C 플랫폼)에서의 개인정보 확인 및 제공 의무 등 소비자 보호 강화
- OTT·배달앱 등 구독경제 소비자의 중도해지권 보장 및 합리적 환불을 위한 환불기준 가이드라인 제정

실천 09

소상공인만을 위한
특화된 서비스를 제공하겠습니다.

▌상시적 교육, 정보제공, 네트워킹이 가능한 소상공인 전용 공간인
「소상공인 회관」 건립 지원

▌소상공인 전문 국책연구기관 설립 추진

실천 10

외국인근로자 활용을 확대해 소상공인 구인난을 해결하겠습니다.

- **소상공인의 구인 애로에 대한 근본적 해결방안 마련**
  - 고질적 인력난 완화 및 체계적 인력공급을 위해 소상공인 인력지원 특별법 제정
  - 소상공인 주요 서비스업종에 대한 실태파악을 거쳐 서비스업 소상공인 외국인 근로자(E-9) 허용업종(숙박업, 제과점업, 주유소업 등) 및 직무범위(주방 보조원만 가능했으나 홀서빙 등까지 가능) 확대 추진

- **현장경험이 쌓인 외국인 근로자(E-9)를 고용할 수 있는 기간 연장**

- **국내 체류하고 있는 유학생(D-2)을 대상으로 비전문 외국인력(E-9)으로 전환을 허용하고, 숙련기능 훈련 실시**

실천 11

재난 피해를 입은
관광업 소상공인을 돕겠습니다.

▌ 산불, 여객기 사고 등 피해지역 관광업계 조기 회복 지원
  - 피해지역 관광업계에 대한 긴급 융자 지원 실시
  - 피해지역 여행사 배상책임보험 가입 지원, 여행객 할인쿠폰 지원
  - 지역 방문 캠페인 등 외래객의 지역 방문 유도

소상공인

실천 12

전통시장을 지역 유통의 중심지로 만들겠습니다.

▍중앙정부의 전통시장 주차장 문제 적극 개선
- 전통시장과 상점가의 주차문제 해결을 위한 주차장 건립 지원 마스터플랜 수립
- 고객밀집도, 인근주차현황 등에 대한 종합진단과 평가를 통해 광역·기초단체와 공동으로 5개년 계획을 수립, 단계적 추진

▍시장의 특성에 따른 맞춤형 지원 체계 구축
- 역사와 전통이 있는 시장은 스토리텔링, 관광상품, 먹거리 탐방 등을 연계
- 점포수 100개 미만, 300개 미만, 300개 이상 등 규모별로 평가를 하고, 지원방식, 내용 등도 규모에 맞추어 지원
- 상인들의 경영역량에 따라 각종 마케팅 지원 등 시장경영지원 패키지 지원

▍지역상권 활성화를 책임지는 전담기구 시범 운영
- 지역상권의 현황 및 운영실태 파악, 상권 문제해결 및 활성화 전략의 도출·실행 전담기구를 지자체와 공동으로 설치·운영
- 전담기구를 설치한 지역에 우선하여 상권활성화 지원사업 추진

소상공인

실천 13

소공인의 경쟁력을 강화하고 성장을 돕겠습니다.

▌소공인 전용 지원예산 및 사업 지원 확대
- 소공인집적지 내 소공인특화지역센터 설치 확대 및 운영 지원
- 소공인 공동장비 구입, 공동 마케팅 등 협업사업에 지원 확대
- 소공인복합지원센터(지자체) 지원 확대로 소공인 혁신기반 조성 촉진
- 디지털 전환 및 쾌적화 위한 '스마트공방' 사업 지속 추진
- 산업재해 예방 및 에너지 효율화를 위한 환경 개선 사업 지원
- 소공인 화재보험에 대한 가입지원 추진

▌판로 및 마케팅 지원 확대(공공구매, 수출 등 판매망 확충)
- 구매목표제도 도입 등 공공기관의 소공인제품 조달 지원
- 온·오프라인 홍보, 코트라 등 연계한 수출 지원, 박람회 개최 등 판로 확대 지원
- 소공인 전용 디지털 플랫폼 구축
- 디지털 마케팅 역량 강화 및 콘텐츠 제작 지원

▌소공인 전용 관광산업단지 조성 지원 추진

▌뿌리기술 기업들의 경쟁력 강화를 위해 특화단지, 공정개선 등 예산 확대

소상공인

실천 14

5인 미만 사업장에 근로기준법 적용을 확대하겠습니다.

- 5인 미만 사업장 근로자 보호를 위해 노동약자보호법 제정 추진과 병행하여 경제사회노동위원회에서 5인 미만 사업장 근기법 적용 확대 방안에 대한 사회적 대화 추진

- 유급공휴일이 적용되지 않은 5인 미만 사업장 소속 근로자들의 휴식권 보장을 위해 공휴일 적용을 우선 추진하되, 영세 사업자의 부담 경감을 위한 지원방안 병행 추진

실천 15

여성 소상공인이 안전하게
일할 수 있도록 하겠습니다.

▌여성 사업자(소상공인) 안전시스템 구축
 - 여성 소상공인 안전확보를 위해 지역 경찰과 연계한 안심콜 설치 등 긴급대응체계 마련

국민과 함께
새롭게
대한민국

중소기업

- '1-10-10 성장사다리' 프로젝트를 추진하겠습니다.
- 스타트업 코리아를 넘어, 유니콘 코리아로 성장하겠습니다.
- 스마트공장, AI 도입으로 중소기업 생산성을 확 높이겠습니다.
- 중소·영세 사업장을 위한 맞춤형 스마트 안전지원을 확대하겠습니다.
- 건실한 기업이 장수기업으로 성장하도록 가업승계를 돕겠습니다.
- 중소기업·소상공인 기(氣) 살리는 실효적 공정거래기반을 만들겠습니다.
- 중소기업 R&D 지원을 업그레이드하겠습니다.
- 중소기업의 금융 및 납품대금 애로를 완화하겠습니다.
- '한국형 디스커버리' 제도를 도입해 함께 성장하는 대기업-중소기업 생태계를 만들겠습니다.
- 중소기업이 불리하지 않도록 공공구매제도를 개선하겠습니다.

실천 01

'1-10-10 성장사다리' 프로젝트를 추진하겠습니다.

▎소상공인 1%를 소기업으로, 소기업 10%를 중기업으로, 중기업 10%를 중견기업으로 성장토록 하는 '1-10-10' 프로젝트 추진
  - 성장유망 기업을 발굴하여 성장전략 수립, 제품개발 및 사업화, 투자, 수출 등을 종합적으로 지원
  - 일정 기준 이상 매출 또는 수출이 증가한 기업에게 세제 인센티브를 부여하는 '성장촉진세제' 도입

▎수출에 불이익을 주는 기준을 혁파
  - 중소기업 기준을 국내 매출로 국한하여, 성장에 대한 부담 완화 및 수출 의지 고취

▎원활한 기업 승계를 지원하는 법적·제도적 장치 보완

중소기업

실천 02

스타트업 코리아를 넘어,
유니콘 코리아로 성장하겠습니다.

▍시장의 넘치는 자금을 활용, 탄탄한 투자재원 구축
- 퇴직연금의 벤처투자 허용
- 개인, 법인, 금융기관의 자금이 벤처투자에 유입되도록 엔젤 소득공제, 양도차익 등에 대한 과감한 세제혜택 부여
- 공모를 통해 비상장 벤처기업에 투자하는 기업성장집합투자기구(BDC) 도입

▍정부의 모태펀드 재원을 2030년까지 총 20조원 규모로 확대
- 과학기술자 창업기업 연간 1천억원, 여성 중소벤처기업 연간 300억원 이상 투자

▍5년간 팁스(민간주도형 기술창업지원) 2만개사를 육성하고, 특히, 딥테크 스타트업 2천개 집중 육성

▍스타트업을 위한 글로벌 초인재 허브 시스템 구축
- 교수, 연구원 등의 창업을 위한 '연구원 창업사관학교'를 설립
- 국내외 인재가 스타트업에 참여시 인건비 보조 바우처 지급 및 특별비자 발급
- 성공한 기업인의 기업가정신 확산을 위한 '우리 안의 롤모델 찾기' 추진

▍코스닥 활성화를 위해 거래소로부터 코스닥 독립

실천 03

스마트공장, AI 도입으로
중소기업 생산성을 확 높이겠습니다.

▌ 중소기업의 스마트공장 보급 및 활용확산을 위한 지원 강화
- 스마트공장 '기초' 수준을 5년간 총 1만 5천개사 지원하고, 도입 중소기업 부담금 비율 완화
- 스마트공장 확산을 위해 관련 설비 가속상각, 지원금 익금불산입 등 특례 적용

▌ 중소기업의 AI 확산 지원
- 서비스, 유통·물류, 제조 등 업종별 AI 표준 마련 및 보급
- 스마트공장 등대공장과 같은 AI 등 대기업, 샘플기업을 발굴, 견학기회를 제공하고, 사례를 보급하는 등 벤치마킹과 네트워킹의 기준으로 제시
- AI 산업 활성화를 위한 공급기업 육성·지원 정책 마련

중소기업

실천 04

중소·영세 사업장을 위한 맞춤형 스마트 안전지원을 확대하겠습니다.

▌'스마트 산업안전 지원 패키지' 도입 및 확대
- 고위험 작업장(건설·제조·물류업) 대상 AI 기반 스마트 센서, 자동 경고 시스템 보급 확대
- 중소·영세 사업장이 비용 부담 없이 안전설비를 도입할 수 있도록 정부 지원 기금 및 세액 공제 확대
- 대기업과의 협업을 통한 안전설비 공동 활용 모델 도입하여 중소기업의 접근성 강화

실천 05

건실한 기업이 장수기업으로 성장하도록 가업 승계를 돕겠습니다.

▍OECD 평균 수준으로 상속세 최고세율 인하

▍최대주주 주식 할증평가에 따른 상속세 가산제도 폐지

▍중소기업의 지속성장과 혁신을 위한 「중소기업 기업승계 특별법」 제정
   - 기존 가업 승계 개념을 확장하여, 제3자 승계, M&A 등 확대 지원
   - 승계 과정에서 업종 변경을 자유롭게 할 수 있도록 업종제한 요건 폐지
   - 기업 승계 촉진 기본계획 수립, 실태조사, 금융·보증 지원, 승계자 육성 등 반영

▍중소·중견기업의 원활한 가업 승계를 위해 상속공제 대상과 한도 확대

중소기업

실천 06

중소기업·소상공인 기(氣) 살리는 실효적 공정거래기반을 만들겠습니다.

▌ **건설 하도급 거래 대금의 지급 안정성 강화**
- 실효적 지급 보증제도 개선, 발주자 직접지급제도 범위 확대, 하도급대금 제3자압류 제한, 불합리한 유보금 약정 금지 등
- 사인의 금지청구제 도입

▌ **유통 분야 불공정거래행위 근절 및 중소 납품업체 보호 강화**
- 판촉비용 전가행위에 대한 징벌적 3배 손해배상 도입

▌ **프랜차이즈 희망자의 창업 초기 연착륙 지원 강화**
- 정보공개서 공시제, 업종 변경 시에도 직영점 의무 운영 등

▌ **대리점주 지위향상 및 권익보호 강화**
- 계약 해지 시 사전 통보 의무 등

▌ **식당테크, 노쇼 등 자영업자의 경영 고충 해소책 마련**

▌ **민생 밀접 플랫폼(유통, 배달 등) - 입점·납품업자 간 공정한 거래질서 구축**
- 합리적인 수수료 부과 등 소상공인, 자영업자 경영 부담 경감
- 일정 규모 중개 플랫폼에 대한 정산기한 준수, 정산대금 별도관리 등

중소기업

실천 07

중소기업 R&D 지원을 업그레이드하겠습니다.

▎**규모의 업그레이드** : 중소기업 전용 R&D 규모를 2026년부터 2조원 이상으로 증액

▎**개발기술 사업화의 업그레이드**
- 기술사업화 연계형 R&D 방식의 정부 연구개발 지원을 지속적으로 확대하여 상용화율을 높이고 부수적으로 연구직 일자리 창출 확대
- 신산업 분야의 창업기업과 기술기반 혁신기업이 벤처투자사 등 민간으로부터 투자 받을 경우 정부가 후속 지원하는 민간투자 연계 방식 R&D 운영
- R&D 성공 후 벤처투자 및 정책자금 연계 지원으로 벤처기업의 성장을 촉진하고 개발기술의 사업화 자금을 공급
- 특허박스(지식재산 사업화 소득에 대한 조세 감면 제도)를 벤처기업 및 정부과제 수행 중소기업·소상공인에게 시범 도입

▎**R&D 인력의 업그레이드**
- 도심 대학을 활용한 비수도권 중소기업 R&D 집적 시설(R&D혁신 캠퍼스) 조성
- 해외 전문가와의 네트워크, 외국 기술인력 채용 등에 필요 비용을 바우처로 지급

중소기업

실천 08

중소기업의 금융 및 납품대금 애로를 완화하겠습니다.

▌**정책금융을 통해 고금리 부담을 완화하고, 민간의 대출 관행 개선 추진**
  - 신보, 기보, 중진공을 통해 중소기업에 연간 100조원의 정책금융을 지속 공급
  - 기업가치담보권(기업의 노하우, 고객정보, 기술, 브랜드와 같은 무형자산과 미래 현금흐름까지 포함한 '총재산'을 담보로 인정하는 제도) 도입하여 부동산 담보대출 중심 대출구조 개선

▌**중소기업의 안심거래를 위한 팩토링 및 납품대금 연동 범위 확대**
  - 매출채권팩토링을 대폭 증액하여 부도위험을 차단
  - 생산원가의 일정 비율 이상을 차지하는 에너지, 수도, 운송 등 각종 비용도 납품대금 연동제에 포함 추진

실천 09

'한국형 디스커버리' 제도를 도입해 함께 성장하는 대기업 - 중소기업 생태계를 만들겠습니다.

▍**기술탈취 피해를 막는 증거 개시 제도(디스커버리) 도입**
  - 대기업이 중소기업 기술을 탈취해도 대기업들이 자사에 불리한 증거를 감춰버리는 경우가 많아 소송에서 이기기 어려운 현실 개선
  - 기술탈취 관련 민사소송에서 증거자료 제출을 강제함으로써, 중소기업의 권리구제 실효성 확보

▍**증거제출 거부 시 강력한 제재 도입**
  - 자료를 숨기면 소송에서 불리하게 간주하거나 소송 자체를 기각할 수 있도록 법에 명시

▍**중소기업 부담을 덜기 위한 지원 제도 신설**
  - 디스커버리 절차를 돕는 국선 변호인 또는 증거조사 전문가 제도 도입
  - 법원이 전문가를 지정해 절차를 지원하거나, 비용 없이 변호사 도움을 받을 수 있도록 함

중소기업

실천 10

중소기업이 불리하지 않도록 공공구매제도를 개선하겠습니다.

▎**공공조달 시장에 민간계약 수준의 납품대금 연동제 도입**
　- 기존 계약금액 조정제도를 유지하되, 「상생협력법」의 납품대금 연동제를 준용한 물품 단품 E/S 제도 도입(계약 시 선택)

▎**공공기관의 예정가격 결정 시 기업참여 및 예정가격 적정조정기구 도입**
　- 구매규격 및 기초금액 공개 시 가격 관련 이의제기 및 기업이 제출한 가격 증빙자료를 참작할 수 있는 절차 마련
　- 계약담당공무원이 작성한 기초금액과 기업제출 가격 차가 현저할 때, 계약심의위원회 등을 통한 가격 조정

▎**물품구매 시 적격심사제 낙찰하한율 상향 조정**

국민과 함께
**새롭게
대한민국**

제21대 대통령선거
국민의힘 정책공약집
시·도 공약

국민과 함께

새롭게 대한민국

국민의힘

시 · 도 공약

CONTENTS

서울	436
부산	442
대구	448
인천	454
광주	460
대전	464
울산	470
세종	476
경기	480
강원	486
충북	492
충남	498
전북	504
전남	510
경북	516
경남	524
제주	530

서울

글로벌 동행 도시

- 청계천
- 한강
- 경복궁
- 명동
- N서울타워

1. 주택 안심정책 도시 서울!

중장기적 관점에서 주택 공급 안정화를 목표로 임대·청년주택 등 수혜대상을 늘리고, 주거 취약계층을 적극적으로 지원하여 서울시민의 주거 걱정을 덜어드리겠습니다.

국민의힘이 실천합니다.

- **규제 개혁으로 신속한 주택 공급 확대**
  - 재개발, 재건축 사업 확대 및 수익성 강화 대책 마련
  - 임대아파트 공공기여, 기부채납 완화
- **장기전세주택 공급 지원, 다가구 매입임대사업 지원기준 현실화**
- **상가, 숙박시설, 폐교 등을 활용한 기숙사형 청년주택 확충**

2. 교통 편의 증진 도시 서울!

서울형 도심항공교통(S-UAM)을 실증 및 도입에 적극적으로 나서 서울을 첨단교통 중심도시로 만들겠습니다. 동시에 상습 정체가 발생하는 도로를 정비하고, 철도 연장과 신설을 추진하겠습니다.

국민의힘이 실천합니다.

- **서울형 도심항공교통(S-UAM) 실증 등 미래 첨단 교통서비스 제공**
- **사업타당성 개선을 통한 철도 개통 등 각종 SOC사업 원활 추진**
  - 서울-수도권 서울 철도 연장 및 신규노선 개통
- **도심권 심야 자율주행택시 및 자율주행버스 운행**
- **서울항 조성 및 한강버스를 통해 한강 접근성 증대 및 관광 편익 확대**

3. 조화로운 공간 도시 서울!

서울의 고속도로, 철도를 지하화하고 그 상부를 생활, 문화, 여가의 공간으로 활용해 시민의 삶의 질을 향상시켜, 조화로운 서울을 만들겠습니다.

국민의힘이 실천합니다.

- 경부고속도로 및 강변북로 - 올림픽대로 지하화로 상습 정체 해결 및 도로로 단절된 한강공원 연결, 도로 상부 공원화
- 지상철도 지하화, 철도 상부공간 주변부지 통합개발(경부선, 경원선)
- 1호선 구간(영등포~서울역)부터 도시철도 지하화 지원 확대
- 지하철 노후 시설 재투자 확대

4. 활력 경제 도시 서울!

서울을 '세계 도시경쟁력 Top5'로 만들겠습니다.
도시경쟁력 강화를 위해 규제자유특구를 확대하고, 새로운 인프라를 조성하겠습니다. 이를 통해 청년 일자리 문제도 더 적극적으로 해결해 나가겠습니다.

국민의힘이 실천합니다.

- 도시경쟁력 강화를 위한 규제 완화
  - 규제자유특구 수도권 확대로 신산업 육성 추진
  - 경쟁력 강화를 위한 법률 제·개정 및 인프라 구축
  - 국가 유산 주변 규제 완화
- 4차 산업혁명 기술문화융합 클러스터 조성 및 운영
- AI 등 창조 산업 인프라 확충 및 첨단기술 혁신 개발자 양성
- 청년취업사관학교 운영을 통해 청년실업 문제 해결

5. 안심일상·건강도시 서울!

경기침체로 인해 발생하는 불황형 범죄를 예방하고, 복지 사각지대를 찾아 지원하겠습니다. 어르신, 저소득층, 임산부, 은둔생활자, 청년 등 다양한 시민이 체감할 수 있는 복지체계를 운영하겠습니다.

국민의힘이 실천합니다.

- **복잡한 복지체계 통합 및 지속 가능한 복지체계 마련**
- **취약계층을 위한 온라인 강의 확대로 희망사다리 구축**
- **AI 기반 지능형 CCTV로 도시통합 안전망 구축**
- **스마트 건강 도시 조성**
  - 요양시설 어르신 대상 돌봄 로봇 도입, 스마트 경로당 확대 등
  - 디지털 격차 해소 교육프로그램 운영
  - 운동하는 서울광장, 잠수교 보행환경 전면 조성, 파크골프장, 수변 활력 거점 조성 등
- **안심 진료 및 응급 의료 서비스 시스템 구축 및 강화**
  - 야간·휴일 상시 소아 진료 가능 병원 운영 등
  - 임산부를 위한 산부인과·심리상담 등 분야별 전문가 서비스 제공

6. 탄생 응원 도시 서울!

돌봄 환경 조성을 위해 '주거 부담 완화', '일생활 균형 지원' 등 아이를 키우기 편한 양육 인프라를 구축하겠습니다. 아이들이 태어나는 과정에서 부모로서 가지는 어려움과 부담을 조금이라도 줄일 수 있도록 저출생 극복 정책을 만들어 운영하겠습니다.

국민의힘이 실천합니다.

- 신혼부부 매입임대, 자녀 출산 무주택가구 주거비 지원 확대
- 난임부부 시술비, 난자동결, 가임력 검사 등 미래 출산 지원 확대
- 임산부 교통비, 산후조리경비 지원 확대
- 1인 자영업자·소상공인 맞춤형 출산·양육 지원
- 서울형 키즈카페 양육 친화 환경 확대
- 신혼부부 결혼 살림 비용 지원, 공공예식장 지원 확대

7. 글로벌 매력 도시 서울!

전 세계인이 매년 찾는 서울, 매달 찾는 서울을 만들겠습니다. 서울의 공간적 매력을 한층 업그레이드할 수 있는 상징적 건축과 도전을 계속해 나가겠습니다. 동시에 관광 관련 규제 완화를 통해 내수경기를 끌어올리겠습니다.

국민의힘이 실천합니다.

- 서울의 공간적 매력 강화를 위한 사업 추진
  - 서울 윈터페스타, 서울콘 등 주요 행사의 글로벌화 및 음악, 무용, 미술, 조각, 공연 등 관련 행사 지원으로 문화도시 구축
- 관광업 활성화 및 업계 위기 극복 지원을 위한 규제 완화

국민과 함께
**새롭게
대한민국**

부산

대한민국 대표 해양 도시

1. 부산의 대도약! 글로벌허브도시 부산

글로벌허브도시 부산을 만들겠습니다.
'규제 해제'와 '제도적 인프라 구축'을 통한 기반을 마련해 부산의 도시 경쟁력을 높이겠습니다.

국민의힘이 실천합니다.

- 「부산글로벌허브도시 조성에 관한 특별법」 제정
- 전면적인 규제 혁신과 특례 부여를 통한 각종 산업 환경 조성
- '교육·의료·환경' 등 생활환경 인프라 및
  '4無(무세금·무규제·무비자·무언어장벽)' 제도적 인프라 구축

2. 대한민국 금융수도 부산!

'한국산업은행 부산 이전'을 통해 부산을 글로벌 금융중심지로 도약시켜 남부권 산업 경쟁력을 높이고, 부산·경남 행정통합 연계를 통해 실질적인 지역 균형성장을 견인하겠습니다.

국민의힘이 실천합니다.

- 「한국산업은행법」 법률안 개정을 통해 '산업은행' 본사 부산 이전
- 대규모 금융사 유치 및 블록체인 등 금융관련 산업 육성을 통한 금융 클러스터 조성
- 부산·경남 행정통합

3. 북항 및 원도심 복합재개발을 통한 부산 원도심 르네상스!

북항 재개발을 통해 부산의 새로운 랜드마크를 형성하고, 원도심 개발로 동서 균형발전을 실현하겠습니다.

국민의힘이 실천합니다.

- 부산항 북항 항만재개발 1~3단계 사업 조속 추진
- 부산도시철도 부산항선(트램) 구축
- 북항 워터프론트 입지를 활용한 문화·해양레저산업 중심지 조성

4. 동북아시아 물류·교통 허브 부산!

동북아 항공·물류의 중심지, 동남권 교통의 축 부산입니다.
가덕신공항 신속 건설 및 부산신항과의 연계로 물류 트라이포트(Tri-port)를 구축하고, 부산과 울산·경남을 연결하는 광역철도망을 건설하겠습니다.

국민의힘이 실천합니다.

- 가덕신공항 신속 건설 및 공항복합도시 개발 추진
- 가덕신공항 - 부산신항 트라이포트(Tri-port) 구축
- 부·울·경(양산) 광역철도 건설
- 기장 정관선 건설

5. 부산형 분산에너지 특화지역 지정 및 전기요금 차등제 도입

'분산에너지 특화지역 조성'을 통해 전력 자급자족 기반을 마련하고, 남부권을 신에너지 기반의 혁신성장 거점으로 도약시키겠습니다.

국민의힘이 실천합니다.

- 지역 내 전력자립률을 고려한 요금체계 개선
- 분산에너지 기반 구축으로 에너지 다소비기업의 지역 분산 유도
- 에코델타시티·강서산단을 신재생에너지 특화구역으로 조성해 남부권 에너지 혁신성장 거점 육성

6. 선박산업의 메카! 고부가가치 항만 도시 구축

오늘날의 기술로 부산 본연의 가치를 높이겠습니다.
탄소중립 시대에 발맞춰 친환경·무탄소 에너지 선박 등 항만의 공급거점 전환을 위한 터미널을 조성하고, 부산항을 중심으로 한 친환경 선박 거점항을 조성하겠습니다.

국민의힘이 실천합니다.

- 친환경 대형수리조선단지 조성
- 친환경 복합에너지터미널 조성
- 친환경 선박특구 조성을 통한 해운항만산업 클러스터
- 글로벌 블루푸드 수출허브조성

7. 대한민국 영상·게임산업 일번지 부산!

국립영상박물관 부산 건립을 통해 직접 참여하고 체험할 수 있는 환경을 만들고, 부산 전역을 네트워크형 영상도시로 조성하겠습니다.
게임 콤플렉스 유치를 통해 남부권을 새로운 K-콘텐츠 산업 거점으로 만들고, 세계로 나아가는 게임도시 부산을 만들겠습니다.

국민의힘이 실천합니다.

- 국립영상박물관 부산 건립 및 글로벌 영상중심도시 육성
- 게임복합문화공간 「게임 콤플렉스」 부산 유치

국민과 함께
**새롭게
대한민국**

대구

로봇과 함께 만드는 스마트 도시

1. 대구경북신공항 국비 건설 및 공항 배후 첨단 산업단지 조성

신속하고 안정적인 군공항 이전과 중남부권 물류·여객 복합공항 건설로 대구 신성장 동력을 마련하겠습니다.

국민의힘이 실천합니다.

- 대구 군위군 소보·경북 의성군 비안 일원, 군공항 및 민간공항 이전 건설
- 기부대양여 차액 및 보조·융자 등 국비 지원
- 신공항과 연계한 첨단 산업단지와 신공항 배후 첨단 공항산단 건설

2. 대구 도심 및 광역 교통망 확충

대구 도시철도 순환선 건설로 기존 1,2,3호선과 4호선(엑스코선)의 환승효과를 극대화하고 신공항 연계 사통팔달 광역 교통망을 구축하겠습니다.

국민의힘이 실천합니다.

- 대구 도시철도망(1~4호선)을 하나로 연결하는 순환선(5호선) 건설
- 도시철도 4호선(엑스코선) 건설방식 의견수렴 및 수성남부선 건설
- 신공항~대구간 고속철도, 신공항 직통 고속도로, 플라잉카 노선 구축 등 신공항 중심 사통팔달 광역 교통망 완성
- 대구~광주 연결 달빛고속철도 조기 착공

3. 대구 군부대 이전 조속 완료 및 후적지 개발

군부대 이전을 조속히 완료해 신성장 동력을 확보하고, 이전 지역은 인구 증가, 군은 미래 병영 환경에 맞는 군시설 현대화로 민·군 상생을 실현하겠습니다.

국민의힘이 실천합니다.

- 도심 내 군부대 통합 이전 조속 완료
- 군부대 이전 후적지를 의료·금융·교육·첨단산업으로 개발하여 남부거대경제권 거점 구축
- 캠프워커 반환 부지를 3차 순환도로, 지하공영주차장 등으로 개발

4. 대구 미래 먹거리 5대 신성장산업 육성

대구의 산업구조를 혁신적으로 전환하여 5대 미래 신성장 산업을 집중적으로 지원·육성하겠습니다.

국민의힘이 실천합니다.

- UAM 연계 모빌리티 신산업 육성
- 반도체 신산업 생태계조성
- 로봇산업 글로벌 허브 도시 도약
- 첨단 의료헬스케어 산업 육성
- ABB(AI·빅데이터·블록체인) 신산업 생태계 확장으로 대구의 미래 먹거리 마련

5. 깨끗하고 안전한 식수원 공급

먹는 물 문제, 근본적으로 해결하겠습니다.
낙동강 상류 산업단지의 예측하기 어려운 수질오염사고 및 산업폐수 미량오염물질 피해를 차단하여 시민에게 안전하고 맑은 물을 안정적으로 공급하겠습니다.

국민의힘이 실천합니다.

- 안동댐 직하류~대구 문산·매곡정수장 총연장 110km 도수관로 연결
- '맑은 물 하이웨이' 국가계획 반영
- 낙동강 취수원 다변화를 위한 특별법 제정

6. 복합 문화·관광도시 대구 건설

문화·관광 인프라 확충을 통한 내·외국인 관광객 유치로 지역경제 성장 동력을 창출하고 명실상부한 복합문화·관광도시 대구를 건설하겠습니다.

국민의힘이 실천합니다.

- (구)경북도청 후적지를 국립근대미술관, 뮤지컬 콤플렉스 등 복합 문화 공간으로 조성 추진
- 대구간송미술관, 달성토성, 경상감영, 향촌문화공간 등 역사문화 관광벨트 조성
- 두류공원을 국가도시공원으로 지정하고 앞산에 체류형 관광 허브단지 조성

7. 대구 도심구간 경부선 고속철도(KTX) 지하화

경부선 고속철도 대구 도심구간 지하화로 단절된 도심을 하나로 연결하여 대구발전의 재도약 기회를 창출하겠습니다.

국민의힘이 실천합니다.

- 경부선 대구 도심 구간 지하화와 도시발전 계획 수립
- 지하 및 지상 활용 사례 검토 후 최첨단 활용방안 모색
- 동대구역, 동대구벤처밸리, 혁신도시와 연계 개발 및 교통망 확충 방안 마련

국민과 함께
**새롭게
대한민국**

인천

세계로 향하는 하늘 도시

백령도점박이

TRIBOWL

INCHEON BRIDGE

1. 세계로 향하는 하늘도시! 인천

인천국제공항 5단계 확장을 통해 증가하는 항공 수요에 대비하고, 인천공항과 지방공항 간 국제선 환승 전용 내항기 활성화로 지역과 상생하는 명실상부한 동북아 메가 허브공항이 되도록 지원하겠습니다. 인천국제공항을 중심으로 주변 지역과 연계하여 특화된 공항 경제권을 개발하고, 항공 안전을 위한 공유형 항공 MRO 생태계를 구축해 세계 제일의 공항 도시로 거듭나겠습니다.

국민의힘이 실천합니다.

- 지방공항과 상생하는 인천국제공항 5단계 확장 사업 추진
- 공항과 주변 지역을 연계하여 특화된 공항 경제권 개발
  - 「공항 경제권 개발 및 지원에 관한 특별법」 제정
- 항공 안전을 위한 공유형 항공 MRO 생태계 구축
- 도심항공교통(UAM) 지자체 시범사업 추진

2. 대한민국 해양 경제의 중심도시! 인천

노후화된 인천항 내항의 재개발을 통해 해양·문화·관광 거점으로 조성하여 지역 경제를 활성화하겠습니다.

국민의힘이 실천합니다.

- 인천항 내항 재개발사업을 통해 랜드마크 건설 및 글로벌 수변문화공간 조성
- 인천항 발전 로드맵 공동연구 추진
- 인천해역방어사령부 이전 추진
- 인천 연안해역 조업 및 서북도서 운항 규제 완화 추진
- 서해 5도 주민의 정주 여건 개선 추진

3. 편리한 이동, 활력 넘치는 교통도시! 인천

광역교통망을 대폭 확충하여 교통혼잡을 완화하고 시민들의 출퇴근 통근 시간을 획기적으로 줄이겠습니다.
인천공항을 중심으로 배후 지역 간 대중교통체계를 신설하여 교통 편익을 증진하겠습니다.

국민의힘이 실천합니다.

[철도]
- 인천발 KTX, 인천국제공항 연장 추진
- 원도심과 신도시를 연결하는 인천지하철 순환 3호선 건설
- GTX-B, GTX-D(Y자 노선), GTX-E 신속 추진
- 제2경인선 광역철도 건설 신속 추진
- 인천1호선 송도8공구 연장
- 계양테크노밸리 광역철도 도입
- 송도 순환 트램 추진

[도로]
- 인천~충청 간 고속도로 건설
- 서부수도권 S-BRT 연결 사업 추진
- 제4경인고속도로 건설
- 영종~강화 도로 건설
- 수도권 제2순환선(인천~안산) 조기 착공
- 경인고속도로 지하화 조기 착수
- 문학IC~공단고가교 지하도로 건설

4. 개방과 혁신의 자유로운 경제도시! 인천

인천의 지속 가능한 발전을 위해 신성장 동력을 마련하고 국가 첨단산업의 글로벌 진출거점을 구축하는 한편, 인천시민의 먹거리 공급 안정을 도모하겠습니다.

국민의힘이 실천합니다.

- 강화 남단 경제자유구역 추가 지정
- 송도국제도시 바이오 특화단지 확대 추진
- 영흥 미래 에너지파크 조성 및 분산에너지 특화지역 지정 추진
- 인천 강화·옹진 기회발전특구 지정 추진
- 인천 내 노후 산업단지 재생 및 입주업종 규제완화 등 고도화 추진
- 인천 농축산물유통공사 설립 추진

5. 과감한 정비, 품격있는 주거도시! 인천

경인선 지하화와 원도심 재개발·재건축 등 과감한 정비사업을 통해 원도심의 경쟁력을 강화하고 인천시민의 주거환경을 획기적으로 개선하겠습니다.

국민의힘이 실천합니다.

- 경인선 지하화 및 상부 복합 개발을 통한 도시공간 구조 재편
- 원도심 재개발·재건축 지역별 맞춤형 정비사업 신속 추진
- 공공기관 등 유휴 공간 활용으로 원도심 주차난 해결
- 캠프마켓(부평 미군기지) 조성 사업 신속 추진

6. 따뜻한 복지, 친환경 건강도시! 인천

수도권 매립지로 인한 인천시민들의 오랜 환경적·경제적 피해 해소를 위해 조속한 대체매립지 조성 등 합리적인 매립지 정책을 마련하겠습니다.
공공의료원, 감염병 전문병원, 종합병원 등 의료시설 확충을 통해 인천국제공항으로 들어오는 다수의 관광객과 우리 국민의 안전성을 확보하고, 지역 우수 인재 양성을 통해 글로벌 의료 도시로 도약하겠습니다.

국민의힘이 실천합니다.

- 대체매립지 조성 추진
- 제2의료원 등 공공의료시설 확충
- 영종 종합병원 및 인천권역 감염병 전문병원 유치 추진

7. 문화와 휴식이 충만한 힐링도시! 인천

인천경제자유구역 공항 경제권을 중심으로 끊임없이 콘텐츠가 생산되는 K-콘텐츠 랜드 조성을 통해 세계인이 찾아오는 글로벌 콘텐츠 문화 도시를 만들겠습니다.
문화 예술 공간 확대와 해양 친수공간 등 자연 친화적 휴게 공간 조성으로 시민 만족도와 도시의 생태적 가치를 제고하겠습니다.

국민의힘이 실천합니다.

- 인천의 공항 경제권을 활용한 'K-콘텐츠 랜드' 조성 추진
- 소래습지생태공원 국가도시공원 지정 추진
- 인천 북부권 문화예술회관 건립 추진
- 인천 주요 공원 내 공연장·전시장·물놀이터·황톳길 등 조성 추진

국민과 함께
새롭게
대한민국

광주

자유·민주·인권·미래의 도시

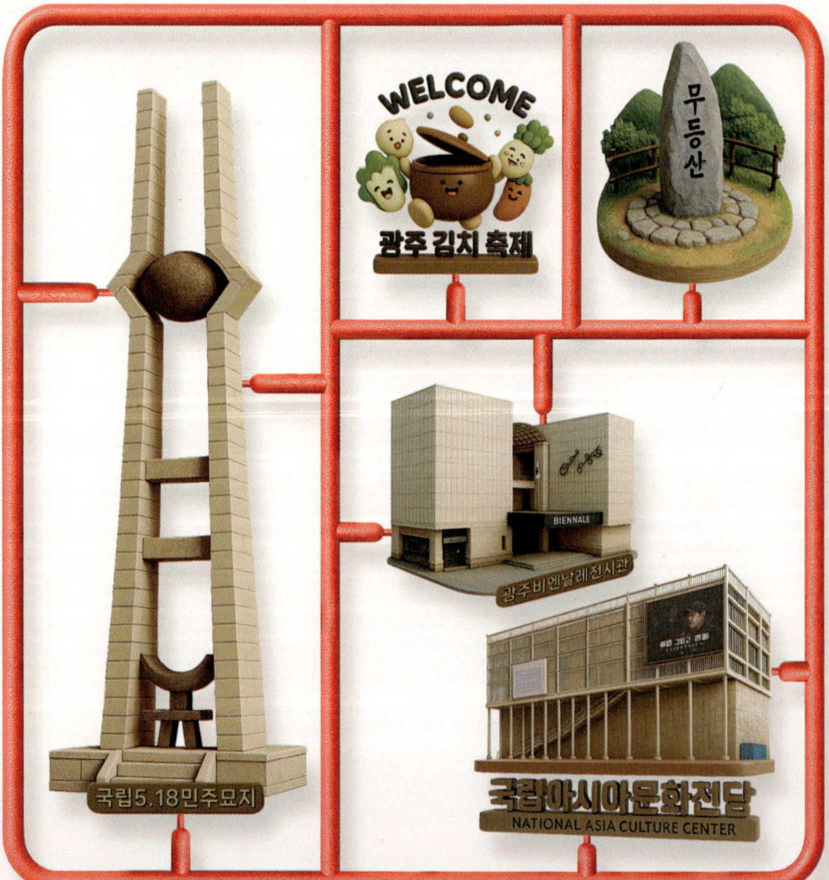

WELCOME
광주 김치 축제
무등산
국립5.18민주묘지
BIENNALE
광주비엔날레전시관
국립아시아문화전당
NATIONAL ASIA CULTURE CENTER

1. AI 생태계 표준도시로 적극 추진

광주 국가AI데이터센터 2단계 사업의 중단없는 추진으로 정보통신분야의 국가경쟁력을 제고하고 나아가 산업 전반의 질적 향상을 추진하겠습니다.

국민의힘이 실천합니다.

- **AX 실증밸리 조성사업 추진**
  - 산업특화 AX 기술개발, 사회문제해결 AI 기술개발, 개방형 AI 혁신 인프라 제공
- **지역 AI 혁신거점 구축**
  - AI 기업·인재를 종합 육성하기 위한 AI 원천기술 개발, 실증·사업화 등을 지원하는 AX R&D 허브 육성 신속 추진
- **특화산업의 AX 가속화 및 AI 일상화 추진**

2. 복합쇼핑몰 예정지 일대 교통인프라 확보 추진

복합쇼핑몰 건립과 관련해 정시성, 신속성, 쾌속성을 갖춘 대중교통 체계를 포함한 다각적인 교통인프라를 확보하겠습니다.

국민의힘이 실천합니다.

- 복합쇼핑몰 예정지 주변의 도시철도망 추가 구축 및 간선급행버스체계(BRT) 설치
- 복합쇼핑몰 건립을 통한 고용 증대로 지역경제 활성화 방안 마련

3. 청년이 미래입니다.
- 광주특화 교육, 창업, 실증도시 구현

고등교육의 질적혁신과 지역 산업 연계 특화 교육을 통해 지역대학이 지역경제 및 산업의 중심축을 융성케하는 환경을 조성하겠습니다.

국민의힘이 실천합니다.

- 로컬대학 연합체 구성을 통한 광주의 미래산업(모빌리티, 에너지, 반도체, 인공지능) 전문 고급인력 양성
- '규제프리' 창업 실증지구 조성
- 디지털커머스 산업 혁신 거점 조성

4. 건강한 도시를 만드는 기본, 수자원 확보에 진심

깨끗하고 안전한 물 확보를 위해 수질을 개선하고 대체수자원을 확보해, 건강한 하천생태계를 조성하여 시민의 삶의 질을 높이겠습니다.

국민의힘이 실천합니다.

- 영산강 유역 물 순환 체계 구축
- 영산강 수계 비점오염저감시설 및 수질정화 생태습지 조성
- 하상 여과수 개발, 생활용수 이용 추진

5. 5.18정신 헌법 전문 수록 추진하겠습니다.

5.18정신의 헌법전문 수록을 통한 5.18민주화운동의 헌법적 위상을 정립하겠습니다.

국민의힘이 실천합니다.

- 5.18민주화운동 정신 헌법 전문 수록

6. 국가균형발전을 이루겠습니다.

동서화합과 국가균형발전의 토대가 될 광주~대구 달빛철도 사업을 신속히 추진하겠습니다.
호남고속도로(동광주~광산IC) 확장을 추진하겠습니다.

국민의힘이 실천합니다.

- 광주~대구간 달빛철도 신속 추진
- 광주선(광주송정역~광주역) 지하화 반영
- 호남고속도로 동광주~광산IC 구간 확장 추진
  - 도로확장 11.2㎞, 4차선 → 6~8차로 확장
  - 방음터널 12개소 설계 반영
  - 교량 20개소 설계 반영

7. 서남권 에너지 메가시티 구축 지원

대규모 재생에너지 생산지와 인접한 내륙도시에 공급망을 구축하여 향후 수출의존형 경제의 위험요인을 선제적으로 대비하겠습니다.

국민의힘이 실천합니다.

- 재생에너지 공급망 구축 : 송배전망 보강 및 변전소 등 접속설비 구축
- 유연성 자원의 안정성 확보 위한 에너지 저장장치(자원) 및 전력변환장치 구축
- 서남권 VPP(분산형 가상발전소) 허브 구축

대전

대한민국 과학수도

1. 대전의 전략산업·기술로 대한민국의 미래를 열어가겠습니다.

대전만의 과학기술과 지리적 거점을 활용하여, 대한민국 미래 먹거리 사업 대표 중심지로 거듭나겠습니다.

국민의힘이 실천합니다.

- 대덕 양자클러스터 구축
- (대덕특구 재창조) 사이언스 비즈니스 복합단지 조성
- (대덕특구 재창조) 국가 첨단 바이오 메디컬 혁신지구 조성
- (대덕특구 재창조) 충청권 첨단 신기술 실증허브 구축
- (대덕특구 재창조) 대덕연구개발특구 복합문화공간 조성
- 반도체종합연구원 설립(나노종합기술원 첨단팹 구축)
- 충청권 국방우주 첨단기술 융합허브 구축
- 인공지능(AI) 기반 융합 혁신센터 구축
- 핵융합에너지 클러스터 구축
- 태양광기업공동활용연구센터 국가전략기술 특화연구소 지정
- 기후테크 연구·실증·사업 허브 구축

2. 대전의 산업 성장으로 대한민국 경제를 선도하겠습니다.

제2의 중부권 판교라인을 형성하여 기업 집적 및 특성화로 글로벌 광역경제 거점도시로 도약하겠습니다.

국민의힘이 실천합니다.

- 대전 도심융합특구 조성
- 메가 프리존 대전 조성
- 나노·반도체 국가산업단지 조성
- 국제과학비즈니스벨트 2단계 개발사업 추진
- 탑립전민지구 연구개발특구 진입도로 개설
- 대전형 스마트농업 첨단산업밸리 조성
- 대전·세종 경제자유구역 지정

3. 대전·충남 통합을 통해 대한민국 성장축이 되겠습니다.

대전·충남 통합으로 지방분권·행정체계 개편 모델 구현하여 대한민국의 성장축이 되겠습니다.
이를 위해 대전을 넘어 충청권 상생발전을 위한 광역교통망을 확충해 충청권 메가시티 조성을 촉진하겠습니다.

국민의힘이 실천합니다.

- 대전·충남 행정통합을 모델로 한 미래지향적 행정체제개편
- 호남고속도로 지하화 및 확장
- 대전 도시철도 2호선 트램 성공적 완공
- 대전 도시철도 3·4·5호선 건설 추진
- 도심철도구간 입체화 통합개발(대전조차장·대전역)
- 충청권 제2외곽 순환 고속도로 건설
- 충청권 메가시티 완성을 위한 광역도로망 구축
- 대전~세종~충북 광역급행철도(CTX) 건설 신속 추진
- 충청권 광역철도(1단계) 건설 정상화
- 수소철도(트램 등) 활성화를 위한 법률 제·개정
- 신교통수단(3칸 굴절버스) 확대 추진을 위한 제도 마련

4. 문화·환경의 명품 공간으로 대한민국 도시모델이 되겠습니다.

지역 숙원사업 해결 및 지역발전을 이루어 원도심을 활성화 하고 지역경제를 살리겠습니다.

국민의힘이 실천합니다.

- 국립대전현충원 연계 국가대표 '나라사랑공원' 조성
- 자운대 공간 재창조 사업
- 대전교도소 이전 추진
- 대전 노루벌 국가정원 조성
- 중부권 메가스포츠 콤플렉스 특화단지 조성
- 국립과학도서관 건립
- 외국인 유학생 종합 지원센터 설치

국민과 함께
새롭게
대한민국

울산

미래를 준비하는 산업 도시

1. 울산을 푸르게! 세계로 가는 정원도시 울산
   (2028 울산 국제정원박람회 성공 개최)

2028 국제정원박람회를 성공적으로 개최하여 대한민국의 정원문화 수준을 한 단계 끌어올리고, 생태·문화·관광산업의 융복합 성장을 이끌어 내겠습니다.

국민의힘이 실천합니다.

- 「2028 울산국제정원박람회 지원 및 사후활용에 관한 특별법」 제정 추진
- 태화강의 아름다운 생태환경과 어우러진 세계적 공연장 건립
- 제조업 중심 울산 시민들의 심리·정서 회복을 위한 국립 정원 치유의 전당 조성(산책로, 전시공간, 가드닝 클래스 등 조성)

2. 문화와 자연, 스포츠가 공존하는 U잼 도시 울산 만들겠습니다.

울산의 소중한 문화자산인 반구대 암각화의 가치를 세계에 알리겠습니다. 울산체육공원 내에 국내 최초 국제규격 카누 슬라럼 경기장을 조성하고 국제대회를 유치해 울산의 경쟁력을 강화하겠습니다.

국민의힘이 실천합니다.

- 암각화 유산 연구의 핵심거점, 반구천 세계암각화센터 건립
- 국내 최초 국제규격 카누 슬라럼 센터 조성

3. 조선업 하면 대한민국, K-조선은 울산

탄소중립, 자동화, 디지털 전환 등 미래 수요에 선제적으로 대응하여 대한민국의 조선업 경쟁력을 한층 끌어올리겠습니다.
함정·잠수함 등 방위산업 분야 전략산업 거점으로서의 역할을 강화하겠습니다.

국민의힘이 실천합니다.

- 미래 친환경 첨단조선 기술혁신지구 조성
- 방산혁신클러스터 구축으로 방위산업 경쟁력을 제고하여 글로벌 시장 선점

4. 디지털 초격차 시대, 울산을 미래 기술 산업의 심장으로!

기술과 산업, 그리고 시민의 삶이 유기적으로 연결되는 지속가능한 혁신도시로 도약시켜, 세계가 주목하는 미래 산업 수도 울산을 만들겠습니다.

국민의힘이 실천합니다.

- AI 기반 미래모빌리티 엔지니어링센터 구축
- K-UAM 핵심기술개발사업 통합실증지 지정
- 양자 미래기술 클러스터 조성
- 울산형 제조 AI 혁신 허브 조성
- 친환경 수중 데이터센터 단지 구축

5. 에너지 대전환, 울산이 선도하겠습니다.

지역 맞춤형 에너지 시스템 구축과 신재생에너지 확대, 스마트 전력망 도입 등을 통해 국가 에너지 전략을 이끄는 중심 도시로 만들겠습니다.

국민의힘이 실천합니다.

- 청정수소 생산·활용 클러스터 구축
- 분산에너지 통합 지원센터 설립
- 고효율·스마트 배터리 혁신 밸리 조성 사업

6. 막힌 도심을 뚫고, 한반도 동서를 잇는 울산교통 다변화

교통 인프라 3대 핵심 사업을 통해 막힌 도심을 뚫고, 한반도 동서를 잇는 울산 교통 다변화로 교통 체계를 혁신하고, 물류 효율과 시민 이동 편의를 동시에 개선하겠습니다.

국민의힘이 실천합니다.

- 울산고속도로 도심 지하화 사업
- 울산도시철도(트램) 2, 3, 4호선 건설
    - 2호선 : 북울산역~야음사거리
    - 3호선 : 효문역~대왕암공원
    - 4호선 : 신복교차로~복산성당
- 울산 ~ 전주 고속철도 건설

7. 삶의 질을 올리고 인재가 자라나는 울산 만들기

첨단 의료와 미래 교육 인프라를 확충하겠습니다.
첨단 암치료 인프라를 구축하여 의료비 부담을 줄이고, 지역 간 치료 격차를 해소하겠습니다. 또한 고등교육 인프라 확충과 함께, 국내외 대학이 참여하는 미래형 교육 생태계를 조성해 청년 정착률을 높이고, 인재가 자라고 머무는 도시로 바꾸겠습니다.

국민의힘이 실천합니다.

- 영남권 특화 암치료 선도 울산 양성자치료센터 설립
- 글로벌 도심형 공동캠퍼스 유치

국민과 함께
**새롭게
대한민국**

세종

대한민국 행정수도

1. 사통팔달 행정수도 광역 교통체계 조성으로 국토중심 세종

대한민국의 행정수도 세종을 전국 어디서든 신속하게 접근 가능한 교통중심도시로 발전시키겠습니다. 도농간 불균형을 해소하기 위해 조치원읍 역사개발을 추진하고 교통분산효과를 통해 광역교통체계를 조성하겠습니다.

국민의힘이 실천합니다.

- 조치원읍 도심구간 철도 지하화와 역사 재개발 추진
- 충청권 광역철도와 수도권 내륙선 광역철도 연결
  - 서울-세종 60분내 연결 광역철도망 확충
- 도심 교통난 해소를 위한 세종시 제2외곽순환도로 신설
- 대전-당진 고속도로내 첫마을 IC 신설
- 충청권(대전-세종-충북) 광역철도(CTX) 조기완공

2. 세종북부 산업단지 배후 신도시 및 조치원 첨단산업 특화단지 조성

북부권 산업단지를 AI 기반 첨단산업 특화단지로 재편하고, 배후 신도시를 조성하여 일자리-정주-산업이 선순환하는 북부 성장축을 완성하겠습니다.

국민의힘이 실천합니다.

- 노후된 조치원 산업단지를 로봇·양자·AI 기반 첨단산업 특화단지로 고도화 추진
- 조치원 및 연기 지역 내 공공주택지구, 비행장 이전부지 등과 연계한 산업벨트화 추진
- 소정·전의·전동 일원에 50만㎡ 규모의 배후 신도시 조성
- 북부권 10km 반경 17개 산업단지와 연계하여 교통·주거·산업 기능 집적

3. 미래전략산업 수도 세종 - 국가산업생태계 조성

세종을 국가 첨단산업 생태계의 중심 도시로 육성하겠습니다.
정책 중심 도시로서의 기능을 산업·기술·고용과 연계하여 고부가가치 일자리 창출과 청년 정착을 실현하겠습니다.

국민의힘이 실천합니다.

- AI 중심 국가첨단산업단지 지정 및 특화단지 개발
- 국가 양자컴퓨팅 알고리즘 연구센터 설립
- 디지털바이오 허브 조성 및 규제자유특구 추진
- AI·바이오 기반 스타트업 지원 등 글로벌 창업단지 조성

4. 자연을 품은 행정수도 세종

세종시를 가로지는 금강을 활용해 수자원을 안정화하고 수변 친수공간을 활성화해 자연과 도시 기능을 통합하는 "자연을 품은 행정수도"를 만들겠습니다.

국민의힘이 실천합니다.

- 세종수목원, 중앙공원, 호수공원 등 도심 녹지 활용으로 정원네트워크 구축
- 금강의 안정적인 수량 확보를 통해 수변 활용 및 레저시설 등 친수공간 확대
- 지역 인프라와 환경자원을 연계한 생태기반 MICE 산업 육성

5. 세종형 미래인재 교육특구 조성
   - 직업·체육·문화 융합 교육도시 세종

외국 기술인력 대상 직업교육, 전국 단위 체육중등교육, 글로벌 한글문화교육을 융합한 세종형 교육특구를 조성하겠습니다.

국민의힘이 실천합니다.

▍**세종 국제폴리텍대학 캠퍼스 신설**
- 한국폴리텍대학 산하, 외국인력 맞춤형 직업교육캠퍼스 설치
- 외국기술인력 및 청년유입 기반강화

▍**국립체육영재학교 설립**
- 조기 엘리트 발굴, 국제경쟁종목중심 집중 육성
- 세종중심 전국단위 체육교육 거점 확보

▍**국립 한글문화단지 조성**
- 한글사관학교, 체험관, 콘텐츠센터 등 복합교육허브 조성

경기

첨단산업·물류·교통의 중심지

- 두물머리
- 경기도자비엔날레
- 반도체단지
- 수원 화성
- 양주 별산대놀이

1. 수도권 30분 시대, GTX 확충 및 조기완공

지난 정부에서 진행 중이던 수도권 광역급행철도 GTX 노선 신설·연장을 차질 없이 진행하겠습니다.

국민의힘이 실천합니다.

▎ **GTX 1기 노선 A·B·C**
- GTX-A (동탄에서 평택으로 연장)
- GTX-B (마석에서 가평, 춘천까지 연장)
- GTX-C (덕정에서 동두천, 수원에서 화성, 오산, 평택, 아산까지 연장)

▎ **GTX 2기 노선 D·E·F**
- GTX-D (인천공항과 김포 장기를 각각 서부종점으로, 팔당과 원주를 각각 동부종점으로 하는 더블 Y자)
- GTX-E (인천공항에서 대장까지는 GTX-D와 공유하고 이후 덕소까지)
- GTX-F (기존 수인분당선, 서해선, 교외선 등을 활용하여 순환선 고리를 완성) 등

▎ **GTX 검토 노선**
- GTX-G (인천공항에서 KTX광명역을 거쳐 서울 강남권을 지나 포천까지)
* (동탄~안성~충북혁신도시~청주공항) 수도권과 충청을 잇는 수도권 내륙선을 광역급행철도로 설계

2. 주한미군 반환공여구역 개발 추진

"주한미군 반환공여구역 개발"을 통해 국가안보를 위해 지역발전 정체를 감내해 온 해당지역의 기반시설 확충 및 생활환경을 개선하고 국가 균형 발전과 주민들의 삶의 질 향상에 앞장서겠습니다.

국민의힘이 실천합니다.

- 주한미군 공여지 개발 추진
- 주한미군 반환공여구역 내 기반시설 확충

3. 수도권 정비계획법령 등 개정 건의

"수도권 정비계획법령 등 개정 건의"를 통해 경기 북·동부 지역의 역차별을 해소하겠습니다.

국민의힘이 실천합니다.

- 북부지역 (김포·파주·양주·포천·동두천·연천)
  - 수정법을 개정, 경기 북부 6개 시군을 성장촉진권역으로 지정하여 수도권 접경지역에 대한 규제 완화
- 동부지역 (광주·이천·여주·양평·가평·용인·안성·남양주)
  - 자연보전권역 산업단지 및 도시개발사업 규모 제한 완화

4. 광역교통망 확충

경기도 광역교통망을 체계적으로 확충하여 경기도 내 생활권의 근접성을 확보하고 도민의 일상을 한층 발전시키겠습니다.

국민의힘이 실천합니다.

- 철도 지하화 및 지상부 개발사업 조기 추진
- 오리역세권 복합개발 및 SRT 오리역 신설
- 옥길동 지하철 노선 연장 운영
- 양주 서부 전철 연결선 추진(서울3호선 연장)
- 서울~연천 고속도로(양주~연천 구간) 건설
- 9호선 일산 연장, 3호선 급행 신설
- 위례과천선 의왕 연장안 제5차 국가철도망 구축계획 반영 및 조기착공
- 군포역 ITX 정차
- 지하철 3호선 연장 및 고기동~의왕 백운호수 도로 신설
- 운정 지하철 3호선 파주 연장을 위한 예비타당성조사 제도 개편
- 전철 통일로선 조기 착공
- KTX 문산 연장
- 평택~부발선 철도 건설 조기 착공
- 지하철 8호선 연장(판교 - 오포) 추진
- 국도37호선(하천IC~고성) 노선변경 및 도로개설 사업 추진
- 서울 - 양평 고속도로 신속 추진
- 여주시 강천역 신설

5. 4차 산업기술 연구단지 조성

경기도를 대한민국 4차 산업혁명의 중심지로 육성하여 미래성장동력 확보와 첨단산업 생태계를 구축하고 첨단산업 연구단지 조성을 통해 지역경제 활성화, 일자리 창출, 국가 경쟁력 강화를 도모하겠습니다.

국민의힘이 실천합니다.

- 수원 반도체 메가시티허브 조성
- 야탑밸리 시스템반도체 클러스터 조성
- 경기북부 첨단산업벨트 구축
- 동두천 국가산업단지 '국가첨단전략산업단지 지정' 추진
- 용인 동천동 스마트 첨단산업단지 조성

6. 재개발·재건축 촉진, 쾌적한 주거환경 조성

도민들의 쾌적한 삶, 도민들의 걱정없는 주거를 위해 미래지향적인 경기도 리모델링을 통해 품격있는 주거환경을 조성하겠습니다.

국민의힘이 실천합니다.

- 재개발·재건축 촉진 특별법의 신속한 시행
- 「원·구도심 용적율 특별법」 제정
- 재건축초과이익 환수제 및 종합부동산세 폐지
- 중동 1기 신도시 재건축 신속 추진 및 공동주택 보조금 대폭 확대
- 주민의 주거 행복추구를 위한 노후계획도시 재정비
- 성남형 청년주택(가칭 SOLO-MON의 주택) 정책

국민과 함께
**새롭게
대한민국**

강원

관광과 미래가 공존하는 도시

1. 강원특별법 3차 개정

강원특별법 3차 개정을 통해 미래산업 글로벌 도시 비전을 실현하고, 도민이 체감할 수 있는 특별자치시대를 만들겠습니다.

> **국민의힘이 실천합니다.**

- 강원특별법 3차 개정 법안 조속한 국회 통과 추진
- 국제학교·강원과학기술원 설립, 수소산업·바이오헬스산업 육성 등 핵심과제 추진
- 실효성 갖춘 특별법 개정으로 강원특별자치도 제도적 기반 구축

2. 강원특별자치도 미래산업 육성과 제도적 기반 강화

반도체, 바이오, 수소에너지, 친환경 미래차, 연어 산업, 첨단 방위산업, 기후테크 등 7대 전략 산업을 중심으로 지역 특화형 생태계를 조성하고 강원의 지리적·환경적 강점을 활용하여 국가 핵심 산업의 거점으로 자리매김하겠습니다.

> **국민의힘이 실천합니다.**

- 강원형 반도체 클러스터 강원 전역으로 확장
- 강원이 선도하는 K-바이오 생태계 육성
- 수소에너지 거점 도시 조성
- 강원형 친환경 미래차산업 육성
- K-연어 산업 생태계 조성
- 강원형 첨단 방위산업 생태계 조성
- 기후테크 신산업 육성

3. 강원특별자치도 규제 혁신과 자원 활용

농지특례와 산림이용진흥지구를 통해 자원을 효율적으로 활용하고, 환경영향평가 협의권한 안정화로 지역 특성을 반영한 개발을 추진하겠습니다. 또한, 군사규제 혁신을 통해 주민 불편을 해소하고 군유휴지를 활용하여 지역 경제 활성화를 도모하겠습니다.

국민의힘이 실천합니다.

- 농지특례 존속기한 폐지 및 적용범위 확대
- 산림이용진흥지구 내 국유림 사용불가 개선
- 지자체 환경영향평가 협의권한 안정화
- 국가 주도의 군사규제 혁신

4. 강원형 교통망과 물류 허브 구축

강원형 고속도로 및 철도망을 구축하고 동해안 개발사업 등 핵심 인프라를 확충하겠습니다.

국민의힘이 실천합니다.

- 강원형 고속도로 건설
    - 제천~영월 고속도로 적기 내 개통 추진
    - 영월~삼척 고속도로 타당성평가 용역 추진
    - 포천~철원 고속도로 예타 신청 및 통과 추진
    - 속초~고성 고속도로 예타 신청 및 조기착공 추진
    - 양구~영월 고속도로 중점사업 반영 추진

국민의힘이 실천합니다.

▎ **강원형 철도망 조기 구축**
  - 용문~홍천, 삼척~강릉, 원주~만종 조기 착공
  - GTX-B(마석~춘천) 연장
  - 강원내륙선(철원~춘천~원주), 태백영동선(제천~태백~삼척),
    경원선(연천~철원 월정리), 평창정선선(평창~사북),
    제천평창선(제천~평창) 신규사업 추진

▎ **동해항 북방경제 거점항만 육성 위해 민자사업 구간 조기 준공 추진**
▎ **동해 스마트정비지원센터(정비창) 건립 추진**
▎ **강릉 글로벌 물류항만 조성**

5. 강원관광산업 도약

새로운 관광 트렌드와 체류형 관광 수요를 반영해 강원관광산업을 활성화시키겠습니다.

국민의힘이 실천합니다.

▎ 「2025~2026 강원 방문의 해」 운영 지원
▎ 동해안권 치유·관광 융복합 해양클러스터 육성

6. 조기 폐광지역 지역경제 활성화

폐광 부지를 활용한 대체 산업 육성과 대규모 투자 사업을 추진하겠습니다.

국민의힘이 실천합니다.

- 폐광지역 지정면세점 설치를 통한 지역 경기 활성화 기반 마련
- 태백 지역, 청정 메탄올 생산 및 물류 기지로 육성, 핵심 광물 산업단지 조성
- 삼척 지역, 중입자 가속기 기반 의료 클러스터 조성

7. 강원형 농어촌 미래혁신 프로젝트

첨단기술과 자연자원을 기반으로 한 산업·복지 융합 전략을 통해 지속가능한 지역경제 생태계를 구축하겠습니다.

국민의힘이 실천합니다.

- 청년농 유입 기반 마련을 위한 스마트농업 혁신벨트 조성
- 정원산업을 매개로 한 지역균형발전과 경제 활성화
- 외국인 어업근로자 복지 지원체계 확립을 통한 어촌 활력 회복

국민과 함께
**새롭게
대한민국**

충북

바이오와 첨단산업의 도시

1. 청주국제공항 '대안' 아닌 '대세'로 키우겠습니다.

청주국제공항 활성화는 충북의 미래입니다.
청주국제공항에 활주로를 신설하여 수도권 대체 공항으로서의
기능을 강화하겠습니다. 청주국제공항, 이제는 '대안'이 아닌 '대세'로
키우겠습니다.

국민의힘이 실천합니다.

- 청주국제공항 민간 전용 활주로 신설
  - 민항용 활주로(길이 약 3.2km)
- 충주 19비행단 기존 활주로를 민간 물류공항으로 전환
- 중부권 물류단지 조성

2. 지역 혜택 없는 중부내륙특별법! 반드시 개정합니다!

중부내륙특별법 특례 조항을 대폭 확대하고, 환경영향평가·산지관리 등
규제를 합리화하여 균형발전을 이끌겠습니다.

국민의힘이 실천합니다.

- 균형발전 기반 및 지역위기 대응을 위한 특례 마련
- 지방시대 실현 및 성장거점 마련을 위한 지자체 권한 강화

3. 세계가 주목하는 'K-바이오'! 오송에서 실현하겠습니다.

AI·첨단바이오가 융합된 'K-바이오 스퀘어'를 조성해, KAIST·글로벌 병원·R&D센터를 유치해 오송을 바이오 혁신의 거점으로 만들겠습니다.

국민의힘이 실천합니다.

- 글로벌 수준의 K-바이오스퀘어 조성
- KAIST 오송 바이오메디컬 캠퍼스타운 조성
- 글로벌 R&D 임상연구센터 설립
- 국립노화연구소 설립

4. 청주 특례시 지정으로 명품도시로 만들겠습니다.

국가균형발전과 지방소멸 대응을 위해 반드시 청주 특례시를 완성하겠습니다.

국민의힘이 실천합니다.

- 비수도권에 한정한 특례시를 위한 지방행정체계 개편방안 마련
- 행정안전부와 인구 감소와 지방소멸 극복을 위한 이행방안 마련 추진

5. 주변이 아닌, 국토의 중심으로! 사통팔달 교통망 구축!

충북을 1시간 내 생활권으로, 사통팔달의 교통 중심지로 만들겠습니다.

국민의힘이 실천합니다.

철도망 구축 및 확장
- CTX 1호선 조속 추진, CTX 2호선 신설
- GTX 연계 직통노선 확충
- 중부내륙선 복선화(이천~충주) 및 충북선 고속화(제천역 경유)
- 청주 도심 순환 철도 신설

도로망 확충
- 중부고속도로 확장(남이~서청주, 증평~호법)
- 중부내륙고속도로 확장(충주JCT~여주JCT)
- 행복도시~청주공항 광역 연계 도로 신설
- 주요 국도 및 국지도 확충
- BRT 노선 구축(청주 – 진천 – 음성)

6. 충북 도민의 삶의 기준을 바꾸겠습니다.

낙후된 시설을 개선하고, 의료 시설 확충 및 체육시설을 신축하겠습니다. 도심내 위치한 비도시형시설(수용시설, 군사시설)을 이전하여, 주거·의료·복합시설 등의 시민 중심의 공간으로 전환하여 충북 도민의 삶의 질을 높여드리겠습니다.

국민의힘이 실천합니다.

- **생활 인프라 개선 및 정비**
  - 청주교도소 이전 추진
  - 청주 비하동 예비군훈련장 이전
  - 청주 다목적 실내체육관 조성
  - 청주 남부 복합 버스터미널 조성
  - 종합 스포츠 콤플렉스 조성
  - 직지금속활자 세계화 작업
  - 국가하천(미호강, 무심천) 퇴적토 제거
  - 괴산군 터미널 도시재생 혁신지구 사업
- **의료 인프라 확충으로 의료격차 해소**
  - 충북 북부권 상급병원 유치 추진
    (충주 충북대병원 분원, 제천 보훈병원)
  - 보은군 국립교통재활병원 설립
- **복합휴양 시설 및 관광지 조성**
  - 충주호 문화예술 리트리스
  - 속리산 생태문화탐방로 개설
  - 백두대간 관광벨트 및 숲속 힐링센터
- **괴산댐 여수로 신설 포함 안전대책 추진**

7. 규제를 풀고 기회를 만들어 살기좋은 충북을 만들겠습니다.

규제를 풀고, 기회를 만들고, 사람이 돌아오는 충북을 만들겠습니다. 주민 삶의 질을 향상시키기 위해 행위 제한을 완화하고, 지속가능한 개발이 가능하도록 합리적인 제도 개선을 추진하겠습니다.

국민의힘이 실천합니다.

- **농지 규제 완화**
  - 지역 특성 고려한 농지전용 절차 간소화 및 용도지역 조정
  - 소규모 농촌개발 및 전원주택 수요 대응
- **대청호 환경규제 완화**
  - 수질보전특별대책지역으로 인한 행위 제한 완화
  - 대청호 주변 지역의 주거, 관광, 교육, 복지시설 입지 제한 개선
- **군사시설 보호구역 해제 및 완화**
  - 군 작전상 필요성이 낮은 지역에 대한 단계적 보호구역 해제
  - 건축행위 제한, 고도제한 등 완화
- **공원계획 변경 주기의 유연화**
  - 자연공원법에 따른 변경주기를 10년에서 5년으로 단축
  - 자연환경 변화 및 지역 수요 반영 가능한 유연한 체계로 개편

충남

에너지 산업벨트

- 보령 머드축제
- 공주 공산성
- 예당호 출렁다리
- 서산 해미읍성
- 천안 독립기념관

1. 충남혁신도시 완성

공공 인프라 조성으로 충남혁신도시를 완성하겠습니다.

국민의힘이 실천합니다.

▌**혁신도시 완성을 위한 공공인프라 조성**
- 충남 KBS 복합방송시설 건립
- 충남대학교 내포캠퍼스 설립
- 충남혁신도시 과학영재학교 설립
- 공공기관 합동임대청사 건립

2. 한국판 실리콘밸리, 베이밸리 메가시티 조성

풍부한 인적·물적 인프라 기반 위에 산업, 문화, 의료 등 삶의 질을 높일 수 있는 요소들을 더해, 송도국제도시와 같은 형태의 '베이밸리 메가시티' 개발을 적극 추진하겠습니다.

국민의힘이 실천합니다.

▌**「베이밸리 조성지원 특별법」 제정**
▌**베이밸리 경제자유구역 개발**
▌**아산항 친수공간 조성**
▌**미래산업 핵심기반 조성**
- 소프트웨어 중심 자동차(SDV) 종합 실증 캠퍼스 구축
- 바이오 국가첨단전략산업 특화단지 조성
- 반도체 후공정 국가첨단전략산업 특화단지 지정
- 반도체(첨단 패키징) 테스트베드 구축

▌**서산공항 국제물류 거점 및 미래항공 산업 인프라 조성**
- 서산공항 조기 건설
- 서산공항 국제노선 물류인프라 확충
- 항공 MRO산업 육성
- 국방 미래항공연구센터 건립

▌**삶의 질 높이는 의료 인프라 구축**
- 아산경찰병원 건립
- 국립치의학연구원 건립
- 글로벌 치과의료기기 교육센터 설립

3. 서해안 에너지 산업벨트 조성

서해안의 석탄화력발전소와 석유화학단지 산업 기반을 바탕으로 친환경 에너지와 관련 전후방 산업을 육성하겠습니다.

국민의힘이 실천합니다.

- 「석탄화력발전소 폐지지역 지원 특별법」 제정
- 서해 수소경제 생태계 조성 및 2050 서해안 송전 하이웨이 허브 구축
  - 수도권 수소 배관망 연장사업 재개
  - 보령 수소혼소발전소 건립
  - 당진 그린에너지 허브 구축
- 한중 공해상 해상풍력 등 국내 최대규모 발전단지 조성
  - 한중 공해상 해상풍력 발전단지 조성
  - 공공주도 해상풍력 발전단지 개발 지원
- 서해안 에너지 거점항만 개발
  - 해상풍력 배후항만 조성(보령신항, 태안항)
  - 송산 수소·암모니아 부두개발
- 대산석유화학단지 산업위기 선제대응지역 및 국가산단 전환
  - 산업위기 선제대응지역 지정
  - 대산 석유화학단지 국가산단 전환
- 서해안권 CCUS 허브 클러스터 구축
  - 서해권 CCUS 허브터미널 조성
  - CCUS 진흥센터 유치

4. 서해·남부권 친환경 미래성장 동력 구축

금강과 서해 갯벌 등 천혜의 자연환경을 고유한 발전동력으로 삼아 미래 먹거리를 창출해 나가겠습니다.

국민의힘이 실천합니다.

- 가로림만 국가해양생태공원 조성
- 금산양수발전소 조기건설 및 친환경 관광거점 조성
  - 금산 양수발전소 조기 건립
  - 양수발전소 친환경 관광거점 조성
- 금강하구 해수유통 및 국내최초 생태복원형 국립공원 조성
  - 금강하구 해수유통
  - 금강하굿둑 증설(서천방향)
  - 국내최초 생태복원형 국립공원 조성
- 서해권 국가 해양과학·산업육성 전문기관 설립
  - 국립 해양바이오 산업진흥원 건립
  - 한국해양과학기술원 서해연구소 설립
- 지천댐 건립 및 지역성장 거점 구축
  - 지천댐 조기 건립
  - 댐 기반 지역성장 거점 구축

5. 국방특화 클러스터 조성

논산의 국방대, 육군훈련소, 육군항공학교와 계룡의 3군 본부, 국방부 계룡대 근무지원단 등 풍부한 인프라와 인근 대전의 방위사업청과 국방과학연구소 등과의 시너지 효과를 통해, 국방 행정-연구-산업이 유기적으로 연계된 국방특화클러스터를 조성하겠습니다.

국민의힘이 실천합니다.

- 충남 방산혁신 클러스터 조성
- 국립군사박물관 설립
- 논산 국방산단 100만평 국가산단 조성

6. 백제고도 명소화

공주·부여를 백제의 고도(古都)에 걸맞은 한옥도시로 조성하여, 백제왕도로서의 이미지와 정체성을 회복하고, 세계인이 찾는 역사문화도시로 탈바꿈시키겠습니다.

국민의힘이 실천합니다.

- 공주·부여 대규모 백제한옥 단지 조성
  - 공주 백제한옥 단지 조성
  - 부여 백제한옥 단지 조성
- 금강 국가정원 조성
- 대백제전 국제행사 정례화

7. 광역교통망 확충

지역의 자생력을 키울 수 있도록 동서축 중심의 새로운 교통망을 구축하고, 기존 남북축 교통망은 이를 보완하는 방향으로 도로·철도 SOC 인프라를 균형 있게 확충해 나가겠습니다.

국민의힘이 실천합니다.

- **충청내륙철도 및 보령~대전 고속도로 건설**
  - 충청내륙철도 건설
  - 보령~대전 고속도로 건설
- **GTX-C 천안-아산, 본선과 동시개통 및 국비지원**
  - GTX-C 천안아산(온양온천역까지) 연장
- **장항선 - SRT 고속철도 연결**
- **서해선 - KTX 조기 개통**
- **가로림만 해저터널 건설**
- **당진~아산 고속도로 건설**
- **태안~안성 고속도로 조기 건설**
- **중부 동서고속도로 건설**
- **제2서해대교(당진 - 화성) 건설**

전북

올림픽 유치와 함께 성장하는 글로벌 도시

- 마이산
- 전주한옥마을
- 미륵사지석탑

1. 2036 전북 하계올림픽 유치 성공 지원

지방도시 연대 전략(K-연대)으로 국가 경쟁력을 높여, 2036 하계올림픽을 성공적으로 유치하겠습니다. 가장 한국적인 도시 전북이 올림픽의 새로운 정신이 될 수 있도록 다시 한 번 K-컬처의 위상을 세계속에 드높이겠습니다.

국민의힘이 실천합니다.

- 2036 하계올림픽 후보도시 선정 지원
- 태권도원 활성화를 통한 태권도 종주국 위상 강화
- K-콘텐츠 글로벌 복합단지 조성
- 국립 판소리·창극 전용 극장 설립

2. '주민의 뜻대로' 상생하는 전주-완주 통합 지원

주민의 뜻을 받들어 전주-완주 자치단체 통합을 지원하겠습니다. 공공시설 이전, 문화·관광·산업단지 조성, 택지개발, 전주·완주를 잇는 SOC 등 주민 편의를 위한 각종 개발 사업을 속도감 있게 추진하겠습니다.

국민의힘이 실천합니다.

- 전북도-전주시-완주군의 자율적 통합방안 마련 후 통합 추진
- 전주-완주 그린 블루 인프라 연계 녹색도시 조성
- 후백제 고도지정 및 복원 사업 지원
- 완주 수소특화 국가산업단지 내 한국수소기술원 설립

3. 지금부터 '대한민국의 새만금'

전북의 새만금을 대한민국의 미래성장 동력 새만금으로 완성하겠습니다.

국민의힘이 실천합니다.

- 새만금특별회계 설치
- 새만금 국제공항 활주로 연장 및 적기 개항 지원
- 새만금 제2국가산단 조성
- 새만금 유통물류 복합비즈니스 지구 조성
- 새만금 광역기반시설(상하수도, 오폐수시설 등) 공공 재정 선투자

4. '사통팔달 전북' 교통 인프라 확충

하이퍼튜브 기술 실증 및 상용화 기반을 마련, 미래산업을 선도하고, 국가도로망 종합계획 내 특별자치도의 교통 상황을 고려한 도로법 개정을 추진하겠습니다.

국민의힘이 실천합니다.

- 국가도로망 종합계획에 전북 등 특자도 교통상황 고려한 도로법 개정 추진
- 전주~대구 고속도로, 전주~김천 철도, 고흥~완주~세종 고속도로 신속 추진
- 새만금~전북혁신도시 지방도 702호선 국도 승격
- 전북권 주요 국도·국지도 23개 노선 제6차 건설계획 반영
- 하이퍼튜브 종합시험센터 조기 구축

5. 전북 미래전략산업 '꼼꼼한' 육성

전북이 보유한 탄소 등 첨단소재와 신기술, 그리고 새만금 부지를 활용한 미래 신전투지원 체계 기반의 K-방산허브를 구축하겠습니다. 또한 미래핵심산업인 첨단재생의료(세포치료, 유전자치료, 조직공학치료) 중심의 바이오산업을 육성해 치료 실증 분야에서 세계적인 초격차 기술을 확보하고, 전북의 최대 경쟁력인 농업분야에서 고부가가치 창출을 위해 AI를 기반으로 한 신산업 생태계를 조성해 나가겠습니다.

국민의힘이 실천합니다.

- 새만금에 탄소 등 첨단소재 기반 차세대 K-방산허브 구축
- 첨단재생의료 중심의 바이오 산업 육성
- 농업용 로봇 기술 개발 지원
- 푸드테크, 스마트팜, 그린바이오 등 AI기반 농생명 신산업생태계 구축
- 종자산업 혁신클러스터 조성

6. 웰니스 관광도시 조성

휴양과 힐링이 동시에 가능한 웰니스 관광 도시로 육성하겠습니다. 새만금에 국가정원을 만들고, 지리산 덕유산 권역은 우수한 산림자산을 활용해 국립 산림약용식물 특화 단지를 조성하겠습니다. 전주에는 K-레이크, 완주에서 익산, 새만금까지 이어지는 만경강변은 사계절 관광 사업을 추진해 관광객과 지역 주민 편의를 높이겠습니다.

국민의힘이 실천합니다.

- 새만금 국가정원 조성
- 백두대간 국립산림약용식물 특화 단지 조성
- 전주 아중호수 공원 K-레이크 사업 추진
- 완주-익산-만경강 벚꽃길 사계절 관광명소화 사업 추진
- 남원 국립스포츠종합훈련원 정상 추진

7. 전북특화 농생명산업지구 지정

전북에 특화된 농생명산업의 집적화와 전·후방산업 연계로 미래성장산업화를 선도하는 핵심거점을 조성하고, 특례의 실효적 추진을 발판 삼아 규제완화와 집중 투자를 통한 지속가능 지역경제·농촌사회 활력 창출 모델로 육성하겠습니다.

국민의힘이 실천합니다.

- 남원 ECO스마트팜 산업지구
- 순창 미생물농생명산업지구
- 고창 사시사철 김치특화 산업지구
- 군산 맥아 및 지역특산 주류산업 거점단지
- 김제 논콩산업 거점지구
- 진안 홍삼한방산업 진흥지구
- 무주 천마 농생명산업지구
- 부안 우리밀 클러스터 농생명산업지구
- 저탄소 장수 한우산업지구
- 임실 엔치즈낙농산업지구
- 농생명산업 전문인력 양성기관 건립

국민과 함께
**새롭게
대한민국**

전남

친환경 첨단산업의 메카

- 여수해상케이블카
- 고흥 우주발사전망대
- 천사섬
- 순천만국가정원

1. 전남도민의 30년 염원, 국립의과대학 설립

통합의대 건설 추진으로 전남도민의 30년 염원을 반드시 해결해 도민의 건강권과 생명권을 확보하겠습니다.

국민의힘이 실천합니다.

- 의대신설과 함께 상급종합병원을 건립해, 의료서비스 질 증진 및 골든타임 보장
- 지역 중·소·종합병원 및 보건소와 협업, 지역의료체계 완결성 구축
- 감염병 발생시 컨트롤 타워 역할을 수행할 수 있는 의료체계 구축
- 자체 의료전문 인력 확보와 관련 기업 유치로 일자리 확충 및 경기 활성화

2. 전남의 大변화를 위한 초광역 교통망 확충

미래먹거리 활성화를 위한 교통망 건설과 대한민국 서남권의 국토 수호를 위한 흑산공항 완성으로 접근이 편리하고 쾌적하게 머물며 살고 싶은 전남을 만들겠습니다.

국민의힘이 실천합니다.

- 광주~영암 아우토반 고속도로 건설
- 광주~고흥 고속도로 건설
- 신안 흑산공항 조기 건설
- 호남권 광역 교통망 41개 철도, 도로 건설
  - 여수~익산·광주~목포 고속철도망, 여수~순천 고속도로 등

3. 세계적인 농생명 산업 도시 전남 건설

대한민국의 글로벌 제조 강국 위상을 강화함과 동시에, 국내 최대 농업 생산기지인 전남을 첨단 농산업의 중심지로 육성하여 세계가 주목하는 글로벌 농생명 산업 도시 전남을 건설하겠습니다.

국민의힘이 실천합니다.

[석유화학·철강산업의 대전환 메가 프로젝트]
- 「국가기간산업 위기 극복을 위한 구조조정 및 경쟁력 강화 지원 특별법」 제정
- 석유화학산업 탄소중립 및 스페셜티산업 전환 프로젝트 추진
    - 스페셜티, 산업용 가스, 바이오화학, 재자원화 등 첨단 산업 추진
- 제2국가석유화학산단 지정 및 인프라 구축
- 여수·광양만권 청정수소 에너지 산업벨트 조성

[AI 첨단 농·축산업 융복합지구 조성]
- AI 농산업 융복합지구 조성
    - 연구·생산·기업지원·수출까지 이어지는 첨단농산업 통합 플랫폼 구축
    - 첨단농산업 핵심 소재·부품·장비 산업단지 조성
- AI 축산업 융복합밸리 조성
    - 제조·가공·유통·수출까지 이어지는 축산업 전주기 산업화단지 조성
    - 전남형 친환경 스마트 축산단지 구축

4. 친환경 미래산업의 핵심, 신재생에너지 신도시 조성

풍부한 재생에너지를 보유하고 있는 전남을 탄소 중립 시대를 선도할 수 있는 친환경 미래 산업 도시로 만들겠습니다.

국민의힘이 실천합니다.

- 인공지능 기반 지능형 전력망 구축
  - 초광역 선로 구축, 전남 4대 변전소 신설 등
- 해남 솔라시도 에너지 신도시 시범 조성
- 서남해안 글로벌 해상풍력 산업 벨트 조성

5. 우주강국 실현, 우주발사체산업 융복합 클러스터 조성

대한민국의 세계 우주강국 실현을 위해 우주발사체가 설치된 고흥군을 중심으로 전남 동부권을 최첨단 우주 산업 도시로 건설하겠습니다.

국민의힘이 실천합니다.

- 우주경제 실현을 위한 발사 인프라 구축 및 확장
- 국방위성 전용 발사시설 구축
- 우주발사체를 테마로 한 전시·교육·체험 시설 조성
- 우주 테마 복합·레저 관광시설 및 숙박·휴양시설 구축

6. 무안국제공항 안전인프라 구축

세계 주요 국제공항 수준의 안전시설과 인프라 구축을 통해 무안국제공항을 누구나 안심하고 편리하게 이용할 수 있는 공항으로 만들겠습니다.

국민의힘이 실천합니다.

▌ **안전 인프라 구축**
- 대형기종 이륙·착륙이 가능한 국제공항 수준 활주로 건설
- 조류 감시·퇴치 시스템 구축
- 항공기·차량 관제용 지상 감시 레이더 설치

▌ 서남권 항공 안전 전담 기관 '호남지방항공청' 설립

▌ 「광주 민간·군공항 통합 이전」 추진을 위한 제도개선

▌ 국가 차원의 대규모 지역개발사업 연계로 지역경제 활성화
- AI 농산업 융복합단지, RE100 첨단 국가산단, 무안 미래 첨단 에어로 시티 등

7. K-섬 메카, 서남해안 해양 문화·관광벨트 조성

천혜의 자연과 역사가 숨 쉬는 전남 서남해안에 K-섬 아트테인먼트 산업화를 집중 육성해, 전남을 세계적으로 주목받는 해양 관광·예술·문화 중심지로 만들겠습니다.

국민의힘이 실천합니다.

- '체류형 고급 예술관광 클러스터' 구축
    - 세계적인 작가 미술관 건립, 섬 전체 아트트레일화 등
- 남해안 예술섬 지원 및 「예술섬특별법」 제정 추진
- 복합재원 조달 모델 구축 : 공공+민간+글로벌 ESG
- AI·디지털 기술 기반 예술생태 환경 조성
- 문화지식 생산 및 국제 협력 거점화

경북

세계 역사문화융성도시

1. 백두대간·낙동정맥 산림대전환 및 초대형 산불 대응복구체계 혁신

우리 국토의 63%인 산림에 대한 전면적인 정책변화가 필요합니다. 단지 바라만 보는 산이 아니라 돈이 되는 산으로 개발할 수 있도록 정책을 전환해야 합니다. 또, 2025년 3월 역사상 최악의 산불인 경북 북부지역 산불로 인해 피해를 입은 주민에게 최대한 보상하고 구호하겠습니다.

국민의힘이 실천합니다.

- **백두대간·낙동정맥 산림대전환**
  - 경북 북부 산불 피해복구 및 지역재건, 바라만 보는 산에서 돈이 되는 산으로 산림정책 패러다임 전환
  - 봉화·영양·청송 BYC 산림 워케이션, 백두대간 대공원, 북부권 국립공원 관광벨트 조성 등
- **대형산불 특별법 제정**
  - 산불 피해 특별회계 설치, 피해지역의 국고보조율 상향 및 지방교부세 특례 적용 등
  - 경제회복과 지속가능한 발전을 위한 지역특화개발 특례 적용, 특별재건구역 지정
- **경북 북부지역 피해 주민 3대 생계 패키지 지원**
  - 전소 주택 100% 재건 지원
  - 농·임업 피해 복구비 현실화
  - 긴급생계비·심리회복 지원 전담 조직 신설
- **초대형 산불극복 경제산업 재창조 2조원 프로젝트**
  - 특화산업과 농공단지 재창조 : 스마트팜단지, 스마트양식 콤플렉스 등 미래형 농수산업 투자
  - GMP설비, 창업밸리 등 바이오 농생명산업 투자확대
  - 피해 농공단지 강소산업단지로 재창조
  - 골목상권 명소화로 지역경제 신성장판 구축
  - 고래불 호텔, 산림레포츠 휴양단지, 미래농업테마파크 등 관광인프라 투자유치

2. 포스트 APEC 세계 역사문화융성도시

2025년 APEC 정상회의를 성공적으로 개최하고 APEC의 감동과 성과를 미래로 이어 대한민국의 새로운 전략자산으로 만들겠습니다. 20년만의 글로벌 정상회의를 통해 문화·경제·산업 등 대한민국의 발전상을 선보이고 지붕없는 박물관 경상북도 경주를 세계 속의 관광·문화의 중심으로 만들겠습니다. 과거 세계 4대 도시였던 신라의 천년 역사가 다시 한번 빛낼 수 있도록 하겠습니다. 경주를 넘어 대한민국 전체가 함께 성장하는 문화강국 대한민국을 만들겠습니다.

국민의힘이 실천합니다.

▌APEC 기념 레거시 사업 추진
- 경주 APEC 기념공원, 기념관, 문화의 전당 조성
- 참가국별 기념 정원을 포함한 APEC 기념 숲 조성
- 역사문화와 자연자원을 연계한 글로벌 문화협력 모델 구축

▌경주보문단지 대규모 리노베이션
- 국내 1호 관광단지인 보문단지 관광인프라 전면 재정비
- AI, 메타버스 등 첨단기술 기반 스마트 관광콘텐츠 도입
- 지속가능한 관광 생태계 기반 마련

▌신라왕경 복합 재현 및 세계화
- 신라문화관광단지, 역사문화대공원 조성
- 주요 명소 간 연계 및 AR·VR 기반 디지털 관광플랫폼 구축
- 신라 의식주 재현 체험존, 세계 경주 역사문화축전 정례화

▌평화통일미래타운 조성
- 통일미래센터 및 호국 콘텐츠 기반 평화통일 상징도시 육성

3. 부울경·대구경북권(범영남) 초광역 전철망 및 대구경북 순환 철도망

영남권 초광역 전철망으로 지역이 주도하는 발전의 시작을 열겠습니다. 대구경북통합신공항 완공에 맞춰 대구경북을 잇는 순환 광역철도망을 구축하고 대구경북권 전역을 연결하는 철도망을 구축하겠습니다.

국민의힘이 실천합니다.

▎영남권 초광역 전철망으로 통합 생활경제권 형성
- 대구·경북과 부산·울산·경남을 일일 생활권으로 연결
- 주요 거점도시 간 1시간 내 이동 가능한 초광역 전철망 구축
- GTX급 고속 전철과 환승체계를 통해 수도권 수준의 교통 인프라 제공
- 예비타당성 조사 간소화 및 국가균형발전특별회계 적극 활용해 속도감 있는 추진

▎대구경북 전역 순환철도 구축으로 전략적 지역발전
- 대구와 인접도시간 철도 직결, 경북 전역과 대구를 하나로 묶는 촘촘한 철도 네트워크
- 산업·문화·관광의 동반 성장을 이끄는 광역생활권 기반 조성
- 지역 간 단절을 해소하고, 지역 균형발전 실현

4. 대한민국 수소경제 1번지 "국가 에너지·수소 고속도로"

울진의 원전을 활용해 친환경 원자력수소를 생산하고 울진~영덕~포항에 이르는 국가에너지 수소고속도로를 통해 포항의 철강, 이차전지 산업단지에 공급함으로서 친환경 제조산업 생태계를 조성하겠습니다.

국민의힘이 실천합니다.

- 울진 원전 연계 청정수소 생산 클러스터 구축 및 수소산업 활성화 기반 마련
  - 원전 연계 500MW급 청정수소 생산 시스템 운영 기술개발
  - 수소 생산설비 소재부품 시험·평가 및 공동 R&D 과제 발굴
- 수소에너지 고속도로 프로젝트로 안정적 청정수소 공급을 위한 인프라 구축
  - 울진~영덕~포항 수소전용 배관망 구축

5. 4大 국가산단(영주, 안동, 울진, 경주) 조기 조성

지역특화 산업을 바탕으로 기계장비의 자립화, 핵심부품의 국산화(영주), 바이오·백신산업의 자립화(안동), 차세대에너지산업의 거점(울진, 경주)을 목표로 추진 중인 4대 국가산단 개발 사업이 조기 조성되도록 지원하겠습니다.

국민의힘이 실천합니다.

- 국가산업단지 조기 조성 추진
- 정책특구 지정, R&D 기관 유치, SOC 확충, 정주여건 개선을 통한 산단 활성화
  - (정책특구) 법인세 감면 등 세제혜택, 기술혁신 및 신기술 실증 규제 특례 부여 등
  - (경북 민간투자펀드 조성) 민간투자에 대한 마중물 제공 및 리스크 관리
  - (연구소 유치) 한국기계연구원 등 국책연구기관 분원 유치 및 북부권 신규 테크노파크 설립
  - (정주여건 개선) 4대 국가산업단지 내 근로자숙소(공공주택) 건설·공급
  - (SOC) 도로철도망 확충으로 물류·산업 연결망 강화
    · 중부권 동서횡단철도(충남 서산~천안~경북 문경~예천~영주~봉화~울진) 건설
    · 동서 5축 고속도로(보령~대전~보은~경북 예천~울진) 건설
    · 남북 10축 고속도로(경북 영덕(강구)~울진~삼척) 건설

6. 국가 3江(낙동강, 금호강, 형산강) 권역 르네상스

낙동강, 금호강, 형산강 하천·수변 정비를 통해 자연재해로부터 주민을 보호하고, 3강 유역의 생태적 가치와 문화유산을 활용한 관광자원 개발로 강을 따라 문화와 경제가 흐르는 미래형 관광모델을 구축하겠습니다.

국민의힘이 실천합니다.

▎**형산강 환경정비 프로젝트**
- 포항·경주시 도심을 관류하는 형산강의 하천제방 정비
- 하상 퇴적토를 준설하여 하천 주변 저지대·상습 침수지역에 성토
- 교량 7개소 재가설

▎**낙동강 문화관광 프로젝트(낙동문화권 상류지역 특화 관광자원개발)**
- 낙동강 강마을 국가정원 : 무섬·하회·회룡포마을 국가정원박람회 개최
- 안동 호반도시 : 안동호 자연환경보전지역 규제완화, 수상레저타운 조성
- 낙동강 4美 4味 관광자원화 사업(상주, 문경, 예천, 의성 등)

▎**금호강 생태레저관광 프로젝트**
- 수변공원, 수상레저타운 조성
- 자전거 도로 및 산책로 조성, 생태체험관 건립 등 생태공원 조성
- 자연휴양림 등 활용한 캠핑장 건립 및 트레킹 코스 조성

7. 경산~울산 간 고속도로 개설

경산~울산 간 고속도로를 개설하여 물류 혁신을 통한 산업경쟁력을 강화시키겠습니다. 활발한 사업 교류를 통한 새로운 광역경제권 도약 및 영남권 교통 인프라 확충 및 국민 이동 편익을 증대시키겠습니다.

국민의힘이 실천합니다.

▌경산~울산 간 고속도로 개설 추진

경남

대한민국 우주항공산업 허브

1. 경남 미래 100년을 향한 새로운 도약

글로벌 기업들이 가장 먼저 찾는 경제자유구역으로 성장시켜 대한민국 제조업의 중심지로서의 위상을 제고하고 조선, 방위산업, 원전, 함정MRO, AI 등 경남의 미래 먹거리 창출에 앞장서겠습니다.

국민의힘이 실천합니다.

- **경제자유구역 확대 및 경남경제자유구역청 설립 추진 등**
- **경남·부산 행정통합**
- **원전산업 신성장 미래기술사업 지원 및 디지털 제조 산업·미래 첨단산업 육성**
  - SMR 제조부품 시험·검사 지원센터 구축, SMR 제조혁신 기술개발, SMR 제조혁신 허브 조성, 창원 방위·원자력 융합 국가산업단지 조성, 방산부품연구원 설립, 함정 MRO 클러스터 조성, 방위산업 DX전환 기술개발센터 구축, 진해국가산단 조선해양특화단지 구축, 밀양 나노융합 국가산업단지 2단계 조성, 하동 갈사만 산업단지 정상화 추진, 수소특화단지 조성, 분산에너지 특화지역 지정, CCUS 설비 및 기자재 시험인증 실증지원센터 구축, 경남 바이오메디컬 산업 혁신벨트 조성, 그린바이오 혁신 클러스터 구축 등
- **AX(인공지능 전환)를 주도할 AI 산업 생태계 구축**
  - 경남 디지털 혁신밸리 조성, 양자컴퓨터 R&D센터 구축, 창원국가산단 디지털·AI산단 조성, 경남형 제조 Chat GPT(초거대 제조AI) 개발 및 적용, AI자율제조 생태계 구축 등
- **기업혁신파크 조기완공**

2. 아시아 - 태평양 우주항공 수도, 경남

우주항공청을 핵심 축으로 삼아 글로벌 수준의 연구개발 단지와 혁신 클러스터를 구축하여 최첨단 기술 개발을 선도하겠습니다. 경남이 글로벌 우주항공 산업의 중심지로 우뚝 서서 지속 가능한 미래를 열겠습니다.

국민의힘이 실천합니다.

- 「한국형 우주항공복합도시 건설 특별법」 제정
- 우주항공청 융복합형 신청사 건립 및 연계 기능 집적화
- 우주항공 소재부품진흥원 설립 및 유치
- 미래항공모빌리티 특화단지 조성
- 우주탐사기술 시험개발 전문센터 설립
- 항공 MRO 산업 경쟁력 강화
- 우주산업특화 3D 프린팅 기술 통합지원센터 건립
- 우주항공 창업기업 공유공장 구축

3. 문화관광 도시 경남

남해안의 해양관광자원 인프라 및 역사·예술·문화 콘텐츠를 결합한 한국형 칸쿤 복합 해양레저관광도시 조성으로 세계적 해양관광 거점으로 육성하여 지역경제 활성화의 전환점을 만들겠습니다.

국민의힘이 실천합니다.

- **남해안 등 관광산업 활성화**
  - 남해안권 발전 특별법 제정, 지리산 케이블카 설치, 합천 운석충돌구 세계지질테마공원 조성, 통영 복합해양레저관광단지 조성, 이순신 승전길 조성사업, 한·아세안 국가정원 등
- **가야 문화유산 복원, 가야 스마트문화관광관 육성, 가야 역사세계엑스포 개최**
- **문화콘텐츠산업 육성**
  - 경남 문화콘텐츠산업 클러스터 조성, 문화다양성축제 MAMF World Festival 개최 등

4. 청년들이 쑥쑥 성장하는 경남

경남의 특화 산업들과 연계된 교육 인프라를 구축하여 청년들에게 양질의 일자리를 제공해 청년들이 살고 싶은 경남, 청년들이 돌아오는 경남, 청년들의 꿈과 희망을 펼칠 수 있는 경남을 만들겠습니다.

국민의힘이 실천합니다.

- 경남 법학전문대학원(로스쿨 설립) 설치 추진
- 과학기술원 부설 우주항공 과학영재학교 설립
- 경남과학기술기관 설립
- 승강기산업 전문 연구기관 유치
- 국립 사회복지종사자연수원 설립

5. 경남을 잇는 1시간!

남북내륙철도 조기 건설과 남해안 아일랜드 하이웨이 등 초광역 교통 인프라를 구축하여 경남 도내 1시간대 광역생활권 시대를 열겠습니다. 사람-공간-시간을 연결하는 광역교통망 확충으로 경남도민의 일상을 업그레이드하겠습니다.

국민의힘이 실천합니다.

- **경남 관광 거점 연계 초광역 교통 인프라 구축 추진**
  - 남해안 아일랜드 하이웨이 구축, 거제~마산 도로건설(해상+육상), 통영 도남~거제 동부 도로 건설(한산대첩교), 남부내륙철도 조기 건설, 거제~통영 고속도로 조기 건설 등
- **가덕신공항 연계 U자형 트라이포트 교통망 구축**
  - 동대구~창원~가덕도신공항 고속화철도 건설, 거제~가덕도신공항 연결선 건설, 진해신항선(CTX-진해선), 거가대교 통행료 재정수준 인하 추진(거가대교 고속도로 승격)
- **광역교통망 확충으로 경남도민의 교통편의 증진**
  - 양산 상북~명동(웅상) 지선국도 지정 및 건설, 국도79호선 창원 동정~북면 도로 확장, 남북6축(합천~함안) 고속도로 노선지정, 비음산 터널 개통(창원~김해 고속도로 건설), 창원산업선(CTX-창원선), 경전선 고속열차(KTX·SRT) 증편, 칠원JCT~현풍JCT 고속도로 확장, 남북6축(영동~합천) 고속도로 건설, 부전~마산간 전동열차 도입, 거제 광역환승플랫폼 구축, 부산~양산~울산 및 동남권 순환 광역철도→일반철도 변경, 전주~함양~울산선 철도건설, 대전~남해선 철도 건설, 양산~울산 고속도로 건설, 창녕~김해 고속도로 건설, 남부내륙철도 역세권 개발, 사천 우주항공선 건설, 사천 IC~하동IC 고속도로 확장, 국대도3호선 사천~진주 정촌 도로 건설 등
- **진해신항, 가덕신공항 중심 동북아 물류 플랫폼 구축**
  - 김해 동북아 물류 플랫폼 기반구축 및 국제물류특구 조성, 신항만 비즈니스센터 건립, 부산항 신항 세관 통합검사장 조성, 가덕신공항 공항배후도시 건설, 항만배후단지 공급전략 다변화 등

6. 경남도민 행복지수 UP!

지역완결형 의료체계를 확립하여 경남도민의 의료서비스 질과 의료 접근성을 한층 더 높이겠습니다. 환경·의료·복지·안전 사각지대를 발굴하고 지원하겠습니다.

국민의힘이 실천합니다.

- **공공의료 인프라 확충 등 지역간 의료 격차 해소**
  - 국립암센터 남부분원 설치
- **맞춤형 기후변화 대응과 안전한 경남 조성**
  - 경남소방본부 119산불특수대응단 설치, 낙동강 녹조 대응을 위한 국가 녹조대응 종합센터 건립, K-모세프로젝트(마산항 플랩 게이트), 낙동강 프로젝트 추진, 국립해양과학관 건립, 해양수산 기후변화대응센터 건립, 남강댐 복선화 사업 등
- **지리산권 경남 항노화웰니스 클러스터 구축**

7. 경남, 맛과 멋이 있는 농어촌

'농어촌이 살아야 대한민국이 산다' 경남 농어촌의 맛과 멋을 소개하고 경남 맞춤형 농어촌 발전 전략을 마련하여 도시와 농어촌의 동반성장을 통해 지역사회 균형발전에 힘쓰겠습니다.

국민의힘이 실천합니다.

- **경남 농식품「글로벌 수출 Hub」구축**
- **K-oyster(굴) 특화 수산식품 클러스터 조성**
- **농지, 수산자원 보호구역 등 규제 완화**

제주

세계 속 명품관광도시

한라산

올레길

1. 제주의 미래 신산업 육성

제주의 산업구조를 1차산업, 관광업과 연계하여 다양한 신산업군으로 재편하고 AI·헬스케어 관련 산업과 제주의 1차산업과의 연계와 시너지 효과를 창출 해나가겠습니다.

또한 제주의 대학들과 연계한 특성화 교육실시 및 취업 기회 확대를 통해서 청년층의 유출을 막겠습니다.

국민의힘이 실천합니다.

- 제주 첨단 과학기술단지에 AI 스타트업 클러스터 조성
  - 기존 전기차 폐배터리 재생산업을 더욱 고도화시켜 전기차 관련 산업의 메카로 육성
- 서귀포 헬스케어타운에 국내·외 바이오 기업의 연구소 유치 및 체류형·휴양형 의료관광을 위한 인프라 구축

2. 제주 지역 의료·복지 안전망 강화

제주도민의 의료·복지 환경을 대폭 개선하겠습니다.

국민의힘이 실천합니다.

- 상급종합병원 지정
- 지역별 의료 불균형 해소 및 의료 인프라 확대
- 제주 고령 장애인 지원센터 설치, 사회복지종사자 처우개선 확대
- 제주권역 중증외상센터 예산 및 인력 지원 확대

3. 제주의 미래를 향한 활주로, 제2공항의 차질없는 추진

제2공항의 차질 없는 추진으로 포화상태인 제주공항의 안전 문제와 만성적인 지연 출·도착 문제를 해결하겠습니다. 제주 지역의 동·서 균형개발과 공항 건설 과정을 통한 지역경제 활성화를 이루고 동북아 최고의 관광지이자 항공 교통의 요충지로 육성하겠습니다.

국민의힘이 실천합니다.

- 환경영향과 공항 건설부지 인근의 조류 서식지로 인한 환경영향 및 조류 충돌 저감 대책 마련
- 공항 주변을 스마트그리드 첨단도시로 조성해서 물류 및 항공 관련 산업의 메카로 육성
    - 도내 대학에 항공 운항 및 정비 관련 학과 개설
- 입지 예정지 주변을 제주 농업의 스마트팜 전진기지로 조성

4. 세계적인 크루즈 관광의 명소, 동북아 해상물류의 전진기지, 제주 신항만 건설

동북아 해상물류 교통의 허브 기능을 수행하고, 새로운 부가가치 산업인 크루즈 관광에 있어서 세계적인 명소로 육성하겠습니다.

국민의힘이 실천합니다.

- 제주항의 협소한 선석 부족을 개선하기 위한 접안시설 확충
- 15만톤급 크루즈 3척, 22만톤급 크루즈 1척 동시 접안 가능 규모
- 화물부두, 관리부두 선석 확충 및 항만 배후 부지에 상업·문화·관광 복합 지구 조성

5. 제주 1차산업의 고도화 및 고부가가치 창출

제주의 1차산업을 활성화하고 산업구조의 재편과 기술집약적인 산업을 육성하고 수산업의 대외여건(일본과의 EEZ 협상 타결)을 개선해서 지역경제에 도움이 되도록 하겠습니다.

국민의힘이 실천합니다.

- 제주 1차산업에서 시설과 생산과정 전반의 스마트화 추진
- 제주 수산업계의 최대 숙원인 일본과의 EEZ 입어 협상 재개 및 타결
- 세계적으로도 우수한 제주의 양식업 환경 여건을 활용해서 국립 양식어류 육종센터 건립. 양식어류 육종 개발을 체계적으로 담당할 수 있는 연구센터 조성

6. 세계적인 전천후 스포츠 전지훈련센터 조성

세계적인 문화·관광자원과 스포츠를 연계한 전천후 전지훈련센터를 조성하겠습니다. 제주가 국내를 넘어 세계적인 스포츠 전지훈련지로 각광받을 수 있도록 특화시키겠습니다.

국민의힘이 실천합니다.

- 각국의 전략 종목에 대한 합동훈련 및 전지훈련 리그 개최
- 국군체육부대와 연계한 전지훈련 장소 제공
- 관광·문화를 접목한 경쟁력 있는 스포츠 이벤트 개최

7. 4·3 유족을 위한 의료 및 복지시스템 확충

국가의 책임 있는 치유 대책 및 보상 대책을 수립해서 4.3의 완전한 해결과 상생과 평화, 공존의 가치를 실현하고 지역사회와 도민 통합을 이루겠습니다.

국민의힘이 실천합니다.

- 4·3 고령 유족을 위한 전문 요양병원 건립
- 국립 트라우마 센터 운영비 지원 확대 및 전액 국비 부담

국민과 함께
**새롭게
대한민국**

국민과 함께
**새롭게
대한민국**